西南大学教育学部
现代教育文库

中国特殊教育均衡发展实证研究

李 欢 著

人民出版社

图书在版编目（CIP）数据

中国特殊教育均衡发展实证研究 / 李欢 著. —北京：人民出版社，2019

ISBN 978-7-01-020857-2

Ⅰ.①中… Ⅱ.①李… Ⅲ.①特殊教育－研究－中国Ⅳ.①G769.2

中国版本图书馆CIP数据核字(2019)第095793号

中国特殊教育均衡发展实证研究

ZHONGGUO TESHU JIAOYU JUNHENG FAZHAN SHIZHENG YANJIU

著　　者：李　欢
责任编辑：阮宏波　韩　悦
出版发行：人　民　出　版　社
地　　址：北京市东城区隆福寺街99号
邮政编码：100706
印　　刷：廊坊市海涛印刷有限公司
版　　次：2020年1月　第1版
印　　次：2020年1月　河北第1次印刷
开　　本：710毫米×1000毫米　1/16
印　　张：26
字　　数：350千字
书　　号：ISBN 978-7-01-020857-2
定　　价：98.00元
销售中心：(010) 65250042 65289539

目　　录

序 一

　　《国家中长期教育改革和发展规划（2010—2020 年)》中明确提出，要兴国、强国就要"办好人民满意的教育"，就要让教育发展。教育发展有四大主题：公平、质量、规模、效率。教育公平从本质上说是一种受教育权利分配的公平，是社会弱势阶层获得发展与晋升的重要途径。

　　中国土地辽阔，人口众多，历史悠久，在长久的历史发展中，各个地区之间、一个地区中的不同部分其社会、经济、文化、教育等方面发展不同。这种发展不平衡形成了发展的不同阶段和多样性。教育随着经济发展的不同而大体把中国分成了东、中、西三个部分。作为教育的一个重要组成部分，特殊教育在各地区也就有了不同的发展。人们总是希望自己的孩子到条件优越、资源丰富的地方受教育，有特殊教育需要儿童的家长同样要求自己的孩子不仅能享受平等受教育权，而且希望孩子能到条件好的学校去接受教育。要办人民满意的教育就要关注、研究和解决教育软硬资源不均衡的问题。

　　李欢老师的这部研究专著就是在这个重要而薄弱的领域的一个探索。其理论和实践意义十分明显。该书用科学的理论探讨、实证调查、典型案例等方法，对我国特殊教育从宏观到微观，从东部、中部到西部的各个方面的不均衡问题进行了探讨，反思了存在的问题和提出了解决的思考。均衡问题是在很多学科中都需要探讨和解决的问题。在教育事业和学科（包括特殊教育）中也需要从理论和实践中来探讨。在已有的特殊教育的研究中涉及均衡方面的很少，特别是涉及西部民族和后进地区特殊教育的研究很少。可喜的是李欢老师的研究对此薄弱环节均有涉及，而这些方面是有中国特色特殊教育发展的一个重要的方面。

均衡和均衡发展是一个相对稳定又不断变化的过程。在各个地区之间、在一个地区内、在一个地区内的一个机构内部的各个部分间都有发展速度和内涵的差异，都在时刻进行着变化、平衡、再变化、再平衡，促使事物不断前进。特殊教育的均衡也会如此。因此，对特殊教育均衡的各个方面的研究也要随着实践不断更新、发展，需要继续研究。

有中国特色的特殊教育事业和特殊教育学科的发展，要靠中国自己的特殊教育工作者博采众长、扎根自己的实践，持续努力和探索，形成与国际特殊教育既有共性、又有自己特殊性的特殊教育体系和理论学派，这是我国新一代特殊教育教师和学者的责任，也应是我们中国人对世界特殊教育应做的贡献。

看到李欢老师的研究，得到很多特殊教育方面的好信息和发展的喜讯，本人十分高兴，便凑了几句打油诗祝贺李欢老师专著出版：

理论实践双发展，

青出于蓝胜于蓝，

喜看特教新一代，

中国特色渐显现。

李欢老师希望我为她的书写序，我拉拉杂杂写了以上一点杂感，权作为序。

朴永馨

（中国特殊教育奠基人、第一位留苏特教专家、北京师范大学特殊教育研究所教授）

2017 年 4 月 7 日 于京师园

序　二

自改革开放以来，我国基础教育取得了举世瞩目的成就，基本扫除了青壮年文盲，基本普及了九年义务教育，但同时也面临着区域差距、城乡差距、校际差距、群体差距，这种差距有不断加大并趋于失衡的严峻态势，导致了不同地区、不同学校、不同受教育群体之间接受教育、获得学业成功的几率也不尽相同。这不仅影响了教育公平和社会公平在我国的践行，更影响了我国实现和谐社会的宏伟目标。缩小差距、加快教育均衡发展已经成为各级政府工作的重大任务之一，也成为诸多学科科学研究的重大领域之一。2010 年《国家中长期教育改革和发展规划纲要（2010—2020 年）》提出："教育公平的关键是机会公平，基本要求是保障公民依法享有受教育的权利，重点是促进义务教育均衡发展和扶持困难群体，根本措施是合理配置教育资源，向农村地区、边远贫困地区和民族地区倾斜，加快缩小教育差距。教育公平的主要责任在政府，全社会要共同促进教育公平。"2012 年国务院办公厅颁布《国务院关于深入推进义务教育均衡发展的意见》，提出"充分认识义务教育均衡发展的重要意义、明确指导思想和基本目标、推动优质教育资源共享、均衡配置办学资源、合理配置教师资源、保障特殊群体平等接受义务教育、全面提高义务教育质量、加强和改进学校管理、加强组织领导和督导评估"等九条意见。教育均衡发展已成为我国基础教育在新时期和新阶段的主要任务。

在大力推进义务教育均衡发展的同时，我国特殊教育事业也得以快速发展。2007年教育部和国家发展改革委员会印发了《"十一五"期间中西部地区特殊教育学校建设规划（2008—2010年）》，提出将在中西部地区分三阶段建设完成1150所左右特教学校，明显改善现有特殊教育学校的办学条件。2010年，《国家中长期教育改革和发展规划纲要（2010—2020年）》提出"到2020年，基本实现市（地）和30万人口以上、残疾儿童少年较多的县（市）都有一所特殊教育学校。"2008—2012年间，中央和地方累计投入54个多亿，在中西部地区新建、改扩建1182所特殊教育学校。经过近十年的发展，我国特殊教育发生了翻天覆地的变化，但是同样面临着区域之间、城乡之间、校际之间乃至群体之间的巨大差距。

我国的特殊教育是否应该同普通教育一样，追求均衡发展？什么才是特殊教育的均衡发展？应该如何度量和测评特殊教育的均衡发展？我国特殊教育均衡发展现状如何？面对不均衡的现状，我们应该采取何种措施促进特殊教育的均衡发展？以上问题既是特殊教育领域的重大理论问题，也是有关我国特殊教育事业发展的政策问题和实践问题。李欢同志的这部著作，以定性和定量相结合的方法，凭借其十余年的特殊教育工作经验，以特殊教育基本理论为基础，大量的实际调查资料为依据，结合深入的案例分析，构建了特殊教育均衡发展的理论体系以及特殊教育均衡发展的评估体系，并分析了我国特殊教育均衡发展的现状以及近十年的发展态势，提出了特殊教育均衡发展的政策建议，对我国特殊教育的发展策略、政策制度建设，乃至特殊教育管理体制的改革，都有一定的参考价值。

肖非

（北京师范大学特殊教育研究所所长、教授、博士生导师）

自 序

本人作为西部成长、东部求学又回到西部就业的特教人，对我国特殊教育事业的区域发展差距，有着深深的认识。尤其是当我参与到《北京市特殊教育学校办学条件标准》的制定过程中，更是切实体会到了东西部特殊教育学校办学条件的差异。作为《北京市特殊教育学校办学条件标准》的起草人之一，我发现其从班额、生均建筑面积、生均图书册数、生均计算机数量、各类康复仪器设备到生师比等指标都体现了北京作为首都的国内领先地位。反观作为西部直辖市的重庆地区的特殊教育学校现状，师资数量缺乏、专业水平欠佳、各种康复设备严重不足等问题非常突出，西部的边疆地区、贫困山区、农村地区的特殊教育办学情况就更不容乐观。为了全面了解我国特殊教育发展的均衡现状以及近十年的发展趋势，我完成了此书。

本书共七章，包括了特殊教育均衡发展的背景意义篇、理论演绎篇、指标体系篇、实证分析篇、现状调查篇、案例分析篇以及反思提升篇。最初，我是想对东西部特殊教育的发展差异进行现状分析，后来我追问自己，这种差异的存在是否合理？什么样的差异是在可以接受的范围呢？我国其他地区，例如中部地区的特殊教育发展水平究竟如何？我们该怎么去评估这些发展差异呢？于是我尝试从特殊教育均衡发展的意义、内涵、测度、现状、趋势、对策等等全方位去了解我国特殊教育均衡发展的情况，以期丰富我国特殊教育领域的基本理论，也为我国特殊教育事业发展的政策和实践提供一定的参考。

　　本书从计划到出版，历时近两年，倾注了本课题组所有成员的大量心血，他们是西南大学特殊教育学院一群充满热情、勤于思考、积极向上的年轻人，是我国特殊教育未来的希望。在此，向本课题组彭燕、汪甜甜、杨爱佳、尹玉莲、李翔宇、郭晓倩、蒋宇等同学表达我由衷的敬意与谢意！也向在课题早期参与资料整理的广东省佛山市南海区星辉学校的韦志亮老师、山东省青岛市三江学校的杨赛男老师表示感谢！此外，尤其要感谢新疆师范大学初等教育学院王苗苗老师、贵州省原毕节学院以曹福江同学为代表的 10 级特殊教育专业的各位同学在问卷收集过程中所付出的心血！最后，特别感谢我国特殊教育奠基人朴永馨师爷爷以及我的恩师肖非教授为此书作序，正是在师爷爷与恩师的鼓励、支持与关爱下，此书方能完成。

李欢

2017 年 4 月 5 日书于西南大学田家炳教育书院

第一章

背景意义篇

第一节　研究背景

一、教育公平是国际社会关注的焦点

早在 1948 年 12 月 10 日，联合国在巴黎召开的大会上就以第 217A（Ⅲ）号决议通过了《世界人权宣言》，其中第二十六条中明确提出"人人都有受教育的权利，教育应当免费，至少在初级和基本阶段应如此。初级教育应属义务性质。技术和职业教育应普遍设立。高等教育应根据成绩而对一切人平等开放"，[①] 从而为教育公平奠定了基础。随后，由联合国倡导的一系列世界全民大会的召开，为世界教育公平尤其是义务教育公平及均衡发展提供了强大的支持。1990 年 3 月 5 日至 9 日，由联合国教科文组织、儿童基金会、联合国开发计划署和世界银行发起并联合主办的"世界全民大会"（World Conference on Education for All）在泰国举行，以国务委员兼国家教委主任李铁映为团长，国家教委副主任滕藤为副团长的中国代表团参加了大会。[②] 大会讨论并通过了《世界

① 联合国：《世界人权宣言》，1948 年 12 月 10 日，见 http://www.un.org/zh/universal – declaration – human – rights/index.html.
② 中华人民共和国教育部：《1990 年教育大事记》，1990 年 12 月 31 日，见 http://www.moe.edu.cn/publicfiles/business/html.files/moe/moe_163/200408/3483.html.

全民教育宣言》（*World Declaration on Education for All*）和实施宣言的《满足基本学习需要的行动纲领》（*Framework for Action to Meet Basic Learning Needs*）。按照《世界全民教育宣言》的要求和规定，教育的基本目的或称"最终目标"，"就是要满足全体儿童、青年和成人的基本学习需要"，即"普及入学机会、促进平等"。《世界全民教育宣言》很快成为世界教育领域具有广泛影响力的思潮之一，同时也是 20 世纪 90 年代以来全球最具力度的普及教育运动，受到 180 多个国家的政府、地方社区和国际社会的积极响应。① 1993 年 12 月 15 日—16 日由联合国教科文组织、联合国儿童基金会和联合国人口基金会共同发起的"九个发展中人口大国全民教育首脑会议"在印度新德里举行，国务院副总理李岚清率中国政府代表团出席会议。该会议再次把全民教育推向高潮，九国领导人对实现全民教育、扩大入学机会、促进教育公平做出承诺，此次会议是促进教育公平的重要会议。② 1994 年 6 月 7—10 日，联合国教科文组织和西班牙政府在西班牙萨拉曼卡市联合召开了"世界特殊需要教育大会：入学和质量"（World Conference on Special Needs Education：Access and Quality），共有 92 个国家、25 个国际组织和机构，如联合国开发计划署、世界银行、国际劳工组织以及一些非政府组织如世界盲人联合会、欧洲特殊教育联合会的近 400 人出席了会议。③ 萨拉曼卡大会是在 1992 年和 1993 年分别召开的 5 次区域性特殊需要教育会议的基础上举行的，这 5 次会议的议题均为"特殊需要儿童的教育之政策、规划和组织"。大会通过了《萨拉曼卡宣言：关于特殊需要教育的原则、方针和实践》和《特殊需要教育行动纲领》两份重要文件，并发表了

---

① 王强：《从宗滴恩到达喀尔：世界全民教育的目标、问题与走向》，《全球教育展望》2005 年第 11 期。

② 中华人民共和国教育部：《1993 年教育大事记》，1993 年 12 月 31 日，见 http://www. moe. edu. cn/publicfiles/business/html. files/moe/moe_163/200408/3478. html.

③ 吴春艳：《转变观念——实施全纳教育的前提》，《中国特殊教育》2005 年第 4 期。

《萨拉曼卡宣言》。大会再次强调，每个人都有受教育的基本权利，每个人都有其独特的特性、兴趣、能力和学习需要，学校要容纳全体儿童并满足他们的特殊教育需要。这次大会首次正式提出了"全纳教育"这一概念，并明确了全纳教育的五大原则：每个人都有平等的受教育的基本权利；每个人都有其独特的特征、兴趣、能力和学习需要；教育必须考虑到学生的不同特性和学习的广泛差异；学校应该接纳所有学生并满足他们的不同需要；学校要消除歧视、反对排斥，并提供优质教育。① 2000 年达喀尔世界全民教育论坛会议通过的《达喀尔行动纲领——全民教育：实现我们的集体承诺》，在对 20 世纪 90 年代全民教育发展进行评估的基础上确定了到 2015 年世界全民教育发展新的六项具体目标和任务，包括扩大和改善幼儿保育和学前教育、普及高质量的免费初等义务教育、获得实用知识和生活技能、成人脱盲人数增加 50%并接受继续教育、实现教育方面的男女平等、全面提高教育质量等方面。② 正是联合国教科文组织所发起的这一系列会议，逐步推进了全球教育事业的发展。然而，联合国教科文组织 2015 年发布的一份最新报告《2000—2015 全民教育全球检测报告》显示，目前全世界只有三分之一的国家实现了《达喀尔行动纲领》在 2000 年确立的全民教育六项目标中的所有量化指标，而只有一半的国家实现了其中最受瞩目的普及初等教育的目标，③ 可见全球视野里教育公平仍然任重道远。

美国历届政府都把推进教育改革、重视教育公平、提高教育质量作为一项重要工作。美国义务教育改革大致经历了三个历史阶段，即教育机会均等阶段、教育资源合理配置阶段，以及教育质量公平发展阶段。

---

① 赵中建：《〈萨拉曼卡宣言〉摘录》，《全球教育展望》2005 年第 2 期。
② 联合国教科文组织：《联合检查组关于实现联合国千年宣言普及小学教育的目标的报告》，2004 年 4 月 29 日，见 https://documents - dds - ny. un. org/doc/UN-DOC/GEN/N04/357/87/PDF/N0435787. pdf? OpenElement.
③ 联合国教科文组织：《2015 全民教育全球监测报告——2000—2015 年全民教育：成就与挑战》，教育科学出版社 2015 年版，第 1 - 10 页。

不同发展阶段的主题从教育起点公平的教育机会平等与选择，发展到教育过程公平的教育资源分配与保障，再到教育结果公平的标准化问责评价与改进。① 从 20 世纪 40 年代开始，为适应社会劳动力的需求和回应国内的民权运动，美国将教育公平的重点放在平等的入学机会和公平的资源分配方面，如 1954 年的"布朗案"，非裔黑人民众开始了推翻"隔离但平等"原则，争取混合公立学校的运动，美国黑人受教育权平等保护的大门豁然打开。可见，联邦立法对于美国社会的塑造作用是巨大的，在其公民受教育权平等保护的实现过程中，一个个具有里程碑意义的案例标示着美国公民受教育权平等保护的演进，也标志着美国社会文明的进步。② 1964 年约翰逊总统提出"向贫困作战"后，1965 年的《初等和中等教育法案》颁布了向贫困家庭儿童及落后学区提供教育补助与补偿教育等促进美国教育公平发展的法案。随后出台的《国家处在危险之中》、《美国 2000 年教育战略》、《2000 年目标：美国教育法》等教育改革文件都在围绕教育质量公平的策略实施。③ 布什在宣誓就任总统后的第二个工作日，即 2000 年 1 月 23 日，就制定了联邦政府关于美国教育改革的新政策，并公布了《不让一个儿童落后》（*No Child Left Behind*）的教育蓝图。这个教育蓝图特别强调了重视教育公平，要帮助处于不利情况下的学生，并要奖励"不让一个儿童落后"的学校。政府决策充分保证了义务教育发展的均衡，保证了义务教育发展的质量。④ 2015 年 12 月 10 日美国颁布《每一个学生成功法》（*Every Student*

---

① 王晨：《美国基础教育优质教育公平发展改革措施述评》，《学术界》2011 年第 8 期。

② 李晓兵：《从"普莱西案"到"布朗案"——论美国联邦最高法院与受教育权平等保护的实现》，《国家行政学院学报》2004 年第 6 期。

③ 王瑜：《公平视域下美国义务教育改革研究》，博士学位论文，西南大学 2013 年，第 3 页。

④ American Youth Policy Forum and Educational Policy Institute, *No Child Left Behind: Improving Educational Outcomes for Students with Disabilities*, 2016 – 12 – 21, http://www. aypf. org/publications/NCLB – Disabilities. pdf.

Succeeds Act)，取代了十余年前颁布的具有里程碑意义的教育立法《不让一个儿童落后》(*No Child Left Behind，NCLB*)，但该法的主旨内容依然是：确保教育质量提升和促进教育公平。①

英国的教育公平始终与其制度变革联系在一起，因此在英国不同时期对教育公平的探索体现了不同时期的教育改革任务，更是国家政治、社会生活发展的具体反映。经过英国人民的不断斗争，英国政府在基础教育方面不断对教育公平进行探索，在实现入学机会均等、努力消除地区和校际差距以及加大对弱势群体的补偿教育等方面都有着重大的突破。② 1833 年，英国国会通过决议《教育补助金法案》，决定每年从国库中拨款两万英镑，补助初等教育。这一法案的目的是"为了让大不列颠和爱尔兰的每一个 6—12 岁的儿童接受正常的教育，并强制性要求家长将孩子送入公立学校接受教育"。③ 1870 年英国颁布了实施普及公立教育的第一个法案《初等教育法》，该法案明确规定"各学区学校委员会有权制定对该学区 5—12 岁全体儿童实行强迫入学的章程"。④1918 年，英国国会颁布了在英国教育史上具有重大意义的《费舍法案》，它废除了小学学费制度，把义务教育的年限延长到 14 岁。英国初步确定了一个包括幼儿学校、小学和各种职业学校在内的免费公立学校系统，对 14 岁以下的儿童实行 9 年的普及义务教育。⑤ 1944 年，英国政府通过了教育改革法案《白特勒法案》(国内又称《1944 年教育法》)，该法案要解决的核心重点在于建立面向所有年轻人的中等学校的教育体制。

---

① U. S. Department of Education , *Every Student Succeeds Act*, 2016 - 12 - 21, http://www. ed. gov/essa.

② 张菀洺、刘文：《西方教育公平理念与政府制度安排——以美英教育制度为例》，《学习与探索》2012 年第 10 期。

③ 祝怀新：《英国基础教育》，广东教育出版社 2003 年版，第 11 页。

④ 成有信：《九国普及义务教育》，人民教育出版社 1985 年版，第 228 页。

⑤ 张菀洺、刘文：《西方教育公平理念与政府制度安排——以美英教育制度为例》，《学习与探索》2012 年第 10 期。

普及公共教育的年限进一步提高到 15 岁，同时，取消了中等学校的学费，并明确规定中等教育为初等教育的继续，初等与中等教育真正接轨。① 1988 年，英国政府颁布《教育改革法案》，以法律的形式明确规定 5—16 岁义务教育阶段全国实行统一课程：三门核心科目为数学、英语、科学；其他基础科目为地理、音乐、历史、艺术、体育、工艺等，统一课程标准和科目的培养目标。该法案体现了英国在追求教育公平的道路上从形式向其实质的进一步推进。② 1997 年，工党发表的《学校中的卓越》白皮书成为制定教育政策的主要依据。工党政府旨在为所有英国公民提供均等的教育机会，并强调教育质量的提高。政府采取"补偿性措施"来消除处于社会弱势地位学生的不利地位，实现教育机会的均等。③ 2003 年颁布的绿皮书《每个孩子都重要：为了孩子的改革》，是对 18 岁以下的贫困儿童、残障儿童、收养或被福利院照顾儿童、父母离异儿童、吸毒或有不良行为儿童等处境不利儿童的健康发展的关怀。④ 2004 年颁布的《儿童法案》强调每个孩子都不能被忽视，应缩小处境不利儿童与其他儿童的差距，并面向贫困儿童提出了"确保开端"计划。2007 年，英国颁布了一份针对 0—18 岁儿童事业与基础教育发展的十年规划——《儿童计划：创造更美好的未来》。政府提出通过政府出资改善贫困儿童住房问题、残疾儿童康复设施、为处境不利地区的学校提供最为优秀的教师、大量投资用于青少年反社会行为的预防等。⑤

　　日本等亚洲国家同样非常重视教育公平和均衡发展问题。1946 年，

---

① 蒋丹：《英国基础教育财政投入政策折射出的教育公平理念及启示》，《教育与经济》2009 年第 2 期。
② 杨军：《英国促进基础教育均衡发展政策综述》，《外国教育研究》2005 年第 12 期。
③ 马忠虎：《"第三条道路"对当前英国教育改革的影响》，《比较教育研究》2001 年第 7 期。
④ 王璐：《每个孩子都重要：英国全面关注处境不利儿童的健康发展》，《比较教育研究》2005 年第 10 期。
⑤ 蒋丹：《英国基础教育财政投入政策折射出的教育公平理念及启示》，《教育与经济》2009 年第 2 期。

以"国民主权"、"尊重人权"以及"和平主义"为基本原则的《日本国宪法》规定："所有国民均有根据法律规定的平等的接受与其能力相适应的教育的权利，所有国民均依法承担使其监护的子女接受普通教育的义务。"在《日本国宪法》的基础上，1947 年出台了《教育基本法》，该法律继续强调了教育机会均等的理念："全体国民均应按其能力享有平等的受教育机会，不得以种族、信仰、性别、社会身份、经济地位以及门第的不同而有所不平等。"①其次，《教育基本法》还补充规定，"为了残障者能充分地接受与其残障状况相适应的教育，国家及地方政府必须在教育层面上给予必要的帮助"。从国家立法的层面，对特殊儿童的教育内容、教育方式等做出保障，要求政府要采取必要的措施确保残障儿童的受教育权利，体现了对残障者主体的尊重。② 在 2006年，日本对《教育基本法》做了大量修改，但是教育机会均等这一条款几乎是原封不动地保留了下来。

全世界大量的学者对教育公平等问题进行了深入研究。其中，美国学者、约翰斯·霍普金斯大学教授科尔曼于 1966 年发表的《教育机会均等的研究报告》是当代教育机会均等的最重要的研究报告，又被称为科尔曼报告（Coleman Report）。该报告由科尔曼与其助手在联邦教育总署的授权下，对 60 万不同种族、宗教信仰和家庭背景的儿童进行 2 年调查后撰写出。主要结论为："绝大多数美国儿童在种族隔离的学校学习，除亚裔外，有色人种儿童的成绩一般低于白人儿童；在同一地区，不同种族的学校，其办学条件的差别并不像人们通常想象中的那样大，影响学生成绩的主要因素是学生家庭的社会经济地位，尤其是父母的教育程度；来自社会经济地位较低的学生，当有机会进入来自家庭社会经

---

① 张菀洺、刘文：《日本与印度实现教育公平的制度设计》，《吉首大学学报（社会科学版）》2012 年第 6 期。
② 郑是勇：《日本二战后的教育公平保障》，《宁波大学学报（教育科学版）》2014 年第 2 期。

济条件较优越的儿童所就读的学校时，一般都能取得较好的成绩。"报告在国内引起较大的震动，对美国以后的教育政策产生很大影响。根据这一报告，在全国范围内实施用校车接送不同种族的儿童上同一学校的"校车计划"，以期打破种族隔离，提高少数种族儿童的成绩。直至 20世纪 80 年代，对这一报告和根据这一报告所制定的政策仍在辩论中。①美国学者查尔斯·豪威尔在《教育机会与公平分配》一书中充分阐述了教育平等权利问题。他认为在一个复杂的社会中，一个人的教育状况强烈影响着个人的生活状况，国家的教育政策反映了国家对于公平分配问题的理解。豪威尔特别提到了我国的九年的义务教育政策反映了中国劳动力市场的不断变化，教育政策者应该随着不断发展的经济环境不断地调整政策以达到充分教育这一目标。②菲利普·库姆斯的《世界教育危机：系统分析》和《世界教育危机：80 年代的观点》中，深刻揭示了二战后至 20 世纪 60 年代和 20 世纪七八十年代两个阶段世界教育面临的危机和出现的问题。尽管这些问题出现在 20 世纪 50 至 80 年代，但在今天的中国和许多国家，这种危机和问题并没有消失，因此，库姆斯的研究仍具有现实意义。③法国经济学家马尔克·福鲁拜的《机会均等还是社会出路的均等》与荷兰哲学家格温特·德·哈特果的《教育机构与分配》则是"机会均等"思想的代表作，探讨了教育机会与公平问题。他们认为机会与结果二者之间不存在明显分别，二者不能截然分开。美国教育家查尔斯·威利的《教育中的优异、公平和多样性》中提出"政府在配置教育资源时，必须坚持'补救办法'与'防御措施'结合，防止优势学校聚集有限的教育资源，扩大差距"。④瑞典的

---

① 顾明远主编：《教育大辞典》，上海教育出版社 1992 年版，第 387 页。
② ［美］查尔斯·豪威尔：《教育机会与公平分配》，卢昆等译，教育科学出版社 2001 年版，第 244 页。
③ 顾明远主编：《教育大辞典》，上海教育出版社 1992 年版，第 15 页。
④ 翟博：《基础教育均衡发展理论与实践：中国基础教育均衡发展研究报告》，教育科学出版社 2013 年版，第 173 页。

托尔斯顿·胡森总结归纳出"起点平等论、过程平等论和结果平等论"的教育公平理论结构。[①] 西方国家大量学者从宏观或微观的角度对教育公平进行了理论或实证的研究。

二、国内义务教育均衡发展为教育改革的重点

自改革开放以来，我国在经济增长和社会发展等方面取得了辉煌成就，但也面临着诸多方面的区域差距不断加大并趋于失衡的严峻态势。主要表现为发达地区与欠发达地区、城市与农村、重点学校与一般学校在义务教育资源占有与分配等方面存在不均衡状况，因而导致了不同地区、不同学校、不同受教育群体之间在接受教育、获得学业方面成功的几率也不尽相同。[②] 缩小区域差距进而加快区域均衡成为各级政府工作的重大任务之一，也成为诸多学科科学研究的重大领域之一。其中，教育不仅是影响经济增长和社会发展的重要因素，也被视为实现社会公平的"最伟大的工具"，成为社会稳定的平衡器。因此，教育均衡发展显得尤为重要，推进教育均衡发展不仅成为关系国家战略的重大问题，也是实现教育公平、落实以人为本治国理念的需要。

我国的教育政策法规的制定历程，也可以反映出我国义务教育从普及到均衡的发展重点。1986 年我国颁布实施《中华人民共和国义务教育法》，保障适龄儿童、少年接受义务教育的权利，保证义务教育的实施，依法享有平等接受义务教育的权利。1993 年颁布《中国教育改革和发展纲要》，提出到 20 世纪末，我国基本普及九年义务教育，基本扫除青壮年文盲，要建设好一批重点学校和一批重点学科，这被简称为"两基"、"两重"。1995 年颁布的《中华人民共和国教育法》提出"国

---

① 张菀洺：《教育公平：政府责任与财政制度》，社会科学文献出版社 2013 年版，第 16 页。

② 王巧云：《我国义务教育均衡发展问题研究》，硕士学位论文，青岛大学 2007 年，第 2 页。

家实行九年义务教育制度，各级人民政府采取各种措施保障适龄儿童、少年就学"。2010 年，《国家中长期教育改革和发展规划纲要（2010—2020 年）》把促进公平作为国家基本教育政策，着重提出："教育公平的关键是机会公平，基本要求是保障公民依法享有受教育的权利，重点是促进义务教育均衡发展和扶持困难群体，根本措施是合理配置教育资源，向农村地区、边远贫困地区和民族地区倾斜，加快缩小教育差距。教育公平的主要责任在政府，全社会要共同促进教育公平。"① 随后，2012 年国务院办公厅颁布《国务院关于深入推进义务教育均衡发展的意见》，提出"充分认识义务教育均衡发展的重要意义、明确指导思想和基本目标、推动优质教育资源共享、均衡配置办学资源、合理配置教师资源、保障特殊群体平等接受义务教育、全面提高义务教育质量、加强和改进学校管理、加强组织领导和督导评估"等九条意见②。

同时，我国大量学者也围绕教育公平、义务教育均衡等议题开展了深入而系统的研究。其中，研究者翟博在《基础教育均衡发展理论与实践：中国基础教育均衡发展研究报告》一书中对教育均衡发展进行了系统的理论分析和阐释，构建了教育均衡发展的基本理论框架；并通过实证性分析，构建教育均衡发展的指标体系和测度方法，通过实证分析和实际调查，从区域、城乡、学校、群体方面对目前中国基础教育均衡发展的现状进行考察，重点是对中国基础教育均衡发展状况进行实证分析和案例研究，以探索具有中国特色的区域推进基础教育均衡发展的教育模式；最后通过对理论研究、计量研究、实证研究成果的综合分析，提

---

① 中华人民共和国教育部：《国家中长期教育改革和发展规划纲要（2010—2020年）》，2010 年 7 月 29 日，见 http://www.gov.cn/jrzg/2010 – 07/29/content_1667143.htm.

② 国务院办公厅：《国务院关于深入推进义务教育均衡发展的意见（国发［2012］48 号）》，2012 年 9 月 7 日，见 http://www.gov.cn/zwgk/2012 – 09/07/content_2218783.htm.

出基础教育均衡发展的途径和对策。① 该研究为目前国内针对基础教育均衡研究最为系统、完善的研究报告。

三、特殊教育资源严重不均衡现象突出

我国是典型的二元经济结构社会,② 在这种社会经济体制的影响下,特殊教育同样存在城乡教育的差别。西部地区,既是我国经济发展欠发达地区,也是我国特殊教育发展的短板。《中共中央关于制定国民经济和社会发展第十三个五年规划的建议》也同样提出,"推动义务教育均衡发展和促进教育公平"。③ 然而,没有特殊教育公平就谈不上真正和完整的教育公平。自《特殊教育提升计划》颁布实施以来,我国特殊教育事业在学校建设、师资培养、经费保障等方面取得了快速发展,但整体水平仍然不高,发展不平衡,④ 我国特殊教育发展的地区差异、城乡差异甚至校际差异非常明显,从而导致了地区间、城乡间特殊教育质量的不均衡,严重影响了教育公平理念在我国特殊教育事业发展中的践行。随着经济社会的快速发展,社会对特殊教育的期望值越来越高,十八届五中全会提出要"办好特殊教育"。⑤ 提高特殊教育办学质量,为每一位特殊儿童提供优质而公平的特殊教育应当是现阶段特殊教育事业发展的重心。2008 年以来,中央和地方累计投入 54 个多亿,在

① 翟博:《基础教育均衡发展理论与实践:中国基础教育均衡发展研究报告》,教育科学出版社 2013 年版,第 5 页。
② 刘杨:《浅析我国城乡二元经济结构》,《现代经济》2008 年第 7 期。
③ 新华社:《中共中央关于制定国民经济和社会发展第十三个五年规划的建议(全文)》,2015 年 12 月 1 日,见 http://www. ytnews. cn/2015/12/01/100261883. html.
④ 国务院办公厅:《国务院办公厅关于转发教育部等部门特殊教育提升计划(2014—2016 年)的通知》,2014 年 1 月 8 日,见 http://www. gov. cn/xxgk/pub/govpublic/mrlm/201401/t20140118_ 66612. html.
⑤ 人民网:《十八届五中全会报告》,2015 年 10 月 29 日,见 http://cpc. people. com. cn/GB/67481/399243/.

中西部地区新建、改扩建千余所特殊教育学校，基本实现了 30 万人口、残疾儿童少年较多的县（市）都有 1 所独立设置的特殊教育学校的目标。然而我国特殊教育仍处于起步阶段，目前的发展重点仍然是普及特殊教育，充分保障各类特殊儿童、青少年的教育权利，对特殊教育均衡问题还没有引起足够重视，但纵观普通教育的发展规律，我国特殊教育发展也必将经历机会均等、资源公平、质量公平三阶段。本书旨在通过理论研究与实证调查客观说明我国特殊教育发展的城乡差异以及新建—改扩建校与老校之间的校际差异，了解我国特殊教育均衡发展现状，并依此为我国特殊教育学校的均衡化、规范化、系统化发展提出对策建议。

第二节　研究价值

一、国家政策法规强调特殊教育均衡发展

2010 年 7 月 29 日，国务院办公厅颁布的《国家中长期教育改革和发展规划纲要（2010—2020 年）》中指出，到 2020 年，基本实现市（地）和 30 万人口以上、残疾儿童少年较多的县（市）都有一所特殊教育学校。与此同时，加强特殊教育师资队伍建设，采取措施落实特殊教育教师待遇。[①]

2014 年 1 月 20 日，教育部、国家发展改革委、民政部、财政部、人力资源和社会保障部、卫计委、中国残联七部门发布《特殊教育提升计划（2014—2016 年）》指出，当前"我国特殊教育整体水平不高，发展不平衡"，"农村残疾儿童少年义务教育普及率不高，非义务教育阶段特殊教育发展水平偏低"，计划经过三年努力，初步建立布局合理、

---

① 中华人民共和国教育部：《国家中长期教育改革和发展规划纲要（2010 - 2020 年）》，人民出版社 2010 年版，第 21 - 22 页。

学段衔接、普职融通、医教结合的特殊教育体系，基本形成政府主导、部门协同、各方参与的特殊教育工作格局。① 因此可见，缩小特殊教育区域、城乡差距，加快特殊教育均衡发展已成为现阶段特殊教育工作的重要任务。2016 年底，《第二期特殊教育提升计划（2017—2020 年）》（征求意见稿）出台，再次将"推进教育公平"、"进一步提升特殊教育普及水平、保障能力和教育教学质量，切实保障残疾人受教育权利"作为主要目标。② 可见在未来几年的特殊教育工作中，教育公平也是重要的一环，缩小各地区特殊教育发展差距、促进特殊教育均衡发展是未来必经之路。

二、为完善特殊教育学校办学条件标准提供依据

为了规范特殊教育学校的办学，教育部曾经在 1994 年制定并印发了《特殊教育学校建设标准（试行）》，③ 按盲、聋、弱智三类学校分别编制建设标准，包括学校选址与规划、校园用地面积指标、校舍建筑面积指标和校舍建筑标准。这一建设标准为特殊教育学校硬件方面的办学条件提供了依据，对提升特殊教育质量起到了重要作用，但年代已久远，近年来我国的特殊教育事业已然发生翻天覆地的变化，教学对象、教学要求、教学目标等无论在广度上还是深度上都有了较大的延伸。2012 年 1 月 1 日起由住房和城乡建设部、国家发展和改革委批准发布，并委托中国计划出版社出版发行，教育部编制的《特殊教育学校建设标准》正式开始施行，建设规模与建筑项目构成、布局、选址、校园规划

① 李欢：《如何实现特殊教育的均衡发展》，《光明日报》2014 年 3 月 1 日。
② 特教网：《第二期特殊教育提升计划（2017—2020 年）》，2016 年 12 月 7 日，见 http://www.tejiaowang.com/2016/zx_ 1207/16334.html。
③ 中华人民共和国教育部：《特殊教育学校建设标准（试行）的通知（教计[1994] 162 号）》，1994 年 7 月 1 日，见 http://wenku.baidu.com/view/b69ca3ff04a1b0717fd5dd77.html。

与建设用地、校舍建筑面积指标等内容。① 但以上两个标准均是围绕硬件设施条件方面制定的标准，而针对软件条件方面的指标却缺乏相应的标准。为了进一步完善教师队伍建设标准体系，引领特殊教育教师专业成长，教育部于 2015 年 8 月颁布了《特殊教育教师专业标准（试行）》，该标准在专业理念与师德上，强调教师的人道主义精神和正确的残疾人观；在专业知识上，强调教师要具备残疾学生教育与康复所必需的复合型知识；在专业能力上，强调教师要具有教育诊断评估、环境创设、个别化教育、课程整合和沟通以及辅助技术运用等特殊能力。② 该标准的出台对提升特殊教育教师专业水平、促进特殊教育学校办学质量发展有着重要意义。但我国特殊儿童的安置形式多样，随班就读是主要安置形式之一，因此我们期待随班就读教师以及资源教师的专业标准也能尽快出台，从根本上提升特殊儿童随班就读的教育教学质量。本书中以典型个案的形式分析了城乡随班就读班级中普通教育教师的教学策略，以期为随班就读教师专业标准的制定提供一定的依据。

三、特殊教育均衡发展的现实状况亟需重视

2014 年《特殊教育提升计划》中特别指出，在 2014 年至 2016 年期间，重点任务有以下三点：①提高普及水平，采用多种形式，逐一安排未入学残疾儿童少年接受义务教育；②加强条件保障，改善特殊教育学校办学条件，加强残疾学生学习和生活无障碍设施建设；③提升教育教学质量，研究制订盲、聋和培智三类特殊教育学校课程标准，健全适

① 中华人民共和国教育部：《特殊教育学校建设标准》，2012 年 1 月 11 日，见 ht-tp://www.moe.gov.cn/jyb_ xwfb/gzdt_ gzdt/s5987/201201/t20120111_ 129316.html.
② 丁勇：《以专业标准引领特殊教育教师专业成长——关于《特殊教育教师专业标准（试行）》的解读》，《现代特殊教育（高教）》2015 年第 9 期。

合残疾学生学习特点的教材体系。① 近年来，全国特殊教育学校办学条件都得以明显提升，然而通过调研发现，各级各类特殊教育学校的办学条件仍存在一定差异，师资水平、硬件条件均参差不齐。这些差异给人留下了深刻的印象，这些现象是一种偶然，还是一种常态？为了更好地去了解这一现象，本书以西部地区特殊教育学校为研究样本，从不同指标去对比省际、省内城乡特殊教育学校、新旧特殊教育学校办学条件的差异，为以后在特殊教育学校均衡发展或者办学条件差异相关研究方面提供参考。

第三节　总体研究思路

本书从理论探讨、实证调查以及典型案例等层面深入研究我国特殊教育均衡发展情况，对我国东部、中部、西部三区特殊教育均衡发展现状及趋势进行剖析，并对我国城市、县镇及农村三类特殊教育学校的均衡发展状况及趋势进行比较，以期为促进我国特殊教育均衡发展奠定基础。本书共七章，全书的基本框架如图1.3.1所示。

本书第一章为本章绪论，阐述了特殊教育均衡发展研究的现实背景、选题价值以及总体的研究思路。

本书第二章为特殊教育均衡发展理论演绎篇，首先从教育均衡、教育公平、教育平等这三个密切相关的概念的内涵与历史发展出发，在此基础上系统论述现已经发展成熟的教育均衡理论的内涵及其理论体系，并对教育平等、教育公平和教育均衡三个概念之间的关系进行辨析。在此基础上，深入论述特殊教育均衡内涵，即宏观层次的特殊教育均衡、中观层次的特殊教育均衡、微观层次的特殊教育均衡，并对特殊教育均

---

① 国务院办公厅：《国务院办公厅关于转发教育部等部门特殊教育提升计划（2014—2016年）的通知》，2014年1月8日，见 http://www.gov.cn/xxgk/pub/govpublic/mrlm/201401/t20140118_66612.html.

衡发展的研究现状进行梳理，包括发文量等计量学指标、特殊教育均衡发展的研究类型和方法、特殊教育均衡发展的研究内容等方面深入探讨，剖析现有研究的不足。

本书第三章为特殊教育均衡发展体系建构篇，首先从教育均衡发展指标体系出发，分析了教育指标内涵、特征以及国内外现有的教育均衡发展指标体系现状；其次，详细介绍了各种教育均衡测度的方法；最后，深入探讨了特殊教育均衡发展指标体系的内涵、意义、构建原则及过程、测度方法及测评。

本书第四章为特殊教育均衡发展实证研究篇，也是本书的核心内容部分。本章第一节为近十年我国特殊教育均衡发展现状及趋势研究，主要通过《中国教育统计年鉴》、《中国教育经费统计年鉴》、《中国人口年鉴》等特殊教育相关数据进行分析。首先从总体上分析 2006—2015 年近十年来我国特殊教育均衡发展现状，包括特殊教育学校入学率、特殊教育学校数量、生均经费支出、生师比、专任教师比例、本科以上学历率以及高级职称比例、生均校舍面积、生均教学与辅助用房、生均图书册数等指标分析；其次，采用以上指标分析我国东部、中部以及西部三大区域的特殊教育均衡发展水平以及近十年的变化趋势；最后，探讨我国特殊教育城乡均衡度，包括城市、县镇以及农村三类特殊教育学校毕业率、高中人数比例、学校比例以及在校生人数比例等指标分析其城乡差异及近十年变化趋势。本章第二节为我国西部地区特殊教育办学条件均衡发展的现状调查分析，通过问卷调查的形式，分析我国云南省、贵州省、重庆市、四川省、西藏自治区等十余个省市（自治区）间、区域间、新旧特殊教育学校间的均衡发展状况，主要从硬件设施条件、软件师资条件两方面分析其差异。

本书第五章为特殊教育均衡发展现状调查篇，采取问卷调查的方式，对西部地区重庆、四川、云南、贵州、新疆、甘肃、宁夏、陕西、内蒙古、青海等十余省市自治区 105 所特殊教育学校进行问卷调查，旨在了解我国西部地区特殊教育均衡发展现状，客观分析我国西部地区特殊教育发展的省区间、城乡间和新旧学校间的差异，以期对西部地区特殊教育均衡发展从横向上进行宏观分析，进一步改善特殊教育学校办学条件，为我国特殊教育的均衡化、规范化、系统化发展提出对策建议。

本书第六章为特殊教育均衡发展案例研究篇，对城乡随班就读师的教学策略进行比较研究，通过对来自主城区普通小学教师和乡镇中心小学教师各 8 名进行访谈，采用 Nvivo 软件进行资料处理，比较了城乡随班就读教师的安置策略、教学策略以及随班就读工作所面临障碍等方面的差异。

本书第七章为特殊教育均衡发展反思总结篇，本章对全书的基本理论观点和实践探索进行全面而系统的总结归纳、反思与提炼，阐述了特殊教育均衡发展观的基本工作思路。

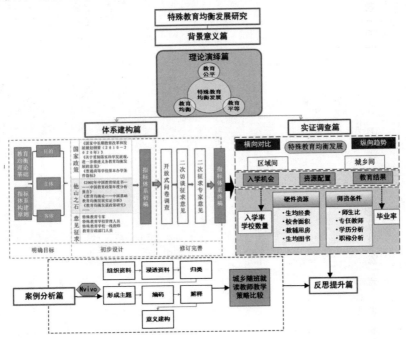

图 1.3.1　本书基本框架

第二章

理论演绎篇

均衡发展理论并不是特殊教育领域特有的理论，在经济学、社会学、教育学领域，都有非常丰硕的成果。世纪之交，我国基本普及九年义务教育、基本扫除青壮年文盲，这是举世公认的巨大成就。[①] 但同时，随着经济社会的快速发展，教育领域的地区差别、城乡差别、校际差别越发明显，不均衡现状引起了社会广泛的关注。我国特殊教育起步晚，但不均衡现状也随着经济、社会、教育领域的发展而日益显著。那么我们所面临的问题是，特殊教育是否应该均衡发展？什么是特殊教育均衡发展？我国特殊教育均衡发展现状如何？应如何实现特殊教育的均衡发展？这些正是本书极力解答的问题。本章首先从教育学的背景中，辨析教育均衡、教育公平、教育平等这三个密切相关的概念内涵与历史发展。在此基础上，从宏观、中观、微观三个层次深入论述特殊教育均衡内涵及发展阶段，并对特殊教育均衡发展的研究现状进行梳理。

第一节　教育均衡理论体系

教育均衡（Educational Equilibrium），是我国义务教育法的方向性要求，是实现教育公平的内核，已经成为我国教育发展的关键词。随着我国教育的快速发展，其发展过程中不均衡的现象已经日益突出。在党和国家的高度重视下，中央政府颁布了一系列政策措施以提升我国的教

---

① 翟博：《教育均衡论——中国基础教育均衡发展实证分析》，人民教育出版社2008年版，序一。

育均衡化水平。在这样的背景下，关于教育均衡的理论研究与实践探索成为了学术界的热门话题。

本节将从两个部分来厘清教育均衡相关的理论问题。第一部分首先将从概念、内涵与历史发展三个方面入手，梳理与教育均衡相关的两个概念：教育平等和教育公平，在此基础上系统论述已经发展成熟的教育均衡的内涵及其理论体系；第二部分将从教育平等与教育公平的区别与联系，教育平等与教育公平促使教育均衡的产生、教育均衡发展，追求教育平等、实现教育公平这三个方面出发，对教育平等、教育公平和教育均衡三者之间的关系进行辨析。

最后，希望能通过此章节的内容促使关于教育均衡理论研究中的一些问题得到解决，也能为本书后面的特殊教育均衡发展理论研究和实证分析奠定坚实基础。

一、教育均衡的内涵

在已有研究中，教育平等、教育公平和教育均衡三个词常相伴出现。因此，本书的第一部分将从平等、公平和均衡的词源出发，分析其概念。并从不同的学科视角切入，审视其在其他学科中的含义，并论述平等、公平和均衡三个词在教育方面的历史发展状况，以此来更好地剖析和审视教育平等、教育公平与教育均衡的含义与内涵，在最后还将完整地介绍现在已经发展成熟的教育均衡理论体系。

（一）教育平等（Educational Equality）

平等，在《辞海》当中的解释是："平等是人们在社会上处于同等地位，在政治、经济、文化等各方面享有同等的权利。"[1] 其中，"同等"作为其释义的着眼点，"同"意味着质上的无差异性，"等"则是一种数量相等或比值相称。在这个定义中，没有人会有不公平的优势，

---

[1] 夏征农主编：《辞海》第三卷，上海辞书出版社 1989 年版，第 1623 页。

每个人都被给予了相同的地位、相同的机会。然而，这里的平等并不代表每个人实际上是平等的，因为一味强调外在的平等而忽视了内在的"差异"使得这种平等变成了一种肤浅的、表面的平等，如果不能意识到需要弥补内在的差异而追求平等，是无法实现真正平等的。

平等是政治学中的重要范畴，指不同社会主体在一定历史阶段的交往过程中处于同等的社会地位，在社会各领域享有同等权益，履行同等义务的理念、原则和制度。① 从法学的角度来看，指法律之前人人平等，并有权享受法律的平等保护，不受任何歧视。② 放眼经济学领域，美国著名的经济学家曼昆这样解释平等：平等就是经济成果在社会成员中公平分配的特性。③ 由此可见，在这一众社会学科中，平等都和"同等"有着千丝万缕的联系，且都是以保障每个人的权利为出发点的。

从教育学的角度来看教育平等这个词，同样与保障权利息息相关，因为其更多是在各国的法律法规和保障教育权利相关的国际会议中有所提到，在此时教育平等通常与受教育机会、受教育权利紧密相连，一般可概括为：保障每一个人受教育的机会（权利）平等。将每个人都拥有平等的受教育机会看作是实现教育平等的重要途径。

1948 年《世界人权宣言》规定：④ 不论什么阶层，不论经济条件，也不论父母的居住地，一切儿童都有受教育的权利。明确了对在现代教育中处于不利地位的群体的教育权利的关切和补偿，力求人人享有平等的教育机会或教育资源。

联合国等国际组织还借助各种国际文件和国际会议的宣言、建议、行动纲领等来宣传教育平等理念，推动教育平等发展，表 2.1.1 为相关

---

① 洋龙：《平等与公平、正义、公正之比较》，《文史哲》2004 年第 6 期。
② 联合国网：《世界人权宣言》全文，1948 年 12 月 10 日，见 http://www.un.org/zh/universal - declaration - human - rights/index.html.
③ 段建国：《试论平等与公平》，《宿州学院学报》2007 年 2 月第 1 期。
④ 联合国网：《世界人权宣言》全文，1948 年 12 月 10 日，见 http://www.un.org/zh/universal - declaration - human - rights/index.html.

国际会议文件的详情。

表 2.1.1　联合国关于受教育权的国际文件①

国际文件名称	有关条款	通过时间	实施时间	中国批准时间
《经济、社会、文化权利国际公约》	13、14	1966	1976	1997 年签署 2001 年批准
《公民与政治权利国际公约》	18	1966	1976	1998 年签署 尚未批准
《儿童权利公约》	28、29、30	1989	1990	1990 年签署 1992 年批准
《消除对妇女一切形式歧视公约》	10	1979	1981	1980 年签署 1980 年批准

　　1990 年 3 月，在泰国宗滴恩召开了世界全民教育大会，通过《世界全民教育宣言》（*World Declaration on Education for All*）和《满足基本学习需要的行动纲领》（*Framework for Action to Meet Basic Learning Needs*）两个文件，明确提出"每一个人——无论他是儿童、青年还是成人——都应能获得旨在满足其基本学习需要的受教育机会。""应该向所有儿童、青年和成人提供基础教育。"此次会议启动了全民教育国际行动。正式提出"全民教育"的概念。② 此次会议为普及入学机会和促进平等提供了巨大的动力。

　　1998 年 12 月在印度新德里召开的"九个发展中人口大国全民教育首脑会议"上，再次把全民教育推向高潮，九国领导人对实现全民教育、扩大入学机会、促进教育平等做出承诺。③

---

① 中国人权网：联合国关于受教育权的国际文件，2010 年 9 月 18 日，见 http://www. humanrights – china. org/.

② 赵中建：《教育的使命：面向二十一世纪的教育宣言和行动纲领》，教育科学出版社 1996 年版，第 17 页。

③ 赵中建：《全民教育：一个全球性课题》，《比较教育》1997 年第 2 期。

　　教育平等，实际上可分为狭义的教育平等与广义的教育平等。狭义的教育平等通常指接受教育的机会平等，如上文所述，它多出现于各国法律规定中，是一项强制性的法律规定，以此促进国家教育的普及与发展，提高人口素质，为贫困学生提供就学机会，也在与教育相关的国际会议中出现，为保障每个人都享有平等的受教育权，狭义的教育平等可定义为："人们不受政治、经济、社会地位和民族、种族、信仰及性别差异的限制，在法律上享有同等的受教育的权利。"[①] 而广义教育平等不只包括受教育的机会平等，也包括教育资源、教育质量和教育评量方式的平等，它涵盖了受教育者在接受教育过程中的各种权利、获取资源和待遇上的平等。现从学术角度出发讨论教育平等时多指后者，本书中所探讨的教育平等也指广义的教育平等。

　　但在提倡教育平等的背景下，依然会存在现实性的问题。如在一般的情况下，政府都会全力支持所有适龄儿童接受教育，但是就现实情况来讲，小部分学生也许会因为家庭情况不佳而放弃这个接受教育的机会，这时就需要政府为这部分学生提供更多的经济援助，这是不是就导致"不平等"的存在了呢？还有部分学生也许会因为自身的缺陷（如感官缺陷、智力缺陷、情绪行为或身体疾病等因素）而不能通过平时一般的课堂学习达到既定的教育目标，进行正常的学习活动，这时就需要学校安排进行"补救教学"或者提供一些辅助仪器以支持学生的学习，这也是不能要求完全平等对待的。

　　忽视了个体的差异，仅仅只是给予外在条件的无差异性，只是一种表面和肤浅的平等，达不到我们所追求的过程平等和最终结果的"平等"。

（二）**教育公平**（Educational Equity）

　　公平，在《现代汉语词典》中，指"处理事情合情合理，不偏袒哪一方面。"[②] 公平的核心问题是指社会利益的分配是否满足人们的愿

---

①　顾明远主编：《教育大辞典·教育哲学卷》，上海教育出版社1992年版，第100页。
②　吕叔湘主编：《现代汉语词典》，商务印书馆1983年版，第592页。

望或者以一种人们能普遍接受的方式满足人们的愿望。① 它承认有些人比其他人有更大的劣势，旨在补偿这些人的不幸和障碍，以确保每个人都能获得同样的健康的生活方式。

同样，公平也是法律学、伦理学和经济学的重要范畴。在法律学和伦理学范畴中，公平同公道、公正、正义等范畴有着相近的含义，含有从公正的角度出发平等地善待每一个与之相关的对象的意义。在集体、民族国家之间的交往中，公平指相互间的给予与获取大致持平的平等互利，同时还包含有对待两个或两个以上的对象时的一视同仁。在经济学中，公平主要是指社会各经济利益主体能以平等的身份参与各类经济活动，并且在经济活动中只能凭借其自身的要素所有权获得与之贡献相对应的报酬，任何人不能以超经济的强权手段获得额外的收益。② 综合上述这些学科的观点，不难发现，公平的前提是平等，但是其在平等基础上反对强权，对弱势群体运用补偿性原则，这是公平与平等的根本性区别所在。所以在理解公平的含义时，要从其特点出发，全面掌握。

从教育学的角度来看，早在 1971 年，罗尔斯便出版了轰动一时的《正义论》，标志着新的教育理论的诞生。在该书中他明确指出：实施一种免费的义务教育或补助金制度，使贫民中有才能的儿童得到和富人中同等才能的儿童大致同样的教育，使他们不致因家境窘迫而失去受教育的机会。在这方面对教育机会平等所需的社会条件的保障可见之于高额累进税制、遗产税等防止财富过度积聚的政策和法律。他甚至提出，家庭状况越困难，儿童资质越差，就越要得到额外的教育机会，而条件与资质好的儿童则应放弃一些教育机会。③

美国自从 20 世纪 80 年代以来的历届政府都把推进教育改革、重视

① 杨礼宾、成云雷主编：《简明廉政文化词典》，山东人民出版社 2015 版，第 58 页。
② 洋龙：《平等与公平、正义、公正之比较》，《文史哲》2004 年第 4 期。
③ ［美］约翰·罗尔斯：《正义论》，何怀宏译，中国社会科学出版社 1988 年版，第 221 页。

教育公平、提高教育质量作为一项重要工作。布什总统在宣誓就任后的第二个工作日，即 2000 年 1 月 23 日，就制定了联邦政府关于美国教育改革的新政策，并公布了《不让一个儿童落后》（*No Child Left Behind*）的教育蓝图。这个教育蓝图特别强调了重视教育公平，要帮助处于不利情况下的学生，并要奖励"不让一个儿童落后"的学校。

2015 年 12 月 10 日美国颁布《每一个学生成功法》（*Every Student Succeeds Act*）取代了十余年前颁布的具有里程碑意义的教育立法《不让一个儿童落后法》（*No Child Left Behind*，*NCLB*），但该法的主旨内容依然是：确保教育质量提升和促进教育公平。[①]

我们将教育公平定义为：每一位学生都能有享有同等的受教育机会和受教育权利，在公共教育资源合理分配的情况下，确保弱势者享受相对较多的教育资源，以保障每一位学生的教育需求得到满足的教育理想。在教育中，实现公平的例子有："图书馆提供扫盲计划；学校为英语作为第二语言的学生提供课程；来自贫困家庭的学生获得奖学金，这些就是它们通过公正和正义的途径来实施公平理念。"[②]

教育公平的主要内涵包括：在法律上人人享有平等的教育权利；在教育政策领域人人平等地享有公共教育资源；公共教育资源的配置向社会弱势群体倾斜；反对各种形式的教育特权。[③] 而教育是否真正达到公平主要依赖于两个因素，其一是公正（Fairness），这就意味着个人条件不应该影响其学术成就的潜力；第二个重要的因素是全纳（Inclusion），它指的是在教育系统中应采取适用于每一个人的综合性标准。这两个因素是密切

---

① 中国教育新闻网：美国通过《每一个学生成功法》2015 年 12 月 16 日，见 http://news. jyb. cn/world/gjgc/201512/t20151216_ 646751. html.

② Organisation for Economic Co – operation and Development，*Ten Steps to Equity in Education*，10 *January* 2008，http://www. oecd. org/edu/school/39989494. pdf.

③ 石中英：《教育公平的主要内涵与社会意义》，《中国教育学刊》2008 年第 3 期。

相关、相辅相成，致力于达到真正学术成就的一个教育系统。①

　　但是就目前的现实情况来看，教育公平中存在着许多的问题，这些问题可以从家庭的社会经济地位、种族、性别和身心障碍四个不同的方面来分析。

　　首先是不同社会经济地位的家庭在教育当中的公平。所在家庭的社会地位与经济收入在学生的学术成就中一直发挥着较为重要的作用，拥有更高社会经济地位家庭的家长更加注重孩子的学业成就，并更愿意在孩子学业方面进行投资，以为孩子提供更多的受教育机会和更高的教育质量，实质上这就造成了不公平的优势②。家庭社会经济地位较低的家庭则可能会缺乏对孩子学业的重视，也无力为孩子提供更多的学习资源与学习机会。所以，政府在这方面其实可以发挥重要的作用，加强对贫困学生的支援。

　　其次是教育中种族的公平。种族公平教育意味着在公立学校中，不同种族的学生在学校中的学业成就和表现不用相互进行比较。这包括为学生提供一个完整参与所有教育的机会，不论种族。③ 教育中的种族平等问题因国家而异，从美国来看，教育当中的种族公平就曾是一个非常严肃的问题，但就布朗诉托皮卡教育局案开始，种族隔离的法律因为剥夺了黑人学童的入学权利而违反了美国宪法第 14 条修正案中所保障的同等保护权，学童不得基于种族因素被拒绝入学。因为本判决的缘故，终止了美国社会中存在已久的白人和黑人必须分别就读不同公立学校的

① Organisation for Economic Co - operation and Development, *Ten Steps to Equity in Education*, 10 January 2008, http：//www. oecd. org/edu/school/39989494. pdf.

② The New York Times, *Poor Students Struggle as Class Plays a Greater Role in Success*, 23 December 2012, https：//mobile. nytimes. com/2012/12/23/education/poor - students - struggle - as - class - plays - a - greater - role - in - success. html. ? pagewanted = all&_ r = 0&referer = .

③ Education Northwest, *Region X Equity Assistance Center - Education Northwest*, 5 November 2010, http：//educationnorthwest. org/equity - assistance - center.

种族隔离现象。① 就中国而言，虽然不存在种族的问题，但由于拥有56个民族，所以主要存在的是少数民族的受教育公平的问题，少数民族的学生可能会因为语言、教育资源、教育质量等问题，造成学业成就很难达到应有的标准，因此中国不断颁布各项有利于少数民族教育发展的政策，如在少数民族地区投入更多的经费、加强师资的培养、"双语"教学、招生考试政策的优待，以促进教育公平。②

再者是教育中性别的公平。这里的性别公平主要是指男性和女性在受教育时的公平问题，大多数这样的性别偏见都出现在发展中国家，其教育中的性别歧视已经有非常明显的表现。全球教育运动（Global Campaign for Education，GCE）之前曾调查称："十分之一的女孩会在小学时感到'不开心'，到了中学，这个数字增加到了五分之一。这些女孩提供的原因包括：骚扰、自由、缺乏锻炼机会等。"③ 无论男性女性，皆有接受公平教育的权利，不应因为其性别而受到歧视。

最后是教育中对身心障碍者的公平。身心障碍者本就因为其在某一方面存在不同程度的障碍而在接受信息或理解信息时产生困难，因此在进行教育时，最好采用全方位学习设计（Universal Design for Education，UDE）或者进行课程调整，以符合其特殊的学习需求，在测验其学业成就时，也应提供其适当的评量方式，在适当时给予更多的学习资源与学习支援，以保障身心障碍者在接受教育中的公平。

教育公平不仅要求我们在教育起点上应该人人平等，也提倡在教育过程和教育结果上对弱势群体的补偿，运用补偿性原则使每个人都能达到真正的学业成就，并且有利于受教育者的潜力开发与全面发展。但是

① 林海：《布朗案：种族平等从教育开始》，《检察风云》2016年第5期。
② 许可峰：《新中国少数民族教育政策发展问题研究》，硕士学位论文，西北师范大学2008年，第10页。
③ Association for Childhood Education International, *Gender Discrimination in Education*, November 19 2014, http://www.acei.org/global-news/gender-discrimination-in-education.html.

如上面几个部分所论述的，教育公平依然任重而道远，还面临着许多实际的问题与困难。

（三）教育均衡（Educational Balance）

1. 教育均衡内涵分析

均衡，在《现代汉语词典》中解释为："是对事物发展状态的一种描述，它指的是影响事物发展的诸要素的力量大致相当。"[1]

最初，"均衡"是物理学中的一个概念，表示同时作用于同一个物体的相反的两个力恰好相等，使得该物体处于静止状态。这一概念最早被马歇尔引入经济学当中，经济学家提出了市场均衡理论。而教育均衡则可以看作是对经济均衡发展的移植。但教育作为一种培养人的社会活动，与经济活动存在着本质的差别，从追求社会公平的角度出发，义务教育必须走均衡发展的道路，因此有必要对义务教育均衡发展的内涵进行进一步的剖析。[2]

在我国，教育均衡也指教育均衡发展，常用于义务教育发展中。从最初还未在政策层面提出教育均衡发展时，便已经有学者对教育均衡进行了相关研究。朱永新（2002）便提出了实行基础教育均衡发展的设想。第一，要贯彻平等原则，主要是体现在受教育者的受教育机会平等和在受教育过程中的教育资源与教育质量上的平等；第二，贯彻受教育者利益最大化原则，此原则来源于美国学者莱伊·道格拉斯（Rae Douglas），包括平等考虑、差别对待与利益最大化三个要素，其核心是逐步缓解教育差异，迈向均衡发展；第三，矫正平等和补偿平等原则，这一原则来源于美国学者柯尔曼（Coleman James）的消解差异原则，其核心问题是对那些生来基因不良或是处于恶劣环境中的人进行补偿。[3]

在相关政策颁布之后，教育均衡发展这一重要课题立即在学术界引

---

① 吕叔湘主编：《现代汉语词典》，北京商务印书馆 1983 版，第 773 页。
② 鲍传友：《义务教育均衡发展：内涵和原则》，《学者论坛》2007 年第 1 期。
③ 朱永新、许庆豫：《论基础教育均衡发展》，《中国教育学刊》2002 年第 6 期。

起了高度重视，此阶段的研究主要集中在理论部分。翟瑛（2006）认为，教育均衡发展是教育公平思想在新时代的发展，从某种程度上说，教育均衡发展这一理论是促进教育公平、推进教育民主化的重要途径。均衡发展不是教育发展的目标，它是促进基础教育发展，实现"向所有人提供保证质量的教育"的途径。① 其提出教育的均衡发展，并不等于"平均发展"，在研究其内涵时，它与教育公平的关系是更具有代表性的，将教育均衡看成是实现教育公平这一最终目标的手段。

梁华和（2007）认为，教育均衡发展的理论基石，即教育权利或教育的基本人权问题。义务教育的均衡发展可以保证教育领域内最弱势的社会群体也能接受优质的基础教育，改变弱势人群的社会身份和社会地位，促使弱势人群向上流动、促进人的平等发展，维护社会的公平与正义，进而增进社会的平等，促进社会的稳定。均衡发展是教育问题，也是一个国家、民资的稳定、融合和协调发展的基础。②

翟博（2008）认为，教育均衡最基本的要求是，在教育机构和教育群体之间平等地分配教育资源，达到教育需求与教育供给的相对均衡，并最终落实在人们对教育资源的分配和使用上。从个体看，教育均衡指受教育的权利和机会的均等，指学生能否在德智体美劳等方面均衡发展、全面发展；从学校看，教育均衡指区域间、城乡间、学校间以及各类教育间教育资源配置的均衡；从社会看，教育均衡指教育所培养的劳动力在总量和结构上，与经济社会的发展需求达到相对的均衡。③

到现在，教育均衡政策已经推行了十多年，在此期间，我国教育均衡的理论体系不断丰富，实践的不断深入，暴露出了许多实际问题，因此，目前的研究重心开始转向发现教育均衡中存在的问题与提出对策建

---

① 翟瑛：《论义务教育均衡发展与教育公平》，《教育探索》2006 年第 12 期。
② 梁和华：《实现区域内义务教育均衡发展的政策建议》，《宁夏教育》2007 年第 1 期。
③ 翟博：《树立科学的教育均衡发展观》，《教育研究》2008 年第 1 期。

议。对教育均衡中的问题分析基本都会以某一的地区存在的问题为例，以达到具体问题具体分析的效果。

随着我国政治经济区域间、个体间发展的不平衡，且教育不断朝着纵深方向发展，我国教育发展不均衡的现象日益突出。基于我国的二元化经济社会体制和我国政府在教育中起统领作用，各省、市、自治区分级办学、分级管理的基本教育行政体制，基于我国区域间、校际间、群体间的教育发展不平衡现状，教育均衡几乎成为了我国在教育发展方面的专有名词，提升教育均衡水平成为我国教育发展的重要目标。教育均衡来源于教育公平和教育平等的思想，但是却更加具体，更与我国的国情相结合，包括宏观、中观、微观三个层面的均衡。

从政策层面来看，早在 2006 年修订的《中华人民共和国义务教育法》在现行法律体例框架内，就已经第一次将义务教育均衡发展理念写进国家法律，将均衡发展思想作为新修订的《义务教育法》的根本指导思想。①

在教育部关于落实全国人大常委会实施《国家中长期教育改革和发展规划纲要（2010—2020 年）》工作情况报告审议意见的报告中提出，要落实政府责任，进一步明确各地推进义务教育均衡发展的时间表、路线图和任务书，形成中央部门和地方政府共同推进的新机制。

2012 年则直接印发了《关于深入推进义务教育均衡发展的意见》，并组织进行督导评估，以不断提升我国教育均衡发展的水平，现已取得了一定成效，但就实现目标来说，还是时间紧，任务重。

2015 年《中共中央关于制定国民经济和社会发展第十三个五年规划的建议》也同样提出，"推动义务教育均衡发展和促进教育公平。"②

---

① 李宜江主编：《义务教育均衡发展的法律保障研究》，安徽师范大学出版社 2013 年版，第 3 页。
② 新华社：《中共中央关于制定国民经济和社会发展第十三个五年规划的建议（全文）》，2015 年 11 月，见 http://www.ytnews.cn/2015/12/01/100261883.html.2015.11.

　　2015 年的十八届五中全会工作报告中更加具体地阐述了教育均衡的涵义："教育均衡发展是现代教育发展的新境界和新理想，其实质是指在教育公平思想和教育平等原则的支配下，教育机构和受教育者在教育活动中有平等待遇的理想和确保其实际操作的教育政策和法律制度。教育均衡发展的本质是追求教育平等，实现教育公平。"①

　　虽然许多学者从不同的研究角度、使用不同的研究方法对教育均衡进行研究，也得出了各种不同的研究结论，但本书采用的是第十八届五中全会对教育均衡内涵的分析解释教育均衡发展的内涵。在后文也将从教育均衡发展的本质出发，分析教育平等、教育公平和教育均衡三者之间的关系。

表 2.1.2　教育均衡的三个维度、15 个指标

三个维度	15 个指标	内涵分析
宏观层面	教育权利公平	教育权利是教育公平最基本的内容；从法律意义上说，受教育权是宪法赋予公民的基本权利。
	教育机会均等	教育机会均等是指从整体上说每个受教育者都应当享受到平等接受教育的机会。
	规模均衡	教育培养和输送的劳动力在总量上与社会需求相对一致。
	结构均衡	教育结构包括教育的层次结构、形式结构和布局结构。
	制度均衡	所谓制度均衡，就是人们对既定制度安排和制度结构的一种满足状态或满意状态，因而无意也无力改变现行制度。

───────────

① 网易新闻：《解读十八届五中全会公报八大要点》，2015 年 10 月 30 日，见 ht-tp://news. 163. com/15/1030/05/B75BRAOA00014AED. html.

续表

三个维度	15 个指标		内涵分析
中观层面	从内涵看	区域教育均衡	发达地区与欠发达地区之间、东部地区与西部地区之间。
		城乡教育均衡	城市与乡村之间。
		校际教育均衡	不仅指不同学校之间，也指不同层次的学校与不同类型的学校之间。
		群体教育均衡	不同受教育群体之间。
	从资源配置看	硬件均衡	指学校公用经费、生均经费等投入，校舍建设、教学实验仪器设备、图书资料等硬型资源的聚享。
		软件均衡	指学校教师队伍的学历、素质，学校内部管理以及学校教育教学理念等软性资源的均衡。
微观层面	生源均衡		即基础教育特别是义务教育阶段的学生生源必须符合就近入学的原则，不存在任何人为的选拔，以确保每个学校的学生生源基础均衡。
	质量均衡		教育质量均衡包括课程和教学等学校教育内部的均衡发展。
	结果均衡		学校教育要充分尊重学生的差异和个性，让每个学生最大限度地发挥自己的特长和学习潜能。
	评价均衡		指教育行政部门和社会对学校的教育教学评价必须以教育均衡发展的理念和思想为指导，以素质教育和人的全面发展为宗旨，对学校工作进行评估。

2. 教育均衡的理论体系

经过多年的教育理论研究与教育实践探索，教育均衡已经形成了严谨丰富的理论体系，许多人就教育均衡提出了自己的看法与意见，且从不同的角度进行了分析论述。其中，著名学者翟博在《基础教育均衡发展理论与实践（中国基础教育均衡发展研究报告)》一书中不仅从实践层面对教育均衡进行了实证分析，还分别从宏观、中观、微观三个维度出发，利用 15 个内涵指标进行分析，对教育均衡问题进行了深刻的理论探索，指标体系见表格 2.1.2。

（1）宏观层次的教育均衡

在宏观层次上，教育均衡作为教育方针政策、法律法规等重要程度，包括教育权利的公平和教育机会的均等，以及教育发展如何与经济社会相互协调发展等。它在整个教育均衡体系中以外在的形式，体现了教育均衡的社会学特点。反映的是形式的、内在的教育权利和教育机会。

从宏观层次分析，宏观层次教育均衡思想主要体现在：一是国家制定的各种教育法律、法规，以及各种教育政策都要充分体现教育均衡的基本理念和思想；二是各级政府和教育部门制定的有关教育法规、政策都要体现教育均衡发展的基本理念和思想；三是各级政府和教育部门在推动教育改革和发展的过程中要以教育均衡发展思想指导教育工作，把教育均衡发展的思想作为教育事业发展，特别是基础教育发展的长期的指导思想和工作思路。

①教育权利公平

教育权利是教育公平最基本的内容。从法律意义上说，受教育权是宪法赋予公民的基本权利。如我国《宪法》第 46 条规定："中华人民共和国公民有受教育的权利和义务。"我国《教育法》第 9 条规定："中国人民共和国公民有受教育的权利和义务。公民不分民族、种族、性别、财产状况、宗教信仰等，依法享有平等的受教育机会。"

②教育机会均等

教育机会是指受教育者进入教育机构和参与教育活动的各种条件的总和。教育机会均等是指从整体上说每个受教育者都应当享受到平等接受教育的机会。就基础教育而言，政府既要确保每个适龄儿童少年接受基础教育，特别是义务教育的权利和教育机会的平等，又要保证使每一个儿童少年都能按时达到国家规定的接受基础教育，特别是义务教育的最低标准要求。

其次，从教育与经济社会关系分析，教育是经济社会发展中最重要的组成部分，教育的重要功能就是为国家经济和社会发展培养和输送各种程度的劳动者。教育发展包括规模发展、结构发展、区域发展。因此，教育的发展必须与经济社会发展相协调，教育所培养和输送的劳动力在总量和结构上必须与经济社会的发展需求达到相对的均衡，教育的各项方针政策也必须体现制度均衡的思想。这种均衡主要表现在以下几方面：

③规模均衡

教育培养和输送的劳动力在总量上与社会需求相对一致。因为在技术不变的条件下，社会对劳动者的总需求通常由经济社会的总量规模决定，供给总量由中等和高等教育的总规模决定，因此，规模均衡就是社会总需求与教育的总供给达到一种相对的均衡。

④结构均衡

教育结构包括教育的层次结构、形式结构和布局结构。从社会需求来说，劳动者的文化层次要与社会产业部门、行业部门对职业结构的需求相对一致；从教育供给来说，教育的层次要与社会对人才专业结构的需求相对一致。在教育布局结构优化方面，一是促进区域内部教育布局优化，使一个地区内教育布局与教育发展的需要相适应，地区教育所培养的劳动力，在总量与结构上与该地区的社会需求相对均衡；二是针对城市和农村的现状和发展进行优化，以促进其办学质量和规模效益的提高；三是促进各级各类教育持续健康协调发展，基础教育与职业教育、高等教育均衡发展。

⑤制度均衡

现代制度经济学认为，制度是人们交换活动和发生联系的行为准则，它是由生活在其中的人们选择和决定的，反过来又规定着人们的行为，决定了人们行为的特殊方式和社会特征。制度既可以是具体的制度安排，既指某一特定类型活动和关系的行为准则，也可以是指一个社会中各种制度安排的总和，即"制度结构"。① 所谓制度均衡，就是人们对既定制度安排和制度结构的一种满足状态或满意状态，因而无意也无力改变现行制度。人们做出的任何一种制度选择都是在当时、当地具体条件下，运行效益大于运行成本的制度，即制度净效益大于零的制度。一种制度安排和制度结构只要其净效益大于零，且在各种可供选择的制度安排和制度结构中净效益最大，这项制度就是最好最优越的制度。这时，对制度服务的需求就等于制度服务的供给，人们既无改变现行制度的动机和要求，也无改变的能力和力量，更不会采取变革的行动。这时的制度状态就是制度均衡。制度均衡是一种行为均衡。② 制度均衡是教育均衡的重要内容。

（2）中观层次的教育均衡

在中观层次上，教育均衡包括区域均衡、城乡均衡、校际（包括各类教育之间）均衡、群体均衡。中观层次的教育均衡是内在的、实质的教育均衡，它在整个教育均衡体系中体现了经济学的特点，反映的是教育资源配置的均衡。

从内涵看，中观层次教育均衡发展是指各级政府要确保教育资源在区域之间、城乡之间、校际之间、受教育群体之间合理和有效的均衡配置。主要体现在：

①区域教育均衡

各级政府要确保教育资源在区域之间合理和有效的均衡配置。国家要采取措施缩小发达地区与欠发达地区之间、东部地区与西部地区之间的差距，各地区要缩小区域内部的教育差距，加强教育资源的整合，均衡配置教育资源。

②城乡教育均衡

各级政府要确保教育资源在城乡之间合理和有效的均衡配置。

---

① 林毅夫：《论制度和制度变迁》，《中国：改革与发展》1988 年第 4 期。
② 张曙光：《论制度均衡和制度变革》，《经济研究》1992 年第 6 期。

③校际教育均衡

各级政府要确保教育资源在学校之间合理和有效的均衡配置，这里不仅包括不同学校之间的均衡配置，也包括教育资源在不同层次学校（小学、中学、大学等三级学校）之间的均衡配置，还包括教育资源在不同类型学校之间（基础教育与职业教育、高等教育）的均衡配置。

④群体教育均衡

各级政府要确保教育资源在不同受教育群体之间合理和有效的均衡配置。

其次，从资源配置看，中观层次教育均衡发展主要体现在：

⑤硬件均衡

硬件均衡指学校公用经费、生均经费等投入，校舍建设、教学实验仪器设备、图书资料等硬型资源的均衡。

⑥软件均衡

软件均衡指学校教师队伍的学历、素质，学校内部管理以及学校教育教学理念等软性资源的均衡。

高质量的师资是高质量教学的关键。应该看到，促进基础教育均衡发展，加强和改善硬件设施固然重要，而全面加强软件建设，即人的建设更为重要。没有合格的教育管理人员队伍，没有高素质的教师队伍，没有分布相对均衡的生源，从根本上达到基础教育均衡发展也是不可能的。因此，基础教育均衡不仅是校园和校舍等硬件的均衡，更应当包括优秀的教育管理和教师队伍，还有良好的生源群体及其由此长期形成的良好的学习氛围和学校文化等软件均衡。

教育资源包括物质的硬件资源，也包括学校教育理念和教育管理等软件的资源。教育理念不是空洞的，它表现在一个学校的教育教学质量标准上，反映在一个学校的评价体系上，反映在学校提倡什么、反对什么上。教育管理除了硬件管理之外，最重要的是软件管理。

（3）微观层次的教育均衡

在微观层次上，教育均衡包括课程、教学和教育评价的均衡，它是教育均衡的具体化，是实质性的、内在的，更深层次的教育均衡，在整个教育均衡体系中体现了教育学的特点。反映的是实质的、内在的教育质量和教育效果。

微观层次教育均衡发展主要体现在：

①生源均衡

即基础教育特别是义务教育阶段的学生生源必须符合就近入学的原则，不存在任何人为的选拔，以确保每个学校的学生生源基础均衡。这是从源头上保证基础教育均衡发展的重要前提。

②质量均衡

教育质量均衡包括课程和教学等学校教育内部的均衡发展。在课程设置方面，在校学习期间学生应该学习哪些类型课程、获取哪些方面的知识，学校和教师如何向学生传授这些知识。这些都涉及教育本身内在的权利和机会问题。基础教育均衡发展就是要构建均衡教育的课程和教材框架，融合中西文化教育精华，在教学中处理好知识与技能、过程与方法、情感态度价值观三维目标的关系，让学生的德、智、体、美、劳各方面全面发展；在教育和教学过程中关注每一个学生的成长，注重学生的全面发展；在教育和教学结果中还要关注学生的升学率、巩固率、辍学率情况。

③结果均衡

学校教育结果的均衡问题，即人的培养和发展的问题。学校教育要充分尊重学生的差异和个性，让每个学生最大限度地发挥自己的特长和学习潜能。

国家和社会为所有的学校都创造了尽可能均衡的物质条件，这只是促进学校教育均衡发展的一个方面。除此之外，我们还应关注更深层次的学校教育发展均衡问题，即人的培养和发展的问题。就教育的培养目标而言，没有地区差别，也不应有学校间的差别，更不应有学生间的差

别。所以，从根本上保证和实现公民受教育权利的平等，促进学校教育
均衡发展，也是学校的责任。校长和教师必须端正教育思想，更新教育
观念，不断提高自身素质，充分挖掘优质教育资源，掌握和运用正确的
教育方法，积极探索适合本校实际的改革之路和发展模式，创新办学思
路和特色，更好地肩负起培育高素质公民的重大使命。

④评价均衡

教育评价均衡是指教育行政部门和社会对学校的教育教学评价必须
以教育均衡发展的理念和思想为指导，以素质教育和人的全面发展为宗
旨，对学校工作进行评估。

总之，教育均衡发展从宏观层面分析是教育供给与需求的均衡，从
中观层面分析是教育资源配置的均衡，从微观分析是学校教育过程包括
内部课程教学资源配置的均衡、教育结果的均衡以及教育评价的均衡。
从经济学的角度分析，教育均衡最重要的还是教育资源配置的均衡，这
里的教育资源既包括硬件资源，诸如校舍、教学实验仪器、图书资料、
教育投入等，也包括软件资源，诸如教师队伍素质、学校管理等。①

二、教育均衡与教育平等、教育公平的关系辨析

在前人的研究中，部分学者将三者混为一谈，只笼统地将教育平等
与教育公平的萌芽与发展过程作为教育均衡的历史发展源起进行介绍。
而没有发现教育平等、教育公平与教育均衡三者之间的本质差别与三者
之间的关系。

所以在这一部分当中，首先将梳理教育平等和教育公平的历史发展
脉络，并对教育平等和教育公平的差异进行分析。其次对教育平等、教
育公平和教育均衡三者进行辨析与论述，从而厘清三者之间的关系。

---

① 翟博：《基础教育均衡发展理论与实践（中国基础教育均衡发展研究报告)》，
教育科学出版社 2013 年版，第 41 页。

（一）教育平等与教育公平的区别与联系

关于教育平等与教育公平的出现，可追溯到孔子的"有教无类"与柏拉图的教育公平思想。[①] 亚里士多德曾在历史上首次提出通过法律保证自由公民的教育权利。[②]

到了启蒙运动时期，法国思想家卢梭提出了"平等原则"，认为差别不是出现在机会均等之后，如家庭遗传、经济地位、社会背景等差异，使得每个儿童出现很大的差异性，教育机会均等是在扩大这种差异。他提出只有先解决其差异性，才能在同一条起跑线上同时起跑，即卢梭的"补偿原则"，从而达到结果平等，方能实现平等的公正。[③] 这里虽然说是"平等原则"，但是其实已经开始延伸平等的内涵，体现出了教育公平的思想，可看作是教育平等向着教育公平转变的萌芽期。

教育平等的内涵不断丰富，向着教育公平的加速发展出现在一战后至20世纪60年代期间，这段时期可称为其转变的发展期。一战后，对教育权的认识从消极权利转变为需要国家来保障的积极权利；教育机会平等由初等教育入学机会平等转入中等教育入学机会平等。二战后，在民主化浪潮以及联合国等国际组织的推动下，西方教育平等观念取得新进展：20世纪50年代至60年代中期强调教育过程平等，60年代中期后转至教育过程的产出—教育结果平等，并认为要实现结果平等需要为不利人群提供补偿。[④] 虽然为不利人群提供补偿这一教育公平中的重要原则已经被正式提出，但是在这一时期，更多还是使用教育平等这一概念。

直到20世纪70年代，教育公平思想开始走向丰富与成熟，罗尔斯

---

① 程曦：《孔子的教育公平思想研究及对当代社会的启示》，硕士学位论文，湖北大学2013年，第24页。
② 刘丽：《亚里士多德的公民教育思想研究》，硕士学位论文，武汉大学2005年，第26页。
③ 田增辉：《卢梭平等思想研究》，硕士学位论文，吉林大学2011年，第6页。
④ 丰向日：《"教育平等"观念在中国（1840—2007）》，博士学位论文，华东师范大学2008年，第12页。

出版《正义论》，其观点比卢梭的补偿原则更为激进和彻底，实际上在力求保护弱者的同时，也压抑了强者，[1] 完全地展现出了教育平等思想向教育公平思想的过渡与发展。

有的学者对20世纪60年代以来的英文文献进行研究，发现教育平等更多地出现在20世纪六七十年代，在80年代后仍有相当一部分资料沿袭使用此概念，而教育公平更多地运用于80年代以后。[2] 所以在20世纪70年代之后，教育公平已经发展成熟，更多地出现与运用于学术研究、国家法律与国际会议中。

但是如今部分学者在进行学术研究时，会将教育平等与教育公平两个词同时提起或直接混为一谈。两者虽然在一定程度上有所相似，但是实际上却存在本质的区别。

1. 教育平等与教育公平的区别

首先，从教育过程来看，两者的本质区别体现在公共教育资源的分配上。教育平等主张"分配均等"，而教育公平主张向弱势群体倾斜，让弱势群体占有相对较多的公共教育资源，以补偿他们在个人条件方面的不足，例如家庭条件的不足、身心的障碍等。实际上，完全追求同一性的教育平等造成的后果可能是使更多的人无法得到合适的、公平的教育，因为可能有些人并不需要那么多的公共教育资源，他们能够利用自己的个人条件得到更多的机会与更好的资源，强制的平等只会造成资源的浪费，不如将这些给予真正有需要的人。

其次，从教育结果来看，两者的区别还体现在评价标准上。从教育平等角度出发，学生都应该达到相同的标准，而并不在意学生的知识能力水平是否能够真的达到这个标准，如果这样做，会使得部分学生的潜力不能得到开发，对部分学生来说无异于"揠苗助长"。而教育公平中强调的综合性标准则可以从两个方面来看，一方面是要求这个标准使每

---

[1] 杨仁聪：《教育平等与教育公平之辨析》，《黑龙江教育学院学报》2008年第6期。

[2] 翁文艳：《教育公平与学校选择制度》，北京师范大学出版社2003年版，第2页。

一个人凭借自己的努力或者通过额外的补救教学与技术辅助能够达到；第二个方面是指全面去考量学生的学业成就，不仅是在知识方面，也在技能方面，开发学生的潜力，支持学生发展自己的特长，以弥补在其他方面的不足。

2. 教育平等与教育公平之间的联系

一方面，从教育起点来说，两者都是提倡保障受教育者的受教育权利，认为每个人都有同等的、相同的接受教育的机会。正如图2.1.1中所示，无论是在哪一种情况下，每一个人都有"观看比赛"的机会，其差异是从"观看比赛"的过程和了解"比赛"的结果中产生的，所以教育平等与教育公平最大的区别体现在教育过程和教育结果中。因此，从教育起点来看，两种理念是相似的，都认可每个人都有同等接受教育的权利和机会。

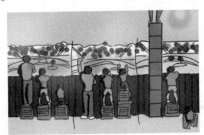

图2.1.1　教育平等、教育公平与现实情况

另一方面，从教育平等与教育公平这两个概念的运用时间和内涵方面来分析，教育公平思想是教育平等思想的继承与发展。从我国的实际来看，在20世纪90年代中期前主要使用的是教育平等概念，90年代中期后主要使用的是教育公平。① 从内涵方面来看，教育公平比教育平等更加具有社会意义，也更符合时代的要求。现在更多的已将教育平等的内涵狭义化，更多是追求表面的、肤浅的平等，受教育的机会和权利平

① 丰向日：《"教育平等"观念在中国（1840—2007）》，博士学位论文，华东师范大学2008年，第12页。

等是其重要的内容，虽然其广义还是具有较为丰富的内容，但真正在教育实施的过程中，教育公平才扮演着更加重要的角色，诠释着教育资源究竟该如何分配的问题。

到了今天，我们更多讲求的是教育公平，因为其实教育公平能够比教育平等更好地满足更多的人的需求，可以尽可能实现每一个人的诉求，给予每一个人适当的教育，保障每一个人受教育的权利，使每一个人达到真正的教育成就，避免教育资源的浪费。

（二）教育平等与教育公平促使教育均衡的产生

正是教育平等与教育公平思想促使了教育均衡的诞生。教育均衡是以教育平等和教育公平为基础和核心，其本质是追求教育平等、实现教育公平。教育均衡实际上是基于我国人口众多、区域发展不均衡的现状提出的教育发展方向。教育平等与教育公平的思想更多是针对整个教育系统中的每一个人，而教育均衡不仅针对教育系统中的每一个人，强调个人的受教育机会和受教育权利，也从宏观、中观、微观三个层面兼顾整个教育系统的运作与实施：从宏观上制定法律法规，提升整个国家的教育均衡水平；从中观上考量东部、中部和西部区域间发展的不同状态，每一区域之中发展的情况，城乡间、群体间发展的差异，从差异的实际状况来决定资源的分配；从微观上考察生源的分布、课程与教学的安排、学生个体的均衡发展。

所以教育均衡起源于教育平等与教育公平思想，是其在新时代对教育平等与教育公平思想的发展与继承，是更加具体的、更加可操作的教育发展方向，同我国的国情相结合，是中国化的教育理论与教育实践。

（三）教育均衡发展：追求教育平等，实现教育公平

教育均衡发展是一个"平衡—不平衡—平衡"不断地螺旋式上升的循环发展的动态过程。教育均衡发展不能简单地理解为均等发展，它更加强调的是全面、协调、可持续的科学发展。其原因在于，均衡是动态的而不是静态的，是相对的而不是绝对的。均衡发展的过程是整体办

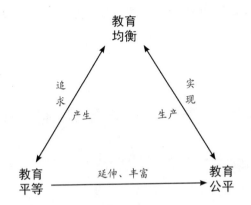

教育均衡发展的本质：追求教育平等，实现教育公平。

图 2.1.2　教育平等、教育公平与教育均衡三者关系示意图

学条件和水平提升的过程。因此，教育均衡更加注重的是发展的过程，而不是结果。①

提升教育均衡发展的水平为我国教育发展的当务之急，在提升我国教育均衡发展水平的过程中，教育平等与教育公平也能得到不同程度的实现。从国家开始推进教育均衡发展开始，教育均衡相关的教育法律法规就不断得到完善，中国也因此建立起了长效的监督机制，由省级政府根据国家制定的县域义务教育均衡发展督导机构负责对所辖县级单位基本实现义务教育均衡发展情况进行督导评估，国务院教育督导委员会负责审核认定。② 到了 2015 年，全国有 30 个省（区、市）人民政府在2014 年至 2015 年 8 月底前对 561 个县（市、区）进行了义务教育均衡发展督导评估，经国务院教育督导委员会办公室组织材料审核和现场评估，其中有 545 个县（市、区）已经基本达到国家对义务教育发展基本

① 翟博：《教育均衡发展：理论、指标及测算方法》，《教育研究》2006 年第 3 期。

② 中国政府网：国务院关于深入推进义务教育均衡发展的意见，2012 年 9 月 7 日，http://www.gov.cn/zwgk/2012 - 09/07/content_ 2218783. htm。

均衡县（市、区）的要求。① 迄今为止，我国的教育均衡水平已得到了大幅度提高，伴随着教育均衡提高的还有各地区教育质量的提高与特殊教育的蓬勃发展。

第二节　特殊教育均衡发展理论体系的建构

自改革开放以来，我国各省区在经济增长和社会发展等诸多方面取得了辉煌成就，但也面临着经济增长和社会发展等诸多方面的区域及城乡差距不断加大并趋于失衡的严峻态势。其中，由于历史的、社会经济发展和政策等原因，我国教育事业发展进程中，公共教育资源的配置在区域间、城乡间、学校间、社会不同群体间严重不均衡，影响了教育公平和社会公平，对经济与社会的协调健康发展以及社会的和谐与稳定带来了不利影响，已经成为社会、媒体和政府决策者关注的社会热点问题。作为基础教育的重要组成部分，特殊教育是保障残疾人受教育权利的唯一途径，为每一位残疾人提供均衡而优质的特殊教育是教育公平的重要体现，也是构建和谐社会的必然要求。2014 年《特殊教育提升计划（2014—2016 年）》与 2017 年《第二期特殊教育提升计划（2017—2020 年）》（征求意见稿），均强调义务教育阶段特殊教育发展水平偏低，边远地区、农村地区特殊教育发展滞后。因此可见，缩小特殊教育区域、城乡差距，加快特殊教育均衡发展已成为现阶段特殊教育工作的重要任务。

那么，什么样的特殊教育才算是均衡发展？我们为何强调特殊教育均衡发展？对于我国特殊教育不均衡的现状应如何认识、评价和处理，

---

① 中华人民共和国教育部：关于公布 2015 年全国义务教育发展基本均衡县（市、区）名单的决定，2016 年 2 月 23 日，见 http://www.moe.edu.cn/jyb_ xwfb/xw _ fbh/moe_ 2069/xwfbh_ 2016n/xwfb_ 160223/160223_ sfcl/201602/t20160223 _ 230101. html.

应采取何种对策推进特殊教育的均衡发展？这既是特殊教育发展的重大
理论问题，也是特殊教育发展的重大政策问题和实践问题。本书就以上
问题进行分析如下，以下内容部分发表于《光明日报》2014 年 3 月 1
日理论版《如何实现特殊教育的均衡发展》、《教师教育学报》2015 年
第 4 期《特殊教育均衡发展指标体系研究》以及《现代特殊教育》
2016 年第 1 期《我国特殊教育均衡发展研究述评》等几篇文章中。

一、特殊教育均衡发展现有研究述评

在中国知网 CNKI 上通过高级检索，对"教育均衡"进行篇名检
索、主题检索和关键词检索，显示的文献研究数目（从 2005 年至 2015
年）如图 2.2.1 所示。由此可见，教育均衡一直是近几年教育领域关注
的热点话题。

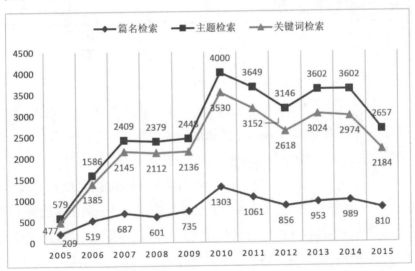

图 2.2.1　2005 年到 2015 年在 cnki 上检索"教育均衡"所得文章数

进一步通过高级检索以主题名和全文检索关键词"特殊教育"并
含"均衡"，"特殊教育师资"并含"均衡"，"特殊教育资源"并含
"均衡"，"特殊教育设施"并含"均衡"和"特殊教育经费"并含

"均衡"等，显示的文献数目如表2.2.1。从中可以发现，目前的特殊教育均衡发展研究与普通教育相比，非常薄弱，有待进一步深入研究。从检索的相关文献中，筛选出CSSCI、北大中文核心期刊以及国家级期刊共50篇，按照特殊教育均衡发展的理论基础、研究方法、研究内容等方面进行详细分析，具体研究结果如下。

表2.2.1　在cnki上检索关键词所得文章数

检索词	主题检索文章数	全文检索文章数
特殊教育＋均衡	180	25811
特殊教育师资＋均衡	4	658
特殊教育资源＋均衡	7	465
特殊教育设施＋均衡	1	73
特殊教育经费＋均衡	6	349

（一）特殊教育均衡发展的研究类型和方法

已有文献显示，我国特殊教育均衡发展的研究主要分为实证研究和理论思辨研究两大类。其中基于实证的研究比较少，研究者多是通过文献分析的方法进行理论总结和逻辑思辨（如图2.2.2）。在已有的理论研究中，有少数研究者探索特殊教育均衡发展评估的指标体系；且近年来，学者对构建特殊教育均衡发展指标体系的研究呈现增加的趋势，但还未形成统一的评价体系。特殊教育均衡发展指标体系的建立需要特殊教育发展现状的大数据支持。已有研究多停留在理论探讨的阶段，实证性数据很少，在今后的研究中应逐步加强。

从研究范围看，有研究者从全国统筹的角度对特殊教育发展的某一方面进行整体研究。此外，还有研究者对国内某一区域特殊教育均衡发展状况的研究（如图2.2.3）。此类研究中，研究者对西部地区等经济

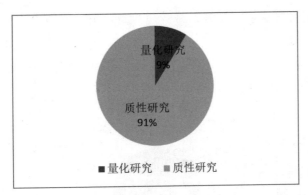

图 2.2.2　特殊教育均衡发展研究类型所占百分比
（注：图表数据来源于笔者对所筛选的 50 篇文献的分析）

发展比较落后的区域关注较多，如四川、西藏等地区；① 少数学者研究经济相对发达的东部地区，如北京、湖北等。整体研究和区域研究关注的焦点不同，整体研究一般是从比较的角度分析各区域发展的不均衡，而区域研究则侧重于量化各地区具体的发展现状。

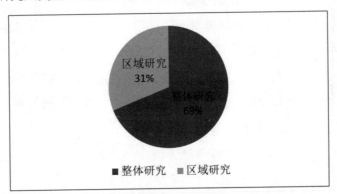

图 2.2.3　特殊教育均衡发展研究范围所占百分比
（注：图表数据来源于笔者对所筛选的 50 篇文献的分析）

查阅文献发现，现有关于特殊教育资源均衡发展的研究中多采用文

---

① 兰继军等：《对西部地区特殊教育资源配置重组的探讨》，《现代特殊教育》
2002 年第 5 期。

献分析法；部分学者采用统计分析法①和问卷调查法②；还有少数研究者采用个案法进行实证研究（如图2.2.4）。总体而言，各学者采用了较为丰富的研究方法，为特殊教育均衡发展提供了多方面的数据资源。

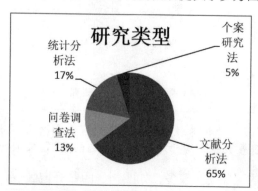

图2.2.4　特殊教育均衡发展各类研究方法所占百分比
（注：图表数据来源于笔者对所筛选的50篇文献的分析）

已有研究中，研究者多为高校教师，其中特殊教育专业教师占多数，也有少数研究者非特殊教育专业；③ 一线特殊教育教师从事这方面研究的教育工作者占有很少的比例④（如图2.2.5）。特殊教育行政部门的发布的官方数据较少，特殊教育均衡发展还没有得到相关部门应有的重视。相对于义务教育的统计数据，特殊教育在这方面极其薄弱。

（二）特殊教育均衡发展的研究内容

对于特殊教育均衡发展，尚无系统全面的研究，不同学者从不同的

---

① 庞文、尹海洁：《我国特殊教育经费投入的数据分析与讨论》，《中国特殊教育》2008年第12期；孙慧玲：《基于SWOT的特殊教育公平发展分析》，《学理论》2013年第12期。

② 孙颖等：《北京市特殊教育教师队伍现状调查研究》，《中国特殊教育》2012年第10期；钱丽霞等：《对我国随班就读发展现状评价的问卷调查报告》，《中国特殊教育》2004年第5期。

③ 周霞：《湖南省特殊儿童义务教育的均衡发展研究》，硕士学位论文，长沙理工大学2012年，第1页。

④ 李琪：《对特殊教育发展模式的几点思考》，《现代特殊教育》2004年第8期。

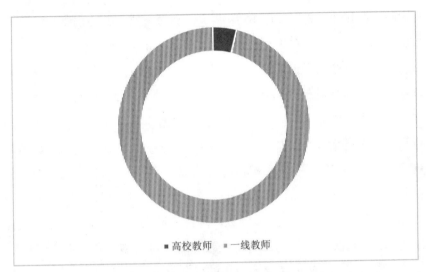

图 2.2.5　特殊教育均衡发展各类研究者所占百分比
（注：图表数据来源于笔者对所筛选的 50 篇文献的分析）

视角对其进行了理论研究、实证研究和经验总结。目前，特殊教育均衡发展的研究主要包括四个方面的内容：师资力量、特殊教育设施、教育经费和教学资源。

1. 师资力量

教师资源的配置以专任教师学历结构和职称结构等指标体现。专任教师学历结构和职称结构体现了教师的专业水平和整体水平；教师的数量和质量不仅反映人力资源配置情况，而且直接关系着教育质量。[1] 目前我国的特殊教育师资呈现出东部、中部、西部严重的不均衡。一方面是特殊教育师资培养力度方面的不均衡。首先是高等院校培养特殊教育师资的教师水平不均衡。高学历、高职称人才集中于北京、天津、上海、南京等经济发达城市，而中西部地区的高等特殊教育院校则很难引进高层次人才。其次是高等院校培养特殊教育师资的学校分布不均衡。主要体现在省级区域间的不均衡和城市间的不均衡。对于省级区域间的

---

[1]　古炳玮：《育均衡发展研究现状及趋势分析》，《大学教育》2013 年第 2 期。

不均衡，东部地区省份开设 16 所高等特殊教育院校，而中部地区则只有 8 所，西部地区只有 9 所。对于城市间的不均衡，北京、天津、上海和重庆四个直辖市开设有 8 所高等特殊教育院校，南京等省会城市有 15 所学校，其他城市只有 10 所，并且这 10 个城市中大多数又是本省经济相对发达的城市。[①] 另一方面是特殊教育师资队伍水平的不均衡。在特殊教育学校教师数量方面，东部地区平均每省（市）现有特殊教育教职工 2314 人，专任教师 1827 人；中部地区平均每省现有特殊教育教职工 1817 人，专任教师 1492 人；西部地区平均每省（市）现有特殊教育教职工 772 人，专任教师 635 人。在每所特殊教育学校拥有专任教师数量方面，东部地区平均每所特殊教育学校拥有专任教师数为 26 人，高于全国均值；中部地区平均每所特殊教育学校拥有专任教师数为 22 人，接近全国均值；西部地区平均每所特殊教育学校拥有专任教师数为 19 人，低于全国均值。在特殊教育学校教职工数与代课教师方面，平均而言，东部特殊教育学校教职工数与代课教师数比为 68∶1；中部特殊教育学校教职工数与代课教师数比为 39∶1；西部特殊教育学校教职工数与代课教师数比为 32∶1。[②]

通过对相关文献进行梳理发现，师资均衡研究力度不强。已有文献对师资建设的研究较多，但基于均衡视角进行分析的研究很少。其次，师资均衡发展研究的系统性、具体性有待提高。现有研究较为笼统地反映了我国师资的整体均衡度，但是对师生比、教师学历、教师专业等可以反映师资建设水平的关键、详细指标研究很少。

2. 教学资源

目前，我国仍然没有一套完备的特殊教育资源分配监管体系，难以保证特殊教育教学资源的分配均衡。对于特殊儿童的安置方式，我国多

---

① 庞文等：《我国特殊教育均衡发展指标体系的构建与测评》，《教育科学》2013 年第 4 期。

② 庞文等：《论残疾人的教育增权》，《中国特殊教育》2011 年第 7 期。

采用在 Deno 提出的"双流向多层次"安置的"瀑布式体系"。但多元的入学方式并不能保证普校或特校教育资源在特殊儿童学业方面的均衡和有效利用。在教育资源的学校分布中，我国越来越趋向按人口分布来配置。在硬件设施方面，学者庞文、尹海洁采用快速聚类法将我国各省按经济发展水平的高低依次划分为 4 类。从统计数据可以看出每一类地区在专用教室面积和教学用录像录影带两项指标上的差异。处于最低水平的地区特殊教育专用教室面积平均为 $1226.9m^2$，教学用录像录影带平均为 694 盘；处于最高水平的地区特殊教育专用教室面积平均为 23058.67 平方米，教学用录像录影带平均为 6992 盘，方差检验显示四类地区之间的差异非常显著。[①] 在教材使用方面，目前特教教材存在着形式单调、教材更新缓慢、教学观念落后、教学内容陈旧、教学资源紧缺等问题。

面对特殊教育发展的客观现实，目前对于教学资源的研究很少。但在为数不多的研究中依然暴露了特殊教育在教学资源方面存在的问题。资源的有限性是其不均衡的本质问题，其次地区间特殊教育的教育投入差异更进一步拉大了各地区间的特殊教育均衡水平，使区域差异、城乡差异和校际差异加剧。

3. 特殊教育设施

必要的特殊教育设施是特殊儿童发展的关键。兰继军曾提到：要办特殊儿童教育，必须有最低限度的特殊设备及教具。[②] 特殊教育设施发展的不均衡性主要表现在区域差距和校际差距。区域差距主要体现在经济发达地区与经济欠发达地区。在经济欠发达地区，特殊教育设施的建

---

① 高丽等：《我国特殊教育公平现状及应对策略的研究》，《中国特殊教育》2006 年第 6 期。

② 兰继军等：《对西部地区特殊教育资源配置重组的探讨》，《现代特殊教育》2002 年第 5 期。

设严重不足。① 校际差距主要体现在随班就读的发展进程中。为了提高随班就读的教育教学质量，北京市在全国率先发展资源教室，成果显著。但是，城乡资源教室的发展出现显著差异。在中心城区内，建设了数量相对密集的随班就读资源教室。而在农村地区，尤其是远郊，资源教室数量很少。② 国家和教育部门为保障学校教学的正常进行，为学校提供了必要的教育、教学设施，如投影仪、教科书和楼梯等。但这些设施对于随班就读学生来说，在某些方面是远远不够的。学生除了在家的生活时间外，剩下的时间基本上都是在学校渡过的。这就要求融合教育学校的安全设施比普校要做得更加严谨，然而当下很多班主任不愿接受随班就读学生，原因是身心存在一些缺陷的学生较正常学生更容易发生危险和安全方面的问题，工作难度高。同时，近年来的媒体报道中由于学校监管不力、防护措施不足等造成学生伤亡的事件不在少数，特殊学校的安全防护的程度可见一斑。③

对于教育设施的研究主要分为两方面：一方面是内部特殊学校校际间的不均衡，一方面是外部融合教育学校校际间的不均衡。近年来随着融合教育的发展，后者的研究力度有上升的趋势，但研究内容比较零散、局限，聚焦于教育设施某个小的维度，少有详细的数据支持。

4. 教育经费

教育投入是确保教育良性发展的根本。教育内容的普及、教育规模的扩大、教育质量的提高，都离不开各项教育经费、教育资源的投入。随着特殊教育越来越受到国家重视，特殊教育经费投入也逐年提升。研究显示了我国特殊教育经费投入绝对量的增长，但特殊教育经费的投入相对义务教育有所不足，特殊教育经费投入的不均衡，存在区域、城乡

---

① 李欢：《如何实现特殊教育的均衡发展》，《光明日报》2014 年 3 月 1 日。
② 杨芳：《二元经济社会结构下山西省城乡义务教育差异研究》，硕士学位论文，山西财经大学 2010 年，38－42 页。
③ 刘建岭：《高等特殊教育均衡发展探析》，《教育科学》2012 年第 2 期。

差距。① 我国特殊学校的经费基本上依靠国家的财政支出，由于其财政支出与当地的经济发展水平密切相关，因此特殊教育事业的发展呈现很大的区域差异性。西部内陆地区，经济社会发展水平相对比较低，没有足够的经费投入到特殊教育中；中西部地区，对残疾人教育的投入虽然比西部地区要高，但还未达到全国的平均水平；中东部地区，针对残疾人的教育投入相对较高；东部沿海的发达地区，不仅经济发展水平居于全国前列，而且也是教育资源异常丰富的地方，因此在特殊教育的投入上处于最高水平。所以，从西部、中西部，到中东部、东部地区，表现出教育经费投入呈阶梯状增长的不平衡状况。在经济基础差异的客观事实下，有学者提出特殊教育作为人道主义事业，在坚持社会效益的同时，还应该注重特殊教育投资的经济效益，使特殊教育资源合理分配使用，提高利用率。② 因此特殊教育发展的区域差异一方面需要由国家宏观调控，合理分配投入经费；另一方面，特殊教育事业发展的经费来源要由国家政府部门牵头组织，号召社会慈善团体捐助，中央财政拨款与个人慈善捐助相结合，开发学前特殊儿童的早期项目。

　　教育经费一直是研究者关注的重点内容，尤其是教育经费投入的区域差异性。对于区域间、城乡间和校际间公共教育经费的均衡水平研究者有较多的关注，但对于更进一步的生均教育经费差异、生均预算内教育经费差异和经费社会来源差异系数等方面的内容研究者关注较少。

（三）**特殊教育均衡发展研究的不足和展望**

　　教育公平是社会公平的基础和基石。特殊教育的发展水平反映了社会的文明程度。实现特殊教育均衡发展，可以保证每一个特殊儿童接受同样水平的教育，享有同等的教育机会，实现起点的教育公平。特殊教

---

① 赵小红：《中国特殊教育学校教师队伍状况及地区比较——基于 2001—2010 年〈中国教育统计年鉴〉相关数据》，《中国特殊教育》2012 年第 8 期。

② 庞文等：《我国特殊教育经费投入的数据分析与讨论》，《中国特殊教育》2008 年第 12 期。

育均衡发展研究应从以下方面进行。

1. 充分重视：加强研究力度

特殊教育事业在我国起步晚，发展相对落后。近年来，随着经济的发展，社会对特殊教育事业的关注不断加强，各位学者对特殊教育事业的研究也不断增加，但是特殊教育领域的研究较之义务教育的研究数量非常少。特殊教育的发展需要社会各方力量的支持。首先，教育行政部门不但要加强对特殊教育均衡发展相关政策的制定，引领教育关注趋势，而且要密切关注特殊教育事业的发展，通过官方渠道发布相关数据，引起社会的重视；其次，高等院校专家学者要弘扬自身的专业情怀，保持对时事政策和国际动态的专业敏感性，加强对特殊教育均衡发展的研究和探索；最后，一线的教育工作者要逐步提升自身的科研素养，在实践中加强对特殊教育均衡发展的反思，发现一线教育工作中关于教育均衡的起点问题，从不同领域形成研究的合理性，加强研究力度。

2. 勇于创新：体现专业特色

特殊教育作为教育的重要组成部分，它与普通教育既有共性相通的部分，又有特性相异的部分，科研人员要善于发掘特殊教育均衡发展的独特内涵。一方面，对于特殊教育与普通教育的共性，学者在研究的时候可以模仿和借鉴普通教育的研究成果，从中汲取适用于特殊教育的内容，以促进特殊教育自身研究的发展和成熟。另一方面，对于特殊教育的特性，研究者要以一种学科的专业性审视特殊教育的均衡发展，从专业伦理和专业知识的角度探索其均衡发展的本质和内在意义，彰显专业特色。

3. 拓宽视野：丰富研究角度

特殊教育均衡发展不仅具有深刻的教育意义，也有重要的社会意义。学者不仅要从教育的角度，更要从社会、经济、公平等角度全方位、多层次地研究特殊教育的均衡发展，丰富其数据资源。从微观角度上，根据特殊教育均衡发展的内涵，按照不同理论层次的划分，以某个维度为焦点，深入研究其发展现状，丰富其理论体系。从宏观角度上，立足于特殊教育均衡发展这一整体，研究其均衡发展水平。坚持理论与实践相结合。突破学科的界线，从不同的角度来思考和探索该问题，向各个研究领域的专家学者"取经"，拓展研究的深度和宽度，使研究立体化。

4. 团队合作：整合全国资源

现有的研究中，特殊教育均衡发展研究存在学科内和学科外的局限性。一方面，研究对象多为某一区域或某一省份特殊教育发展现状，研究者具有自身地理位置的局限性，就近取材，缺乏全国性特殊教育发展的宏观研究。研究者多是通过文献分析的方式进行质性研究，量化研究非常少。另一方面，进行特殊教育均衡发展研究的学者多是基于教育的理论基础，缺乏跨学科多领域的合作，研究分析难以实现突破学科的局限性。为此教师之间既要加强学科内教师的团队合作，又要加强学课外教师的团队合作，形成团队合力，取得突破式发展。

二、特殊教育均衡发展内涵

特殊教育的均衡发展有两种认知理念。一种是特殊教育领域外部的平等，即特殊教育与普通教育相比较而言的均衡发展。缩小残疾儿童与正常儿童之间的教育差距，使特殊学生在教育权利的实现、教育资源的获取等方面与普通学生享有同等待遇，提高特殊儿童的社会地位。[①] 另一种是特殊教育内部的平等，即特殊教育本身的、内部的均衡发展。[②] 教育部门通过对特殊教育资源的统筹规划，使各地各类特殊教育学校的建设、特殊教育资源的分配和服务的供给等方面均衡发展，使不同地区、不同学校以及不同类型的特殊儿童能平等地分配教育资源，达到教

---

① 翟博：《教育均衡发展：理论、指标及测算方法》，《教育研究》2006 年第 3 期。
② 党建强等：《构建和谐社会呼唤树立新的残疾人观》，《中国特殊教育》2005 年第 6 期。

育需求与教育供给的相对均衡。在教育机会上保障每位残疾学生的教育权利，在教育过程中尊重和接纳每一个学生，在教育结果上重视学习质量，促进每个学生的发展。第一种理念与全纳教育的发展趋势相契合，有利于实现整体的教育公平，在本质上提高了特殊儿童的社会地位。第二种理念从特殊教育的针对性和独特性出发，立足于特殊教育自身的建设，更契合目前我国特殊教育整体的发展水平。

对于特殊教育均衡发展的内涵，可将其划分为三个层面。本书尝试从以下几个维度，剖析特殊教育均衡发展的理论内涵，以期为特殊教育均衡发展指标体系的建构奠定基础。

（一）宏观特殊教育均衡发展

宏观层面的特殊教育均衡发展，是基于社会学理论，强调特殊教育均衡体系的外在形式。这一层面上的特殊教育均衡发展，渗透在政府部门所制定的特殊教育方针政策、法律法规中，处处体现出教育均衡的基本理念和思想，并将其作为长期指导思想和工作思路，保障残障儿童的受教育权。

此外，宏观层面的特殊教育均衡，还强调特殊教育与经济社会的协调发展，包括特殊教育的规模（培养人数）和结构（培养人才的层次结构、形式结构和布局结构）必须与社会需求相适应，即特殊教育的规模均衡发展、结构均衡发展以及区域均衡发展等。[1]

（二）中观特殊教育均衡发展

中观层面的教育均衡发展，包括了区域、城乡、校际、群体均衡，是内在性、实质性的教育均衡，在整个教育均衡体系中体现了经济学的特点，反映的是教育资源配置的均衡，可以从四方面对特殊教育均衡发展的内涵进行阐释：[2]

---

[1] 李欢：《如何实现特殊教育的均衡发展》，《光明日报》2014 年 3 月 1 日。

[2] 翟博：《教育均衡论——中国基础教育均衡发展实证分析》，人民教育出版社 2008 年版，第 16 – 22 页。

其一，特殊教育区域均衡发展，是指特殊教育资源在区域间和区域内的合理、均衡配置，缩小发达地区与欠发达地区、东西部地区之间以及各区域内部的教育差距。

其二，特殊教育城乡均衡发展，是指特殊教育资源在城乡之间的合理、有效、均衡配置。

其三，特殊教育校际均衡发展，是指不同类型的特殊教育学校（盲校、聋校、培智学校以及综合类特殊教育学校）之间，以及不同层次的学校（学前特殊教育机构、九年制特殊教育学校、十二年一贯制、高等特殊教育学院等学校）之间的教育资源均衡配置。

其四，特殊教育群体均衡发展，是指不同残疾类型学生所接受教育资源需合理有效的均衡配置。

中观层面的特殊教育均衡发展所强调的教育资源均衡配置包括硬件均衡与软件均衡两方面。特殊教育硬件均衡发展，包含了普通教育中所强调的生均经费投入、校舍面积、图书资料等资源的均衡配置，以及特殊教育学校特色教育资源的均衡配置，如专用教室数量（包括语训室、各类实验室等）、无障碍设施、安全防护设施、康复器械等特殊教育资源。特殊教育软件均衡发展，主要强调特殊教育师资队伍的层次结构、专业水平、特殊教育学校管理理念等软件资源的均衡配置。此类资源中，特殊教育教师的学科背景以及相关技术服务教师（如言语治疗师、感统训练师等）的合理配置为核心要素。[1]

（三）微观特殊教育均衡发展

微观层面的教育均衡主要体现在课程与教学过程中的均衡，是内在的、更深层次的教育均衡，在整个教育均衡体系中体现了教育学的实质。[2] 特殊教育中的微观均衡发展阐释如下：

---

① 李欢：《如何实现特殊教育的均衡发展》，《光明日报》2014年3月1日。
② 翟博：《教育均衡论——中国基础教育均衡发展实证分析》，人民教育出版社2008年版，第16－22页。

首先，特殊教育目标均衡，即实现特殊教育对象培养目标的均衡。与普通教育相比，特殊教育对象的个体差异较大，但特殊教育的均衡发展强调充分尊重每一名特殊需要学生的差异与个性；最大限度地发挥学生的潜能和特长，这才是特殊教育的核心价值。

第二，特殊教育质量均衡，即课程和教学的均衡发展。在课程设置与教学过程中，学科知识、职业技能、康复训练等课程应合理安排，传统教学法与生态教学法、情境教学法等有效结合且均衡搭配等。但特殊教育课程设置与教学过程的均衡发展与特殊教育所强调的个别化教学、IEP 的制定等教学方式并不冲突，我们强调的是在教育教学过程中，课程设置与教学方式的均衡搭配，其目的是促进每一位特殊需要学生的全面发展，但针对其每个人的特殊性，可以有个性化的课程与教学方式。

三、特殊教育均衡发展阶段理论

我国义务教育均衡发展研究方面的著名学者翟博认为，从本质上看教育均衡发展是为了追求教育平等，实现教育公平。从教育发展看，基础教育均衡的实现，可分为四个阶段。第一阶段为低水平均衡阶段，也就是普及义务教育阶段；第二阶段为初级均衡阶段，推进教育体制改革创新，追求教育过程和教育条件的均等；第三阶段为高级均衡阶段；第四阶段为高水平均衡阶段。[1] 在特殊教育均衡发展过程中，本书认为也应该经历相似的几个阶段，具体见表 2.2.2。

---

① 杨志成：《义务教育均衡发展阶段性的价值归因及实施策略》，《中国教育学刊》2013 年第 11 期；翟博：《教育均衡发展：现代教育发展的新境界》，《教育研究》2002 年第 1 期。

表2.2.2　特殊教育均衡发展阶段理论的组成、目标和特点

组　成	目　标	特　点	体　现	策　略
特殊教育低水平均衡阶段	追求特殊儿童教育机会的均等。	让每一个适龄儿童都能享有受教育的权利和均等的受教育机会。	追求起点公平。	重点加大特殊教育学校建设和融合教育事业发展。
特殊教育初级均衡阶段	追求特殊教育资源合理均衡配置。	为每一位特殊学生提供相对平等的教育条件和教育资源。	追求特殊教育过程和教育条件的均等。	重点加快特殊教育学校教育硬件和软件建设。
特殊教育高级均衡阶段	追求真正实现"以人为本"的特殊教育。	充分尊重学生的差异和个性，让每个学生最大限度地发挥自己的特长和学习潜能。	追求特殊教育质量的均等。	深化特殊教育学校教育改革，加强学校教育内部建设。
特殊教育高水平均衡阶段	追求特殊教育现代化的理想目标。	每一位特殊学生都能接受相对均等的教育，每一位特殊学生都能最大限度地发挥自己的特长和学习潜能，每一位特殊学生都能获得学业成功的平等机会。	追求特殊教育结果的均衡，更多的是前几个阶段目标的综合现代化水平体现。	现代特殊教育理念引领。

（一）第一阶段——低水平特殊教育均衡阶段，即特殊儿童普及义务教育的阶段

2006 年第二次全国残疾人抽样调查显示："残疾儿童受教育状况6—14 岁学龄残疾儿童为 246 万人，占全部残疾人口的 2.96%。其中视力残疾儿童 13 万人，听力残疾儿童 11 万人，言语残疾儿童 17 万人，肢体残疾儿童 48 万人，智力残疾儿童 76 万人，精神残疾儿童 6 万人，多重残疾儿童 75 万人。学龄残疾儿童中，63.19% 正在普通教育或特殊教育学校接受义务教育，各类别残疾儿童的相应比例为：视力残疾儿童

79.07%，听力残疾儿童 85.05%，言语残疾儿童 76.92%，肢体残疾儿
童 80.36%，智力残疾儿童 64.86%，精神残疾儿童 69.42%，多重残疾
儿童 40.99%。"①可见，特殊儿童入学率与普通儿童相比，存在明显差
距。为了提高特殊儿童义务教育入学率，《国家中长期教育改革和发展
规划纲要（2010—2020 年）》明确规定："到 2020 年，基本实现市
（地）和 30 万人口以上、残疾儿童少年较多的县（市）都有一所特殊
教育学校。各级各类学校要积极创造条件接收残疾人入学，不断扩大随
班就读和普通学校特教班规模。全面提高残疾儿童少年义务教育普及水
平。"②《特殊教育提升计划（2014—2016）》的总体目标为："到 2016
年，全国基本普及残疾儿童少年义务教育，视力、听力、智力残疾儿童
少年义务教育入学率达到 90% 以上，其他残疾人受教育机会明显增
加③。"从第一期特殊教育提升计划（2014—2016 年）实施以来，特殊
儿童受教育机会不断扩大，适龄特殊儿童少年义务教育普及水平在中西
部农村地区、民族地区，普及水平明显提高。但是，特殊教育资源依然
不足，农村崎岖尤其是边远贫困地区的特殊儿童入学率还比较低。因
此，现阶段的特殊教育均衡发展主要是以满足特殊儿童受教育机会为目
的，让每一个适龄特殊儿童都能享有受教育的权利和均等的受教育机
会，即基本实现特殊教育"零拒绝"原则。

（二）第二阶段——特殊教育初级均衡阶段，即追求特殊教育过程
和教育条件的均衡

---

① 第二次全国残疾人抽样调查领导小组，中华人民共和国国家统计局：《2006 年
第二次全国残疾人抽样调查主要数据公报（第二号）》，2009 年 5 月 8 日，见
http://www.gov.cn/fwxx/cjr/content_ 1311943. htm.

② 中华人民共和国教育部：《国家中长期教育改革和发展规划纲要（2010—2020
年）》，2010 年 7 月 29 日。见 http://www.moe.edu.cn/publicfiles/business/html.
files/moe/moe_ 838/201008/93704. html.

③ 国务院办公厅：《国务院办公厅关于转发教育部等部门特殊教育提升计划
（2014—2016 年）的通知》，2014 年 1 月 8 日，见 http://www.gov.cn/xxgk/
pub/govpublic/mrlm/201401/t20140118_ 66612. html.

由于历史、政治、经济等多种原因，我国特殊教育发展的区域、城乡及校际差异大，教育资源不均衡现状突出。这是我国现阶段的基本国情，也是制约我国特殊教育均衡发展的首要因素。此外，各地区特殊教育政策的导向或偏差，进一步加大了区域、城乡及校际之间特殊教育资源配置的失衡态势，这是造成我国特殊教育教育发展不均衡现状的制度性因素。因此，在特殊教育均衡发展的第二阶段主要以追求特殊教育资源合理配置为目的，确保特殊教育资源在区域、城乡、校际乃至群体间的优化配置，以确保各类特殊儿童以及各年龄段的特殊儿童在获得平等受教育机会的基础上，进一步享有教育条件及教育资源的均等。

为了保障特殊儿童享有相对均等的受教育条件，《第二期特殊教育提升计划（2017—2020）》（征求意见稿）将总体目标设定为："到2020年，各级各类特殊教育普及水平全面提高，保障能力全面增强、教育质量全面提升。""建立一支数量充足、结构合理、素质优良、富有爱心的特教教师队伍。特殊教育学校课程教材体系基本建成，普通学校随班就读质量整体提升。"在满足特殊儿童入学权利的基础上，进一步强调特殊教育的质量，即追求特殊教育过程和特殊教育条件的均衡。

为贯彻落实《国家中长期教育改革和发展规划纲要（2010—2020年）》和《特殊教育提升计划（2014—2016年）》的有关部署，适应新时期办好特殊教育的要求，进一步提高特殊教育质量，教育部组织专家编制了盲、聋和培智三类特殊教育学校义务教育课程标准。于2016年12月1日正式发布《盲校义务教育课程标准（2016年版）》、《聋校义务教育课程标准（2016年版）》和《培智学校义务教育课程标准（2016年版）》，并于2017年秋季开始执行。[①] 此外，三类特殊教育学校

---

① 中华人民共和国教育部：《教育部关于发布实施〈盲校义务教育课程标准（2016年版）〉〈聋校义务教育课程标准（2016年版）〉〈培智学校义务教育课程标准（2016年版）〉的通知》，2016年12月1日，见http://www.moe.edu.cn/srcsite/A26/s3331/201612/t20161213_291722.html.

教材也在编制之中。同时，为进一步完善教师队伍建设标准体系，引领特殊教育教师专业成长，促进特殊教育质量，教育部于 2015 年底颁布了《特殊教育教师专业标准（试行）》。[①] 以上措施均为提高特殊教育质量提供了有力保障，在提高特殊儿童入学率的同时，尽可能地实现教育过程与教育资源的均衡。这一阶段的特殊教育均衡发展所强调的教育资源均衡配置包括硬件均衡与软件均衡两方面。前者包含了普通教育中所强调的生均经费投入、校舍面积、图书资料等资源的均衡配置，以及特殊教育学校特色教育资源的均衡配置，如专用教室数量（包括语训室、各类实验室等）、无障碍设施、安全防护设施、康复器械等特殊教育资源。后者主要强调特殊教育师资队伍的层次结构、专业水平、特殊教育学校管理理念等软件资源的均衡配置。此类资源中，特殊教育教师的学科背景以及相关技术服务教师（如言语治疗师、感统训练师等）的合理配置为核心要素[②]。

（三）第三阶段——特殊教育高级均衡阶段，即追求教育本质的均衡

特殊教育高级阶段的均衡，应该是教育学本质上的均衡，即内在的、更深层次的均衡，并非外在条件的均衡，体现在课程与教学过程中的均衡，与微观的特殊教育均衡发展的内涵基本一致。首先，应包括特殊教育目标均衡，即实现特殊教育对象培养目标的均衡。与普通教育相比，特殊教育对象的个体差异较大，但特殊教育的均衡发展强调充分尊重每一名特殊需要学生的差异与个性，最大限度地发挥学生的潜能和特长，这才是特殊教育的核心价值。其次，特殊教育课程和教学的均衡发展。在课程设置与教学过程中，学科知识、职业技能、康复训练等课程应合理安排，传统教学法与生态教学法、情境教学法等有效结合且均衡

---

① 中华人民共和国教育部：《教育部关于印发〈特殊教育教师专业标准（试行）〉的通知》，2015 年 8 月 26 日，见 http://www.moe.edu.cn/srcsite/A10/s6991/201509/t20150901_204894.html.

② 李欢：《如何实现特殊教育的均衡发展》，《光明日报》2014 年 3 月 1 日。

搭配等。我们强调在特殊教育教学过程中，特殊教育课程设置与教学方式的均衡搭配，促进每一位特殊教育需要学生的全面发展。但针对其每个人的特殊性，可以有个别化的课程与教学方式。[3]这个阶段主要以追求特殊教育教学均衡为目的，即以人的培养和发展为目标，充分尊重学生的差异和个性，让每个学生充分发挥自己的特长和学习潜能，真正实现"以人为本"的特殊教育。

（四）第四阶段——特殊教育高水平均衡阶段，即理想化的特殊教育

这个阶段是特殊教育均衡发展的理想化阶段，也就是我国特殊教育发展的最终目标：国家经济社会高速发展，基本实现社会主义，特殊教育资源极为丰富，区域、城乡、校际乃至不同类型特殊儿童群体之间的特殊教育资源差别不断缩小，特殊教育资源得以合理优化的配置，每一个特殊儿童青少年都能接受适宜的、免费的、相对均等的特殊教育，弥补自己的缺陷，最大限度地发挥自己的特长和学习潜能。

第三章

指标体系篇

自改革开放以来，我国各省区特殊教育工作取得了巨大成就，但也面临区域、城乡差距不断加大的严峻态势。[①] 2014 年 1 月 20 日，教育部、国家发展改革委、民政部、财政部、人力资源和社会保障部、卫计委、中国残联七部门发布《特殊教育提升计划（2014—2016 年)》指出，当前"我国特殊教育整体水平不高，发展不平衡"、"农村残疾儿童少年义务教育普及率不高，非义务教育特殊教育均衡发展、指标体系研究特殊教育均衡发展、指标体系研究育阶段特殊教育发展水平偏低"，计划经过三年努力，初步建立布局合理、学段衔接、普职融通、医教结合的特殊教育体系，基本形成政府主导、部门协同、各方参与的特殊教育工作格局。[②] 因此，缩小特殊教育城乡及区域差距、促进特殊教育均衡发展，既是当前我国特殊教育发展的重要任务，又是特殊教育相关研究的关键领域。

其中，特殊教育均衡发展指标体系作为描述、评价特殊教育均衡发展的可量度参数的集合，是判断特殊教育是否均衡发展以及均衡发展程度的主要评估工具。只有构建多层次、多维度的指标体系，才可能完整地反映和评价特殊教育均衡发展的状况，进而指导特殊教育相关政策的

---

① 高丽、程宝良：《我国特殊教育公平现状及应对策略的研究》，《中国特殊教育》2006 年第 6 期；许家成：《加强城乡特殊教育均衡发展》《北京观察》2012 年第 6 期。

② 李欢：《如何实现特殊教育的均衡发展》，《光明日报》2014 年 3 月 1 日。

制定，为实现特殊教育资源配置的合理化、均衡化、公平化提供依据。[1]

第一节　教育均衡发展指标体系

一、教育指标内涵及特征

（一）教育指标内涵

指标（Indicator）一词的英文原意就是指示者、指示物、指标剂、指示器等为人传递信息的中介事物。用考布和李克斯福德（Clifford W. Cobb & Craig Rixford）教授的话来说就是"指标指的是一组能充当无法直接测量现象之代理或隐喻的统计数字。"[2] 陈玉琨教授又指出："从评价学的观点来看，指标是一种具体的、可测量的、行为化的评价准则。是根据可测和可观察的要求而确定的评价内容。"[3] 教育指标是社会指标的一部分，教育指标作为一项独立的研究，开始于 20 世纪后 25 年的事情。[4] 教育指标独立的关键是 1975 年美国国家教育统计中心统计服务处马利·高乐弟（Mary Golladay）主编的《教育状况》报告的出版和1987 年 11 月美国教育部与 OECD（Organization for Economic Cooperation and Development，经济合作与发展组织）秘书处在华盛顿联合组织的"教育指标国际会议"的召开。在教育指标的研究中，国际组织、政府机构和学术团体更多关注的是教育指标体系的设计和教育报告，而对什么是教育指标的问题关注较少，似乎大家对此问题已经有了共享的知识

---

① 李欢：《如何实现特殊教育的均衡发展》，《光明日报》2014 年 3 月 1 日。

② Clifford W. Cobb & Craig Rixford, "Lessons Learned from the History of Social Indicators ", *Mind*, Vol. 27, No. 7(1998), pp. 440 – 442.

③ 陈玉琨：《教育评价学》，人民教育出版社 1999 年版，第 34 页。

④ 邬志辉等：《学校教育现代化的指标研究》，东北师范大学出版社 2008 年版，第 2 页。

基础和前提假定。但是,美国北卡来罗纳大学的里查德·耶格(Richard M. Jaeger)教授比较了几个教育指标的定义,发现教育指标的含义不清晰。教育指标的概念问题是一切教育指标研究的前提,它决定着教育指标研究的一系列后续问题。

古勒(Dennis D. Gooler)博士曾指出,教育指标可以看作是社会指标在教育部门中的运用。一直以来,教育指标的理解和界定受到社会指标概念的影响。教育指标是统计指标还是评价指标?教育指标是分析指标还是描述指标?各类学者保持自己的观点,从自身研究领域看待教育指标。

我国台湾学者孙志麟教授试图认识两种观点的分歧,最终给出了一个比较全面的定义,即"教育指标是衡量教育系统状况或现象的一种统计量数,以提供相关的教育信息,以此理解或判断教育发展的程度。教育指标可以显示或反映教育系统的发展特征、健康情形与变迁趋势"。[①]他认定,教育指标就是一种能反映教育系统状况或表现的统计数字(Statistics)。后来,教育指标被贴上标签"所有的统计数字和变量都就是指标"。沙维尔森、麦克唐纳尔和奥克斯(Richard J. Shavelson, Lorraine M. McDonnell & Jeannie Oakes)指出:"教育指标是反映教育系统重要状况的统计数字,但并不是所有关于教育的统计数字都是指标。只有当统计数字成为衡量标准时,它才能称作指标。换句话说,它必须通过几个重要特征的报告来反映整个教育系统的大量信息。"[②]著名教育指标研究专家詹姆斯·约翰斯通(James N. John Stone)也认为,指标与变量是不同的。他认为指标应该是某一变量与其他相关变量的结合,从而形成被描述系统面貌之全面特征的总体概览。所以,指标代表的是

----

① 邱佳佳:《县域义务教育均衡发展公众评估指标体系的构建》,海南师范大学2014年。

② ERIC Development Team, "What Are Educational Indicators and Indicator Systems", *Educational Assessment*, JUL 1991, http://files. eric. ed. gov/fulltext/ED338701. pdf.

系统状况的概括性图景，指标得到的是总体性概览，而不是一套特别具体和片断的说明。[1] 张芳全教授则有不同的认识，他认为变量是研究者为使社会现象或属性具体化而进行的操作性定义，指标则是一种随时空变化的指引、描述或控制社会现象的信息，与变量相比，指标具有稳定和价位判断的意味。"指标对于社会现象进行数值说明之后，会有特定情形价值判断；而变量则不是，变量仅对于变动属性进行界定与说明。"[2] 以上认识，就是在孙志麟教授所下定义中限定的，指标所提供的信息可以作为"理解或判断教育发展程度"的重要依据，可以显示或反映教育系统的"发展特征、健康情形与变迁趋势"。并且教育指标提供教育系统运行情形的重要资讯，并且作为教育系统迈向卓越与确保教育品质提升之重要参考指引。[3]

（二）教育指标特征

教育指标作为教育实证分析研究的基础，是我们制定教育决策时的重要参考。翟博（2008）指出，教育指标需具有几个基本特征：（1）输出导向：重视反映教育结果；（2）政策评估导向：对公共政策的改善有参考价值；（3）稳定性：可应用一定时间，其操作性定义不随意改变；（4）可比性：可进行时间系列的预测或区域之间的比较；（5）简明性：易于理解，资料搜集与处理的成本应适当并具有弹性；（6）实用性：能与教育实践紧密结合；（7）学科性：测量中不能忽视教育自身特性和对本学科知识的改善。[4]《世界发展报告》指出，教育指标是由教育投入、受教育机会、教育效率、教育成果、性别与教育五部分

---

[1] Ames N. John Stone, *Indicators of Education Systems*, Kogan page, London / UNESCO, Paris: The Anchor press, 1981, pp. 3 – 4.

[2] 张芳全：《教育政策指标研究》，五南图书出版股份有限公司 2006 年版，第 9 – 10 页。

[3] 李政翰：《教育指标建构对教育发展重要性之探讨》，《研习资讯》1995 年第 10 期。

[4] 翟博：《教育均衡论——中国基础教育均衡发展实证分析》，人民教育出版社 2008 年版，第 16 – 22 页。

组成。①

二、教育均衡发展指标体系现状

(一) 教育均衡发展指标体系内涵

联合国《社会和人口统计体系》中把"体系"定义为:"由一些有规律的互相作用或互相依赖的形式联合起来的物体的聚集物或集合物。"科学的指标体系是推进教育均衡发展的前提,据此监测、评价均衡发展程度,落实、完善国家与地方有关政策。近年来随着实证研究在教育均衡领域的增多,指标体系构建和具体测量与评价的研究日趋多样化,基于单一的指标难以完整展现纷繁复杂的教育现象,所以必须构建完整的教育指标体系,通过收集、整合一系列相关指标,才能够提供结构化并且完整的信息来分析教育系统中的复杂状况。

对教育均衡发展指标体系内涵的界定可谓是仁者见仁智者见智。国际上,《全球教育监测报告》中的教育指标体系是基于各级教育参与机会,关注基础教育内部效率、教师队伍、投入水平以及全民教育目标的实现程度等问题;联合国教科文组织的教育均衡发展指标体系其内容主要有:一是教育资源;二是入学与参加;三是教育需求;四是教育的内部效率;五是教育产出。② 我国基础教育领域的教育均衡发展指标系统普遍使用 2001 年教育部制订的《基础教育统计指标体系》和《全国基础教育统计报表》作为国家对基础教育进行宏观监控的主要指标体系。③

(二) 国内外现有教育均衡发展的指标体系

1. 国外教育均衡发展指标体系

---

① 江东华:《中部地区县域义务教育均衡发展评估指标问题研究》,博士学位论文,西南大学 2014 年。
② 江东华:《中部地区县域义务教育均衡发展评估指标问题研究》,博士学位论文,西南大学 2014 年。
③ 栗治国:《基础教育资源均衡配置问题研究》,博士学位论文,内蒙古大学 2012 年。

国际上致力于教育发展指标研究的主体大致可以分为两类：一类是国际组织，另一类是学术界。[①] 国际上关于教育均衡发展指标的研究，早期融合在教育指标的研究中，世界上较为著名的教育指标以世界银行（World Bank）、联合国教科文组织（UNESCO）和经济合作与发展组织（OECD）等国际组织构建的教育指标体系最具有代表性。[②]

世界银行（World Bank）发表的《世界发展报告》是以"一国的经济与社会发展为依据形成的综合性指标体系。"[③] 具体的教育指标如表3.1.1所示：

表3.1.1　《世界发展报告》中的教育发展指标体系[④]

一级指标	二级指标
教育投入	用于教育的公共支出占GNP的百分比、用于不同教育级别每个学生的支出、教师津贴的支出占经常性支出总额的百分比
受教育机会	小学生与教师比、义务教育年限、各级教育毛入学率、净入学率
教育效率	五年级的人占同龄组人口百分比、中小学生复读率、中小学失学儿童人数
教育内部效率	成人文盲率、青年文盲率、预期受教育年限
教育产出	中小学女教师占教师总人数的百分比、中小学女学生占学生总人数的百分比、中小学生中女童的失学率

联合国教科文组织的教育均衡发展指标体系内容主要有教育资源、

---

① 赵静云：《近十年来义务教育均衡发展指标体系研究述评》，《滇西科技师范学院学报》2016年第三期。

② 曲乐：《我国县域义务教育均衡发展评估指标体系的构建》，博士学位论文，沈阳师范大学2011年。

③ 徐玲：《国际教育指标体系的分析与思考》，《教育科学》2004年第2期。

④ 世界银行编中国财政经济出版社译：《2000年世界发展指标》，中国财政经济出版社2000年版，第68-87页。

入学与参加、教育需求、教育的内部效率、教育产出。[1] 具体的教育指标如表 3.1.2 所示：

表 3.1.2　UNESCO 教育发展指标体系[2]

一级指标	二级指标
教育供给	公共教育开支占 GNP 的百分比、公共教育开支占政府公共总开支的百分比、各级教育公共日常开支分配的百分比、生均公共日常经费开支、生师比、女教师所占的百分比
教育需求	成人文盲数、教育成就
入学与参加	毛入学率、净入学率、升学率、预期受教育年限、中等教育毛入学率、净入学率、分年龄的入学率
教育内部效率	留级生所占的百分比、留级率、各年级的保留率、效率系数（每年教育经费培养的学生数）、每位毕业生的年均投入
教育产出	识字率、教育成就

经济合作与发展组织（OECD）于 2010 年《教育概览》的教育指标体系如表 3.1.3 所示：

表 3.1.3　OECD 的教育指标体系[3]

一级指标	二级指标
教育背景	学龄人口的教育背景资料、成年人口的学历构成情况
教育的经费和人力资源投入	教育经费占国民生产总值的比率、教育机构中的公共和私人投入的相对比例、政府对贫困学生和家庭的财政补助、生均教育经费、按资金来源划分的教育支出、各级政府的公共资金、生师比

①　江东华：《中部地区县域义务教育均衡发展评估指标问题研究》，博士学位论文，西南大学 2014 年。

②　徐玲：《国际教育指标体系的分析与思考》，《教育科学》2004 年第 2 期。

③　OECD, *Education at a Glance: The OECD Indicators*, Paris: OECD, 2010, pp. 10 – 15.

续表

一级指标	二级指标
获得教育、参与与进步	不同国家学龄前和义务教育后的入学机会和入学率、义务教育外的学习模式、青少年接受第三级教育的比例、不同国家大学生的毕业率、国家之间学生的流动性、具有特殊需求的学生的比率
学习环境和学校组织	公立学校教师的最低工资、工资上调幅度和最高工资、新教师的培训标准、全职教师的法定授课时数、中等教育阶段学生的法定上课时数、学生的缺席率、中等教育以下教育机构的课程自主情况、学校配置与使用电脑的情况
教育的个人、社会与劳动市场结果	各级学历层次与劳动市场参与、15—19 岁、20—24 岁、25—29 岁以及 15—29 岁人口的教育和工作状况、青年人口的失业与教育、影响从学校过渡到工作场所的因素、教育程度与工资水平的高低
学生成就	四年级与八年级学生的数学成绩、学生的科学成就与其对科学的态度间的关系、四年级与八年级学生对数学的认知与其实际成就间的关系

如何保障义务教育均衡发展，各国政府根据各自的国情颁布了不同的法律法规来促进均衡发展。南非政府主要通过采用均衡分配公式促进区域义务教育财政供给能力的均衡，均衡分配公式反映了几个省的变量，涉及农村人口规模与根据贫困指标确定社会保障基金涉及的人口规模等。利用均衡公式进行分配从而促进各省之间的财政均衡和教育经费均衡。[1] 英国政府《2006 教育计划》教育战略，明确提出将对薄弱学校实施更早和更有效的干预，以逐年减少薄弱学校数量的重要目标，[2] 并为 18 岁以下儿童的福利确定了五项指标：拥有健康身体、保持生活安全、享受成功乐趣、做出积极贡献、获得经济地位，体现了"积极的福

---

[1] *Department of Education : Education in South African: Achievements since* 1994, 2001, see http://www. dhet. gov. za/Reports% 20Doc% 20Library/Education% 20in% 20South% 20Africa% 20Achievements% 20since% 201994. pdf.

[2] 李钰：《英国政府〈2006 教育计划〉述评》，《教育发展研究》2003 年第 3 期。

利社会理念"。① 美国每年出版的《教育现况》，作为教育政策的重要参考依据，主要包含了教育公平的四大维度：种族差异、性别差异、社会经济背景、地区差异，为美国的教育公平状况提供全面的测量评价标准；法国教育部出版的《法国教育》的三十个教育指标中，也分别包括了反映地区差异、制度公平、受教育者的社会经济背景差异等内容的教育公平指标，为法国教育政策的制定提供重要的参考资讯。② 国外学者对于义务教育均衡指标体系的相关研究颇多，还有部分研究者主要对义务教育的不均衡状况进行研究。

各国相关研究者也制定了相关的教育指标体系。教育家贝尔勒（Berne）和斯蒂埃费尔（Stiefel）依据教育公平的目标和对象，从学校财政的视角出发，选取教育机会、资源和结果三个维度构建教育公平测度框架。③ 托马斯·黑利（Thomas Healy）和大卫·埃斯腾斯（David Istance）则从成年人口的社会与经济背景、财政和教学资源、教育与培训机会、学校与学习环境、学生学习产出结果与成人识字率和劳动力市场产出结果等维度设计了含有 29 个指标的教育公平指标体系。④

国外学者对义务教育均衡状况评价的研究，更多地转向义务教育服务质量的均衡，重视结果均衡的考核与评价，均衡评价指标更多地强调教育成就，并将主要课程的统一考试成绩列入均衡评价指标。

2. 国内教育均衡发展指标体系

我国的教育指标系统主要以《中国教育年鉴》、《中国教育统计年

① Mike Bottery: *Education, Policy and Ethics*, London: Contiuum, 2000, p. 30.

② National Center for Education Statistics: *The Condition of Education* 2000, Washington, DC. U. S. Government Printing Office, 2000, pp. 125 – 156、186、190·– 197.

③ Joel. D. Sherman & Jeffrey M. Poirier, *Educational Equity and Public Policy: Comparing Results from 16 Countries*, UNESCO Institute for Statistics, Montreal, 2007, pp. 22 – 23.

④ Thomas Healy & David Istance, *International Equity Indicators in Education and Learning in Industrialized Democracies: Some Recent Results and Avenues for Future*, Springer Netherlands, 2001, pp. 195 – 215.

鉴》、《中国教育经费统计年鉴》为主，其中具体关于中小学的指标体系如表 3.1.4 所示。

表 3.1.4　我国教育统计年鉴的教育发展指标

一级指标	二级指标	三级指标
校数、班数	学校、班级数量	小学或初级中学、九年一贯制学校
学生数	毕业生数	毕业生数
	招生数	招生数
	在校学生数	一年级、二年级、三年级……
	毕业班学生数	毕业班学生数
教职工数	教职工数	专任教师、行政人员教辅人员，工勤人员校办厂、农场职工
	代课教师	代课教师
	兼任教师	兼任教师
专任教师学历、职称	专任教师数	总计、专任教师中女教师数
	按学历分	研究生、本科、专科高中、高中以下
	按职称分	中学高级小学高级（中学一级）、小学一级（中学二级）、小学三级、小学二级（中学三级）、未评职称
办学条件	学校占地面积	学校占地面积
	校舍建筑面积	校舍建筑面积
	教学及辅助用房	普通教室、实验室图书馆、微机室、语音室

自 2005 年教育部发布义务教育均衡发展相关文件以来，要制定义务教育办学标准，建立义务教育发展指标。由此，我国相关学者展开研究，其成果集中在区域内、县域内、校际之间设计发展指标。

翟博（2006）从教育资源配置因素出发，从区域教育均衡、城乡教育均衡、学校教育均衡、群体教育均衡四个维度构建了教育均衡发展指数体系，共 30 个二级指标。[1] 他对这些指标体系进行了编制，并对全

---

① 翟博：《教育均衡发展：理论、指标及测算方法》，《教育研究》2006 年第 3 期。

国、地区间、城乡间、学校间的均衡指数进行了实证分析，比较全面的评价了基础教育均衡发展。2012 年，翟博通过实际调查，对教育均衡发展理论又有新的改进，他认为教育均衡发展包括受教育机会的均等，教育资源配置和教育条件、教育过程的均衡和教育结果的均衡，进一步对指标系统进行修改，去掉 5 个二级指标，最后定为 25 个二级指标。[1]教育资源配置的测度要素有教育经费、生均教育经费、生均预算内教育经费、生均校舍面积、危房所占比例、教学仪器达标率、图书资料达标率、教师学历合格率、教师合格以上学历率。[2]

姚继军（2012）建立了教育均衡发展指标体系，考虑到我国教育均衡发展过程的突出问题，把重点放在了基础教育层面（如表 3.1.5）。[3]

表 3.1.5　均衡发展指标体系（姚继军）

	一级指标	二级指标	三级指标	指标性质	设计目的
教育均衡发展综合测度指数	教育经费均衡配置指数	教育经费总量适度指数	教育经费占 GDP 比例与均衡比例的比值	适度	考察教育投入总量与社会经济发展的均衡程度
		教育经费结构适度指数	基础教育经费比例与均衡比例的比值	适度	考察教育经费结构的均衡程度
	教育规模与结构均衡指数	教育规模适度指数	适度的综合入学率与实际值的比值	适度	考察教育总规模的适度程度
		教育结构适度指数	高等教育学生数占基础教育学生数比例与适度比例的比值	适度	考察教育结构的适度程度

① 翟博、孙百才：《中国基础教育均衡发展实证研究报告》，《教育研究》2012 年第 5 期。
② 翟博：《教育均衡发展指数构建及其运用——中国基础教育均衡发展实证分析》，《国家教育行政学院学报》2007 年第 11 期。
③ 姚继军、张新平：《新中国教育均衡发展的测度》，《华东师范大学学报（教育科学版）》2010 年第 2 期。

续表

	一级指标	二级指标	三级指标	指标性质	设计目的
教育均衡发展综合测度指数	地区间教育均衡发展指数	地区间入学率均等指数	地区间入学率差异系数	反向	考察地区间教育机会均等程度
		地区间升学率均等指数	地区间小学升学率差异系数	反向	考察地区间教育结果均等程度
			地区间初中升学率差异系数		
		地区间师生比例均等指数	地区间基础教育师生比差异系数	反向	考察地区间师资配置均等程度
		地区间教育投入均等指数	地区间基础教育生均经费比差异系数	反向	考察地区间教育投入均等程度
	城乡间教育均衡发展指数	城乡间入学率均等指数	农村与城镇学龄儿童入学率比值	正向	考察城乡间教育机会均等程度
		城乡间升学率均等指数	农村与城镇小学升学率比值	正向	考察城乡间教育结果均等程度
			农村与城镇初中升学率比值		
		城乡间师生比例均等指数	农村与城镇基础教育师生比比值	正向	考察城乡间师资配置均等程度
		城乡间教育投入均等指数	农村与城镇居民教育投入比值	正向	考察城乡间教育投入均等程度
	学校间均衡发展指数	重点校与一般校升学率均等指数	一般校与重点校小学升学率比值	正向	考察校际间教育结果均等程度
			一般校与重点校初中升学率比值		
		重点校与一般校师生比均等指数	一般校与重点校小学师生比比值	适度	考察校际间师资配置均等程度
			一般校与重点校初中师生比比值		
		重点校与一般经费均等指数	基础教育生均经费与重点校生均经费比值	正向	考察校际间经费投入均等程度

续表

	一级指标	二级指标	三级指标	指标性质	设计目的
教育均衡发展综合测度指数	人群间教育均衡发展指数	不同性别间教育获得均等指数	女生比例与男生比例的比值	正向	考察不同人群在教育机会获得方面的均等程度
		不同民族间教育获得均等指数	少数在校生比例与少数民族人口自然比例的比值		
		不同家庭背景间教育获得均等指数	家庭背景对教育机会获得的决定系数		
		教育结果分布的均等指数	教育基尼系数	反向	

　　王善迈（2013）根据资源配置均等、财政中立和弱势补偿等原则，从入学规则、教育资源配置、学校教育产出均衡指标三个方面理论上构建了县域内校际均衡发展评价指标体系（如表 3.1.6）。[①]

表 3.1.6　王善迈的校际均衡评价指标体系

子领域	一级指标	二级指标
入学均衡指标（小学、初中）	择校生占一个学校全体学生的比例差异	
教育资源配置均衡指数	教育经费投入差异（小学、初中）	生均预算内教育经费差异
		生均教育事业费差异
		生均教育公用经费差异

---

① 王善迈、董俊燕、赵佳音：《义务教育县域内校际均衡发展评价指标体系》，《教育研究》2013 年第 2 期。

续表

子领域	一级指标	二级指标
教育资源配置均衡指数	人力资源投入差异（小学、初中）	师生比差异
		专职教师的学历结构差异
		专职教师的职称结构差异
		专职教师的年龄结构差异
		专职教师的教龄结构差异
		学校平均班额差异
		师生比差异
		师均培训经费
		校长的学历结构差异
		教师的月平均工资差异
		教师的其他津贴福利占每月收入比例差异
	物力资源投入（小学、初中）	寄宿生生均宿舍面积差异
		生均设备值差异
		生均图书册数差异
		危房所占比例差异

  周金燕（2006）建立了我国整体评价和省区比较的教育公平综合指标体系，其中分为义务教育均衡指数、高中教育公平指数、高等教育公平指数及教育存量公平指数四个子指数。[①] 具体指标体系如表 3.1.7。

---

① 周金燕：《我国教育公平指标体系的建立》，《教育科学》2006 年第 1 期。

表 3.1.7 适用于我国整体水平的教育公平指标体系（周金燕）

一级指标		二级指标	建议纳入的专家比例	权数
教育公平综合指数	义务教育均衡指数（权数=0.32）	小学教育经费城乡公平 a1	0.86	0.3
		小学教育经费区域公平 a2	0.68	0.23
		初中教育经费城乡公平 a3	0.79	0.24
		初中教育经费区域公平 a4	0.68	0.23
	高中教育公平指数（权数=0.26）	高中入学机会城乡公平 b1	0.89	0.40
		高中入学机会区域公平 b2	0.68	0.35
		高中教育经费区域公平 b3	0.68	0.25
	高等教育公平指数（权数=0.22）	高等教育入学机会城乡公平 c1	0.89	0.44
		高等教育入学机会区域公平 c2	0.89	0.34
		高等教育入学机会性别公平 c3	0.57	0.22
	教育存量公平指数（权数=0.21）	教育年限在人口中的分布公平 d	0.79	1

薛二勇（2013）确定区域内义务教育均衡发展的假设指标，主要包括两类：体现政府职责的义务教育资源配置均衡指标，主要包括 3 个——教育经费、教育设施、教师队伍；体现教育发展水平的义务教育质量均衡发展指标，主要包括 2 个——学校管理、教育效果。[①] 具体指标体系如表 3.1.8。

---

① 薛二勇：《区域内义务教育均衡发展指标体系的构建——当前我国深入推进义务教育均衡发展的政策评估指标》，《北京师范大学学报（社会科学版）》2013年第 4 期。

表3.1.8　义务教育均衡指标体系（薛二勇）

	一级指标	二级指标
体现政府职责的义务教育资源配置均衡指标	教育经费	生均教育经费支出
		生均专项经费支出
		师均工资性支出
		师均培训经费
	教育设施	生均建筑面积
		生均教育教学设施设备值
		生均信息技术设备值
		生均卫生健康设备值
		生均体育设施设备值
		学校网络建设
	教师队伍	班师比
		专任教师合格率
		学校教师专业对口率
		学校教师中区级骨干和学科带头人数
		学校教师中市级骨干和学科带头人数
	学校管理	学生每周平均在校学习活动小时数
		学校他评合格课比例
		学校他评优秀课比例
		学校学年班均开展社会实践活动次数
		学校班均学科分组实验开课数
		家校交流机制建设
		学校班均学科分组实验开课数
		学校中层以上干部年均听评课数
	教育效果	学生体质健康达标率
		学生学业水平测试合格率

续表

	一级指标	二级指标
体现政府职责的义务教育资源配置均衡指标	教育效果	学生犯罪率
		学段巩固率
		学生就近入学率
		学生家长满意度

曹锡康（2013）在基础教育均衡化研究中构建教育资源配置均衡、教育机会均衡和教育产出均衡三项一级评价指标，在这三项一级指标下，又细分多项二级及三级指标。[①] 具体如表3.1.9：

表3.1.9 基础教育均衡发展评价指标体系

一级指标	二级指标	三级指标
基础教育资源配置均衡	教育经费	生均教育经费
		生均财政性教育经费
		生均公用教育经费
	师资力量	专任教师学历合格率
		专任教师职称率
		生师比
		教师薪酬
	办学条件	生均校舍建筑面积
		图书资料达标率
		教学设备达标率
		信息化覆盖率
		校舍建筑安全率

---

① 曹锡康：《区域基础教育均衡程度分析——基于政府政策选择的角度》，《教育学术月刊》2013年第6期。

续表

一级指标	二级指标	三级指标
基础教育机会均衡	义务教育入学率	小学入学率
		初中入学率
	高中入学率	高中录取率
基础教育产出均衡	升学率	小学生、初中生和高中生的毕业升学率
	巩固率	小学生、初中生和高中生的学习巩固率
	留级率	小学生、初中生和高中生的留级率

栗玉香（2010）确定的义务教育均衡监测指标框架包括两个大的方面：[①] 第一个大方面主要涵盖受教育者受教育权利与机会均衡、教育资源配置均衡、教育结果均衡等因素。第二大方面是政府的财政投入努力水平均衡。遵循关键性指标原则与量化原则，把由政府义务教育财政投入所呈现的结果作为监测的核心指标。她设计的义务教育均衡水平监测指标体系包括 4 个一级监测指标，12 个二级监测指标，40 个三级监测指标，并运用这些监测指标测度了北京市义务教育均衡指数，提出了北京市推进义务教育均衡的财政投入机制改革的对策。

崔慧广（2010）认为义务教育均衡发展问题就是教育资源分布的均衡问题。从这个方面出发，"将教育资源分为人力资源、物力资源、财力资源三个一级指标。一级指标下又分为生师比、专任教师学历合格率、专任女教师学历合格率、生均教室面积、生均图书册数、生均学校占地面积、生均事业费、生均公用经费等二级指标"，[②] 该指标体系简单可行便于操作，但文章没有指出后续如何运用该指标体系进行均衡状

---

① 栗玉香：《区域内义务教育财政均衡配置状况及政策选择——基于北京市数据的实证分析》，《华中师范大学学报（人文社会科学版）》2010 年第 1 期。
② 崔慧广：《县域义务教育均衡发展测度指标与方法的研究》，《创新》2010 年第 2 期。

况的测量，此外该指标中融入了有关性别差异的指标，是否专任女教师比例与教育均衡发展相关有待商榷。

王建容、夏志强（2010）从受教育机会、教育资源和教育质量三个方面着手，构建起一个由 3 个一级指标、19 个二级指标、44 个三级指标、25 个四级指标构成的表征义务教育全过程的指标体系，与其他学者不同的方面在于，在受教育机会指标上，加入了不同民族学生入学率、城市流动儿童的入学率等指标，在教育资源配置指标中加入了信息化条件、教师流动率、教师满意度等指标，在教育质量指标上更为丰富，加入了综合素质、社会实践等一系列指标。[1]

沈有禄（2009）从资源配置的角度来分析，借鉴国外经验，构建了包括人力资源、财力资源、物力资源和教育资源配置制度的公平性 4 个一级指标、25 个二级指标的基础教育资源配置均衡指标体系，并选用极差、极差率、标准差、差异系数、基尼系数来加以测度。[2]

朱家存等（2010）制定了省级（安徽省）义务教育均衡发展指标体系，该指标体系利用了翟博的分类方法，由 4 个一级指标，具体 20 个二级指标和 40 个三级指标构成。[3] 另有多数相关研究指向县域内义务教育均衡指标体系构建，袁振国（2010）用指标筛选的方法选出 5 个教育经费、办学条件、教师队伍、生源、教育质量一级指标和 14 个二级指标构建出县域义务教育均衡指标体系，编制了指标测算方法。[4] 高智源（2009）设计了一个针对县域义务教育均衡的由 4 个一级指标、15 个二级指标构成的指标体系。并在对义务教育均衡的评价中引入层次分

① 王建容、夏志强：《我国义务教育均衡发展的内涵及其指标体系构建》，《理论与改革》2010 年第 4 期。
② 沈有禄、谯欣怡：《基础教育均衡发展：我们真的需要一个均衡发展指数吗?》，《教育科学》2009 年第 6 期。
③ 朱家存、阮成武、刘定根：《区域义务教育均衡发展监测指标体系研究——基于安徽省义务教育政策实践》，《教育研究》2010 年第 11 期。
④ 袁振国：《义务教育均衡发展报告》，教育科学出版社 2010 年版。

析法和模糊数学的方法对县域义务教育均衡进行了评价。[①] 陈世伟（2010）设计了县域义务教育均衡发展指标体系，具体内容包括教育机会、资源配置、教育结果、教育经费、教育管理 5 个一级指标和 25 个二级指标。[②] 于发友从义务教育环境均衡度、义务教育发展的城乡均衡度、义务教育发展的结果均衡度构建指标体系。其实质是从广义资源配置出发（主要从教育事业费、普及程度、办学条件、师资队伍、经费投入等四个方面）而构建义务教育均衡发展的指标体系。[③] 董世华、范先佐（2011）从教育学的理论出发选择了教师、学生和教育保障系统三个方面 15 个关键因素，结合县域内城乡之间、乡镇之间、校际之间和中小学层级之间 4 个维度，构建了由 60 个观测点组成的县域义务教育均衡发展监测指标矩阵。[④] 陈世伟和徐自强学者（2010）以县域义务教育均衡发展的特殊内涵与外延为基点，划定教育机会的均衡程度、资源配置的均衡程度、教育结果的均衡程度、教育经费的均衡程度和教育管理的均衡程度五方面为一级指标，同时在这 5 个一级指标下又设有 25 个二级指标和 30 个三级指标，并对这些指标进行权重设定，最终建立了县域义务教育均衡发展指标体系。[⑤]

基于以上不同视角的指标体系的构建，很多指标体系未进行实证调研或者没有任何数据进行验证，为了将所构建的指标体系进行验证或者更加有利于指导实践，一些学者不仅在理论上构建指标体系，而且做了大量的实证调研和数据分析。

---

① 高智源：《县域义务教育均衡发展的评价研究》，《网络财富》2009 年第 9 期。
② 陈世伟：《县域义务教育均衡发展指标体系构建研究》，《内蒙古农业人学学报（社科版）》2010 年第 4 期。
③ 于发友、赵慧玲、赵承福：《县域义务教育均衡发展的指标体系和标准建构》，《教育研究》2011 年第 4 期。
④ 董世华、范先佐：《我国县域义务教育均衡发监测指标体系的构建——基于教育学理论的视角》，《教育发展研究》2011 年第 9 期。
⑤ 陈世伟、徐自强：《县域义务教育均衡发展指标体系构建研究》，《内蒙古农业大学学报（社会科学版）》2010 年第 4 期。

许多研究对不同省市进行实证分析来建构指标体系。任春荣学者（2011）从实证的角度，基于全国 14 省 42 县 881 所初中和 3096 所完全小学的数据对县域校际义务教育均衡发展评估指标进行筛选和分析。最终确定包括生均教学及辅助用房面积差异系数、生均教学仪器设备值差异系数、生均图书册数差异系数、每百名学生拥有计算机台数差异系数、师生比差异系数、高于规定学历教师比例差异系数、中高级职称教师比例差异系数、骨干教师比例差异系数、生均教育事业费差异系数等 9 个指标在内的县域义务教育均衡发展评估指标体系。[①] 李慧勤通过生均校舍建筑面积、生均教学及辅助用房面积、生均体育运动场（馆）面积及师生比等九个指标对云南省县域间义务教育均衡发展现状进行实证分析。[②] 万力从经费、各地区的办学条件、在校生、教师、职工等影响义务教育均衡发展的五个因素进行考虑，提取出相应的评价指标，采用层次分析法构建评价贵州省义务教育资源均衡配置的指标体系。[③] 朱家存等基于安徽省的教育政策实践，对区域义务教育均衡发展指标体系进行框架设计，指标体系包括义务教育机会均衡指数、教育资源配置均衡指数、教育质量与成就均衡指数三个一级指标。具体包括 20 个二级指标、40 个三级指标。[④] 李玲、宋乃庆于 2012 年以《教育规划纲要》中关于体制机制改革的部分作为纲领性设计框架，结合目前有关城乡一体化的文献和研究报告中所提出的理论论证，以及其中使用频率较高的指标，结合大量调研所发现的城乡义务教育存在问题，建构了城乡义务

---

①　任春荣：《县域义务教育均衡发展评估指标的选择方法》，《中国教育学刊》2011 年第 9 期。

②　李慧勤、刘虹：《县域间义务教育均衡发展的影响因素及对策思考——以云南省为例》，《教育研究》2012 年第 6 期。

③　万力：《对贵州省义务教育资源均衡配置指标体系的研究》，《成功（教育）》2013 年第 11 期。

④　朱家存、阮成武、刘宝根：《区域义务教育均衡发展监测指标体系研究——基于安徽省义务教育政策实践》，《教育研究》2010 年第 11 期。

教育一体化的指标体系。[1]

上述研究成果建立的指标体系大致涵盖了教育均衡对于指数构建的研究，其中既有相似之处也有区别。总的来说，国内学者对于义务教育均衡指标体系的研究较为全面，在义务教育的教育经费、教育资源配置、教育机会获得等方面都有较为成熟的研究成果。

三. 教育均衡测度的方法

对均衡发展指标的测度方法各异，不具有可比性。传统的一般用极差、方差和标准差来测度绝对差异，用极差率、变差系数、基尼系数来测度相对差异。目前，采用指数，建立数学模型，通过各级指标取值，赋予恰当的权重，也广泛地应用到测度之中。

（一）教育均衡的常用测度方法

教育均衡研究中常使用离散程度来描绘均衡状况，离散趋势是数据分散程度的反映，即为变量值偏离中心值的程度，将均衡度的测度分为绝对离散的测度和相对离散的测度。[2] 绝对差异测度工具包括极差、方差和标准差，相对差异测度一般用极差率、差异系数、基尼系数（Gini Coefficient）、泰尔指数（Teil Index）来测度相对差异。[3] 对变量值进行计量所使用的计量单位不同时，只能采用相对离散的测度。[4] 目前，教育均衡发展指标的测度方法具体如下：

1. 算术平均数

---

[1]　李玲、宋乃庆等：《城乡教育一体化：理论、指标与测算》，《教育研究》2012年第 2 期。

[2]　崔慧广：《县域义务教育均衡发展测度指标与方法的研究》，《创新》2010 年第2 期。

[3]　董世华、范先佐：《我国县域义务教育均衡发展监测指标体系的构建——基于教育学理论的视角》，《教育发展研究》2011 年第 9 期。

[4]　闫坤、刘新波：《"以县为主"教育管理体制下农村义务教育非均衡发展的测算——基于历年省级数据的实证分析》，《中国社会科学院研究生院学报》2010年第 4 期。

算术平均数（Arithmetic Average），一般简称为平均数（Average）或均数、均值（Mean），算术平均数是所有数据的总和除以总频数所得的商，简称平均数或均数、均值。算术平均数是数组的特征值之一。假如有一组 $X_1, X_2, X_3, \cdots, X_n$，规定为 $\bar{X} = (X_1 + X_2 + \cdots + X_n)/n$ 为算术平均数。平均数一般用字母 M 表示。如果平均数是由 X 变量计算的，就记为 $\bar{X}$，若由 Y 变量求得，则记为 $\bar{Y}$。算术平均数的基本公式为：$\bar{X} = \dfrac{\sum X_i}{N}$ 式中，$\sum X_i$ 表示原始分数的总和，N 表示分数的个数。算术平均数是应用最普遍的一种集中量数。对于一组数，除了算术平均数，还有几何平均数，平方平均数，中位数等。[1]

2. 极差

极差（Range）是一组数据中最大值与最小值之差。

用公式表示即为：$R = \max(x_i) - \min(x_i)$，其中 $\max(x_i)$ 和 $\min(x_i)$ 分别表示一组数据中的最小值和最大值。极差是描述数据分散程度的最简单的测度值，计算非常简单，又易于理解，但是很容易受到极端值的影响。[2]

3. 方差与标准差

方差（Square Error）是各变量值与其平均值之差的平方的平均数。标准差（Standard Deviation）为方差的平方根。

方差是各值与其算术平均数离差平方的算术平均数。[3] 其计算公式为 $S = \sqrt{\dfrac{1}{n} \sum_{i=1}^{n} (X_i - \bar{X})^2}$

其中，S 为某项指标的标准差，n 表示某级学校的个数，X_i 表示同级

① 段小红主编：《统计学》，中国林业出版社 2015 年版，第 100 页。

② 杨缅昆、方国松主编：《统计学概论》，清华大学出版社 2009 年版，第 43 页。

③ 贾俊平：《描述统计》，中国人民大学出版社 2003 年版，第 97 – 98 页。

（小学或初中）学校中 i 学校某项指标值，$\bar{X}$ 表示各学校某项指标值的平均值。

方差与标准差都是用来描述随机变量取值的集中与分散的程度，方差与标准差越小，随机变量的取值越集中，方差与标准差越大，随机变量的取值越分散。方差与标准差之间的差别主要在量纲上，由于标准差与随机变量、均值有相同的量纲，所以在实际应用中，人们较多选用标准差，但标准差的计算必须通过方差才能算得。

如果 $x_1，x_2，\cdots，x_N$ 为总体数据，则标准差的计算公式为：

$$s = \sqrt{\frac{1}{n}\sum_{i=1}^{N}(x_i-\mu)^2}$$

如果 $x_1，x_2，\cdots，x_n$ 为样本数据，则标准差的计算公式为：

$$s = \sqrt{\sum_{i=1}^{n}(x_i-\bar{x})^2/(n-1)}$$

其中 μ 为总体均值，$\bar{x}$ 为样本均值。

方差和标准差反映了随机变量取值的波动程度，但是在比较两个随机变量的波动大小时，仅仅看方差或者标准差的大小有时会出现不合理的现象，这是因为：每个随机变量的取值都有量纲，量纲不同的随机变量用他们的方差或者标准差去比较其离散程度不太合理；如果随机变量的取值的量纲相同，而取值的大小有一个相对性的问题，取值较大的随机变量的方差或者标准差也允许大一些。[1]

4. 极差率

极差率是一组数据中最大值和最小值的比率，常用公式为：$I = max(x_i)/min(x_i)$。

5. 差异系数

差异系数（Coefficient of Variation）则是一组数据的标准差与其均

---

[1] 茆诗松等：《概率论与数理统计教程》，高等教育出版社 2004 年版。

值之比。差异系数，也称变差系数、离散系数、差异系数，用 CV 表示。它是一组数据的标准差与其均值之比，是测算数据离散程度的相对指标，它可以用来测度一定区域内特殊教育相对不均衡的程度。差异系数通常用标准差计算，因此，差异系数也被称为标准差系数。

差异系数计算公式为 $CV = \dfrac{S}{\bar{X}} = \dfrac{\sqrt{\dfrac{1}{n}\sum\limits_{i=1}^{n}(X_i - \bar{X})^2}}{\bar{X}}$。其中，CV 表示某项指标的差异系数，S 为标准差，n 表示某级学校的个数，X_i 表示同级（小学或初中）学校中 i 学校某项指标值，$\bar{X}$ 表示各学校某项指标值的平均值。差异系数的值越大，数据的离散程度就越大，反之亦然。而差异系数与我们测量的均衡度是一种负相关的关系，差异系数越大，则均衡度越低，反之，差异系数越小，则均衡度越高。

差异系数是一个无量纲的量，在某些场合使用差异系数来比较两个随机变量的波动大小，更具可比性。[1]

6. 泰尔指数（Theil index）

泰尔指数也称泰尔熵标准（Theil's Entropy Measure）泰是由荷兰经济学家泰尔（H. Theil）于 1967 年利用信息理论中的熵概念来计算收入不平等性时提出的，该指数的数值越小说明区域间不均衡程度越小，用泰尔指数来衡量不平等性的一个最大优点就是它可以衡量组内差距和组间差距对总差异的贡献。[2] 熵在信息论中被称为平均信息量。设某完备事件组由各自发生概率依次为（$p_1, p_2, \cdots, p_n$）由 n 个事件（$E_1, E_2, \cdots, E_n$）构成，则有 $\sum\limits_{i=1}^{n} p_i = 1$，熵或者期望信息量等于各事件的信息

① 徐文彬主编：《教育统计学思想、方法与应用（第 2 版）》，南京师范大学出版社 2012 年版，第 34 页。
② 闫坤、刘新波：《"以县为主"教育管理体制下农村义务教育非均衡发展的测算——基于历年省级数据的实证分析》，《中国社会科学院研究生院学报》2010 年第 4 期。

量与其相应概率乘积的总和：

$$H(x) = \sum_{i=1}^{n} P_i h(P_i) = \sum_{i=1}^{n} P_i \left(\log \frac{1}{P_i} \right) = - \sum_{i=1}^{n} P_i (\log P_i)$$

将信息理论中的熵指数概念用于收入差距的测度时，可将收入差距的测度解释为将人口份额转化为收入份额（类似于洛伦兹曲线中将人口累计百分比信息转化为收入累计百分比）的消息所包含的信息量。而泰尔指数只是熵指数中的一个应用最广泛的特例。

泰尔指数的表达式为：

$$T = \frac{1}{n} \sum_{i=0}^{n} \frac{y_i}{\bar{y}} \log \frac{y_i}{\bar{y}}$$ ，式中 T 为收入差距程度的测度泰尔指数，y_i 与

$\bar{y}$ 分别代表第 i 个体的收入和所有个体的平均收入。

泰尔指数作为收入不平等程度的测度指标具备良好的可分解性质，即将样本分为多个群组时，泰尔指数可以分别衡量组内差距与组间差距对总差距的贡献。假设包含 n 个体的样本被分为 k 个群组，每组分别为 $g_k(K = 1, 2, \cdots, K)$ ，第 k 组 g_k 中的个体数目为 n_k ，则有 $\sum_{k=1}^{k} n_k = n$ ，y_i 与 y_k 分别表示某个体 i 的收入份额与某群组 k 的收入总份额，记 T_b 与 T_w 分别为群组间差距和群组内差距，则可将泰尔指数分解如下：

$$T = T_b + T_w = \sum_{k=1}^{k} y_k \log \frac{y_k}{n_k/n} + \sum_{k=1}^{k} y_k \left(\sum_{i \in g_k} \frac{y_i}{y_k} \log \frac{y_i/y_k}{1/n_k} \right)$$

在上式中群组间差距 T_b 与群组内差距 T_w 分别有如下表达式：

$$T_b = \sum_{k=1}^{k} y_k \log \frac{y_k}{n_k/n}$$

$$T_w = \sum_{k=1}^{k} y_k \left(\sum_{i \in g_k} \frac{y_i}{y_k} \log \frac{y_i/y_k}{1/n_k} \right)$$

另外，值得注意的是群组内差距项分别由各群组的组内差距之和构成，各群组的组内差距的计算公式与样本总体的计算公式并无二致，只是将样本容量控制在第 k 组的个体数目 N_k 。

7. 基尼系数

基尼系数（Gini Coefficient）是由意大利统计学家基尼 1922 年根据洛伦兹曲线提出的，它是指在全部居民收入中，用于进行不平均分配的那部分收入占总收入的百分比。用来判断收入分配平等程度的指标，后来被逐渐拓展到对一切均衡问题和分配问题的分析，教育领域也不例外。[1]

20 世纪初，奥地利统计学家洛伦兹（Max Otto Lorenz）首次提出了用来描述收入分配不均等程度的曲线，即洛伦兹曲线（Lorenz curve）。但是洛伦兹曲线只能粗略地定性地反映社会收入分配状况的不均等程度。为了能定量地准确地反映社会收入分配的公平程度，1922 年，意大利统计学家基尼（Gini）以 Lorenz 曲线为基础，进一步构造出了一个用来衡量收入分配不均等程度的指标，即基尼系数（用 G 表示）。[2]

基尼系数的国际警戒标准为 0.4。该系数低于 0.2 表示收入高度平均；0.2—0.3 表示比较平均；0.3—0.4 代表相对合理；0.4—0.5 表示收入差距较大；0.6 以上则代表收入差距悬殊。基尼系数的最大优点在于取值在 0—1 的闭区间内，取值越大越不平等，反之，平等程度越高，从而可以直观地对不平等程度做出判断。此外，国际上并没有制定基尼系数计算的统一准则，这也导致了我国会出现同一年同一指标测度的不同版本。[3]

8. 麦克伦（Mcloone）指数

Mcloone 指数是中位数以下样本均值与样本中位数的比值，可以用来分析薄弱学校与中等学校之间的差距变化。Mcloone 指数越小，则薄弱学校与中等学校之间的差距越大，越不均衡，其计算公式为：$Mcloone$

$= \dfrac{\sum_{i}^{n} x_i}{nMd}$，$x_i$ 表示中位数以下样本的数值，n 表示中位数以下样本的个

① 李梦觉、龚曙明主编：《统计学原理》，中国水利水电出版社 2015 年版，第 96 页。
② 张卫国主编：《管理统计学》华南理工大学出版社 2014 年版，第 34 页。
③ 杨钟馗：《中国收入分配变迁解读》，重庆大学出版社 2014 年版，第 73 页。

数，Md 表示样本的中位数的数值。

使用 Mcloone 指数计算出来的教育均衡发展指数更加关注的是薄弱学校与中等学校的均衡程度，在一定程度上可以验证通过变异系数计算出来的教育均衡发展指数。

9. AHP 法和主成分分析法

AHP 法和主成份分析法主要来源于数学统计，应用 AHP 法和主成份分析法两种方法：首先需要建立起综合评价层次体系；然后分别用 AHP 法和主成份法对各层指标进行赋权；第三步对两种方法的权数进行组合，具体方法如下：

$$\begin{cases} min \sum_{k=1}^{s} \| w_0 - w_k \|^2 \\ s.t. \sum_{i=1}^{n} w_i^0 = 1 \end{cases} = min \sum_{k=1}^{s} \sum_{i=1}^{n} (w_i^0 - w_i^k)^2 \ (7)$$

其中，n 为评价指标，s 为评价方法，$w_k = (k_1^k, k_2^k, \cdots, k_n^k)$，k = 1，$\cdots$，s 为第 k 种方法的各评级指标的权向量，且 $\sum_{i=1}^{n} w_i^k = 1$；$w_k = (w_1^0,$ $w_2^0, \cdots, w_n^0)$ 为组合评价权向量，$\sum_{i=1}^{n} w_i^0 = 1$。两者的偏差为 $w_0 - w_k$，式（7）为偏差平方和最小的优化模型。利用拉格朗日乘数法，解得最优组合权数为：$w_i^0 = \frac{1}{s} \sum_{k=1}^{s} w_i^k + \frac{1}{n} \Big(1 - \frac{1}{s} \sum_{i=1}^{n} \sum_{k=1}^{s} w_i^k \Big), i = 1, 2, \cdots, n$ （8）这两种方法的优点是科学合理地给各个指标分配权重将直接影响到测度的可靠性，避免单一赋权的缺陷。[1]

（二）教育均衡测度方法研究现状

国内不同学者多采用前述的各种测度方法对教育均衡相关问题进行研究，但对各教育指标的权重则尚无统一定论。翟博设计了一个涵盖教

---

[1] 姚继军：《新中国教育均衡发展的测度》，《华东师范大学学报（教育科学版）》2010 年第 2 期。

育机会、教育资源配置、教育质量和教育成就共四个层次的教育均衡度测度的指标体系。将这四方面的指标不做加权处理。"教育机会均衡测度的指标包括有特殊教育学生入学率、城乡学生入学率、男女入学率；教育资源配置测度指标有教育经费、生均教育经费、生均预算内教育经费、生均校舍面积、危房所占比例、教学仪器达标率、图书资料达标率、教师学历合格率、教师合格以上学历率；教育质量的测度指标有毕业生长学率、学生巩固率、学生辍学率、教师合格率；教育成就的测度指标有教育普及程度、城乡非文盲率、男女非文盲率、人口受教育年限的基尼系数、不同经济收入家庭学生的入学率、不同民族学生入学率。"① 于有发（2005）从环境均衡度、城乡均衡度、结果均衡度三个维度构建了县域义务教育均衡发展体系。通过实地调查他认为环境均衡度是整个县域义务教育均衡发展的决定性指标，其所占比重定为40%；城乡均衡度是根本性指标，占50%；结果均衡应适当减少，应占10%。② 陈世伟（2006）从教育机会的均衡、资源配置的均衡程度、教育结果的均衡程度、教育经费的均衡程度、教育管理的均衡程度建立了县域义务教育均衡发展体系，通过专家调查法确定各自的权重分别为：25%、30%、25%、20%。③

沈有禄等（2005）认为对教育均衡测度不需要一个总的指数值，只需要计算具体可操作可测度单项指标的值。④ 沈有禄也于2009年评价了有关欧盟的教育制度公平测度指标体系的研究，认为对于综合测度的

① 翟博：《教育均衡论》，北京大学出版社2008年版，第60页。

② 于发友、赵慧玲、赵承福：《县域义务教育均衡发展的指标体系和标准建构》，《教育研究》2011年第4期。

③ 蒋冠宇：《义务教育均衡发展指标体系研究》，博士学位论文，杭州师范大学2012年。

④ 沈有禄、谯欣怡：《基础教育均衡发展：我们真的需要一个均衡发展指数吗?》，《教育科学》2009年第6期。

研究方法往往涉及到评价测评模型的研究。①

曹锡康（2013）以上海市浦东新区作为实证，采用教育均衡指标体系的灰色关联度分析来测量区域基础教育均衡程度。结果表明，浦东新区教育机会均衡与教育产出均衡的关联度较大、教育资源配置的关联度较小，总体教育均衡水平不高。六项二级指标关联度较大，突出表现在教师素质不均、校际教育质量尚有一定差距大、学生获得优质教育资源机会还需进一步提供。②

罗哲（2014）采用新平衡计分卡模型来测度基本公共教育服务均衡发展的状况，该模型既能对教育服务均等化进行测度，又能平衡教育管理过程中产生的财务与非财务、短期与长期、子目标与总目标、结果与过程等因素之间的关系，保障基本公共教育服务均衡朝着更深层次切实有效地发展。③

朱亚丽（2013）对教育均衡发展的测度研究主要从教育资源配置均衡来研究，将研究教育均衡测度分为单项指标测度和综合指标测度。④她认为，对于单项指标测度，往往从教育财政上借鉴测度方法。而教育财政上的单项指标测度分为横向公平的统计测度和纵向公平的测度方法。横向公平的统计量是那些度量分布分散度和离差的统计量，如极差、差异系数等（表 3.1.10）。传统的教育公平横向统计量有：加权离散度、比率分析、相关系数、回归斜率、弹性等（表 3.1.11）。纵向公平的度量一般有三种方法：一是按纵向公平要素调整后的生均资源差

① 沈有禄、谯欣怡：《欧盟教育制度公平测度指标体系框架简述》，《外国教育研究》2009 年第 7 期。
② 曹锡康：《区域基础教育均衡程度分析——基于政府政策选择的角度》，《教育学术月刊》2013 年第 6 期。
③ 罗哲：《新平衡计分卡模型：一种测度基本公共教育服务均衡发展状况的新工具》，《教育与教学研究》2014 年第 7 期。
④ 朱亚丽：《义务教育资源配置均衡发展测评模型的构建研究》，博士学位论文，西南大学 2015 年。

异描述统计量；二是区域纵向公平要素和生均教育资源的双变量相关系数或弹性系数；三是两组生均教育资源的比率分析。[①]

表 3.1.10 横向公平的统计计算方法

统计量	描述
极差	生均经费最高和最低区域之差
限制性极差	区域生均经费待定分位数之差
方差或标准差	各区域生均经费与均值的平均差异
平均差	各区域生均经费与其均值离差绝对值的平均数
差异系数	各区域生均经费标准差与其相应的均值之比
MCLOONE（麦克隆尼）指数	生均经费中位数以下的数据综合除以区域生均经费都取中位数时所得总和的比例
基尼系数	生均经费实际分析与生均经费均匀分布的关系

表 3.1.11 传统的教育横向公平统计量

统计量	描述	统计方法	是否实现公平的确定目标	统计量能否考虑多元化公平要素
加权离散度	根据纵向公平要素反响设置权重，计算观察值的标准离散度	单变量	不能	不能，除非用这些因素构成的单一指数对变量加权，但需要知道确切的权重
比率分析	计算两组区域生均支出比率	单变量	不能，除非用单一指数对区域组群加权，但需要知道确切的权重	不能，除非用单一指数对区域组群加权，但需要知道确切的权重

---

① 杜育红、孙志军：《中国义务教育财政研究》，北京师范大学出版集团2008年版。

续表

统计量	描述	统计方法	是否实现公平的确定目标	统计量能否考虑多元化公平要素
相关系数	生均经费与纵向公平要素的线性关系	双变量	不能	不能
回归斜率	纵向公平要素单位变化引起区域生均经费的变化量	双变量	能，如果回归模型中包含了多个要素	能，如果回归模型中包含了多个要素
弹性	纵向公平要素百分之一的变化引起区域生均经费的百分比变化	双变量或者单变量	能，如果回归模型中包含了多个要素	能，如果回归模型中包含了多个要素

严雅娜（2016）认为，教育均等化程度不仅影响当代人的生存权和发展权，更成为影响代际公平的主要原因。从义务教育投入和产出两个角度设计具体指标，运用多元统计分析中的因子分析法在构建义务教育综合评价指标体系的基础上动态考察我国义务教育地区差距问题。[1]

而国外对于教育公平测度的研究也多数采取单项指标测度和综合指标测度两个方面的测算方法，在这里不过多赘述。在阅读文献资料中发现，国外西方学者目前并未在教育均衡和教育公平测度的研究中利用综合教育均衡指数去测度教育不均衡发展。[2]

第二节　特殊教育均衡发展指标体系的构建

笔者经过对特殊教育均衡发展指标体系研究现状的梳理，依据特殊教育的发展特点以及教育指标体系的制定原则，制定特殊教育均衡发展

---

[1]　严雅娜：《义务教育均等化测度及影响因素——基于 2004—2013 年数据的分析》。

[2]　沈有禄、谯欣怡：《欧盟教育制度公平测度指标体系框架简述》，《外国教育研究》2009 年第 7 期。

指标体系如下，该部分内容已发表于《教师教育学报》2015 年第 4 期。

一、特殊教育均衡发展指标体系的内涵

依据《中华人民共和国国民经济和社会发展第十三个五年规划纲要》和《国家中长期教育改革和发展规划纲要（2010—2020 年）》，健全特殊教育发展刻不容缓。国家对特殊教育的普及以及特殊教育政策的发展，满足特殊儿童需要，增强特殊教育门类的科学性，避免对特殊儿童教育的盲目性，建立规范的特殊教育评估、督导与规划占据重要地位。同普通义务教育一样，既要达到特殊教育均衡发展，又要有益于国家整体教育事业的进步，出现特殊教育指标，并构建合理的特殊教育均衡发展指标体系迫在眉睫。

（一）特殊教育指标

教育指标的混乱局面必然制约特殊教育指标的界定，只要我们认清教育指标的内涵不变，从特殊教育领域出发，跟随教育指标公认的特性（公认的教育指标需要较强的直观性、广泛地被社会公众理解和接受、服务对象明确，并能为政府机构提供所需的相关信息，指标数据采集的渠道便捷）。① 特殊教育指标的本质就不难确定。中国的特殊教育主要集中在"义务教育"阶段，要做到特殊教育均衡发展，体现在一个完整的特殊教育均衡发展指标。结合孙志麟教授的观点，特殊教育指标是衡量特殊教育系统状况或现象的一种统计量数，以提供相关的特殊教育信息，以此理解或判断教育发展的程度。特殊教育指标可以显示或反映特殊教育系统的发展特征、健康情形与变迁趋势。因此，在实施的过程中，不同的区域，我们就需要探讨特殊教育指标的基本属性，设计特殊教育指标的结构框架。② 对西南地区，特殊教育指标包含特殊教育机会均衡指标、特殊教育资源配置均衡指标、特殊教育质量的均衡指标和特

---

① 刘福泉：《天津市特殊教育指标研究》，《天津市教科院学报》2008 年第 6 期。
② 刘福泉：《天津市特殊教育指标研究》，《天津市教科院学报》2008 年第 6 期。

殊教育结果的均衡指标等四大指标，将四大指标细化，又分析出了二级、三级指标。

（二）特殊教育均衡发展指标体系

考虑到我国经济社会发展的地区差异与教育发展的现实状况，既要着眼当前发展与长远利益，又要整体健康发展。首先，特殊教育指标为特殊儿童提供了一个公平的、满足特殊儿童特殊需要的受教育机会。其次，在特殊教育学校资源配置上，需要政府部门及相关机构提供人力支持、技术支持和管理支持，比如在"资源教室"和"教育康复"等特殊教育领域。此外，特殊教育还应该体现在实施情况的结果上，充分体现特殊教育均衡发展指标的完整性。特殊教育属于教育整体的一部分，同时也是独特的一部分。它既自成体系，又与普通教育建立了千丝万缕的联系。由此，特殊教育均衡发展指标体系既要充分体现其特有的完整性，又要体现其特殊性。而设计"特殊教育均衡发展指标体系"整体框架，正是为该体系解释理论依据以及细节说明，促进特殊教育均衡发展。纵观国内外特殊教育均衡发展指标，尚无这类指标体系，所以本书研制了特殊教育均衡发展指标体系，以期对我国特殊教育均衡发展提供评价依据。

二、构建特殊教育均衡发展指标体系的意义

（一）理论意义

学术界普遍认为，教育公平包括起点公平、教育过程公平和教育结果公平三个方面。目前国内的义务教育均衡指标体系研究也大都在这三个方面进行指标构建。在对整个义务教育均衡指标体系进行的研究中，也大都体现了这三个方面的理论内涵。

关于指标体系的构建，现行的研究中主要存在三种观点：（1）系统论。系统理论认为，系统的整体功能是由系统中各要素及系统的结构共同决定的，它们（要素和结构关系）之间相互联系而构成一个有机

的整体。要素的状态（也可以说是要素的品质）以及它们之间相互的联系方式即组合方式将对指标体系的整体性和指标体系的质量变化有重要的影响。[①] 按照系统论的观点，教育指标体系主要是将指标在构建中收集到的资料进行相关处理，获得可以利用的价值评价信息。在构建特殊教育均衡发展指标体系时，应该充分考虑体系内部各要素以及系统与环境的相关性，对于各种影响指标体系构建的因素进行全面客观的分析，整体把握。（2）优化论。这种理论认为人们总是不断在优化原有的指标结构，以求完备。优化论的倡导者主张对于指标不应该只注重细枝末节，而应该注重系统的层次，对每项指标的设计应该是臻于完善。"一般说来，指标内涵客观，指标与指标之间相互独立，界线清楚，评价标准的规定明确，等级之间界痕分明有利于提高信度。如果指标与指标之间，等级与等级之间界痕模糊，评价者较难区分指标之间的差异，难以掌握评判准则，则会降低信度。"[②]（3）方法论。持这种架构方法主要是在定性还是定量两种方法之间进行优化选择。由于受到实证主义思想的影响，在指标体系的建构过程中，定量方法比较受到推崇。代表学者主要有法国哲学家孔德等人。另外，也有部分学者主张，定量的方法固然能够使我们了解事物的客观形态，但是想了解事物的本质最好的方法还是采用定性的方法，因此在指标的构建过程中应该尽可能地采用定性的方法。持这种观点的代表人物主要是社会学家马克斯、韦伯等人。

　　按照"构建什么"、"为什么构建"和"如何构建"的思路进行研究。[③] 通过对教育均衡发展指标体系的相关文献进行搜索、整理并加以

---

① 刘军山、孟万金：《关于高等教育评价指标体系质量的探讨》，《人大报刊复印资料（高等教育）》1999 年第 6 期。

② 王景英、梁红梅：《后现代主义对教育评价研究的启示》，《东北师范大学学报》2002 年第 5 期。

③ 曲乐：《我国县域义务教育均衡发展评估指标体系的构建》，博士学位论文，沈阳师范大学 2011 年。

分析，首先对教育均衡发展的相关理论问题进行探讨，即回答"构建什么"这一问题，这一部分主要讨论关于教育均衡发展指标体系的一系列相关概念。然后是"为什么构建"，即为什么要构建教育均衡发展指标体系，构建这一指标体系的意义和依据如何的问题。最后是"如何构建"，通过前两个部分的分析和研究，为构建特殊教育均衡发展指标体系提供思路和参考建议。

（二）实践意义

优化教育资源区域布局，科学规划、分类指导、统筹推进东部、中部、西部和东北地区教育发展，[①] 促进教育均衡。教育均衡发展是实现社会公平的重要保障，特殊教育均衡作为义务教育公平的一部分，也是实现社会公平的起点。特殊教育均衡既是教育均衡的一种表现形式也是其重要内容，推进特殊教育均衡发展对于促进社会和谐发展具有重要意义。依据西南地区特殊教育均衡发展的目标与发展实际，利用统计学和经济学的测量方法，结合实地调查数据，从而试图建立一套理论体系和指标体系来分析现状与存在的主要问题及根源，进一步构建出特殊教育均衡发展指标体系，并运用指标实际测度特殊教育均衡指数，来反映特殊教育均衡差异，构建出特殊教育非均衡发展预警机制。将研究重点集中在特殊教育均衡的指数构建上，有针对性地提出适用于特殊教育均衡的指标体系，从而对推进特殊教育均衡发展起到积极作用。

特殊教育均衡发展指标体系应该从受教育机会、教育资源、教育质量三个方面测度，[②] 依据指标筛选原则选出能有效表征分指数的一二级指标，从而构建一套能够有效表征特殊教育均衡发展的指数，以期对西

---

① 国务院：《国务院关于印发国家教育事业发展"十三五"规划的通知》，2017年1月19日，见 http://www.gov.cn/zhengce/content/2017-01/19/content_5161341.html.

② 刘欣欣：《城乡义务教育均衡发展指数研究》，博士学位论文，首都师范大学2013年。

南地区特殊教育均衡发展发挥作用。

三、特殊教育均衡发展指标体系的构建原则

按照均衡发展的思想和理念，在梳理我国现阶段基础教育均衡发展指标体系的基础上，制定特殊教育均衡发展指标体系的基本原则。

中国教育科学院"义务教育均衡发展标准研究"课题组总结了评估指标筛选的四大原则：（1）敏感性原则；（2）独立性原则；（3）可获得性原则；（4）稳定性原则。[①] 构建一个能够全面反映、客观描述而又便于操作的教育公平指标体系，是对31个省份教育综合发展水平进行比较和评价的基础。[②]

王善迈（2013）认为，指标体系制定的目标是通过评价和监测同一行政区内义务教育校际差别及其变化发展，[③] 以推进教育服务均等化、均衡发展。为此，他提出教育均衡发展指标体系应遵循以下四原则：（1）资源配置均等原则。义务教育资源应在每个受教育的学生之间均等分配，反映在教育财政经费支出上，就是要求拨付给每个学生的教育经费在数量上是相等的。（2）财政中立原则。不论教育财政收入水平有何差异，不同学校的学生所享受到的人均教育资源在数量上应是相等的。（3）弱势补偿的原则。由于薄弱学校的学生提高学业成绩需要更高的成本，应对薄弱学校进行额外的补偿。（4）数据的可得性原则。数据可从常规资料上获得，所选的指标应属于学校日常统计内容，不需要额外付出时间和人力去采集数据。

徐露、杨岚清等（2012）在县域义务教育均衡发展指标体系的构

---

① 徐光木：《中国31个省份教育发展指数及其初步测定》，《教育与考试》2014年第3期。

② 中国教科院"义务教育均衡发展标准研究"课题组：《义务教育均衡发展国家标准研究》，《教育研究》2013年第5期。

③ 王善迈、董俊燕、赵佳音：《义务教育县域内校际均衡发展评价指标体系》，《教育研究》2013年第2期。

建中,① 提出了义务教育均衡发展的三原则：（1）以人为本原则；（2）公平优先、兼顾效率原则；（3）矫正平等和补偿平等原则。中国教育科学研究院基础教育研究中心研究员李继星（2010）在梳理我国基础教育均衡发展和《国家中长期教育改革和发展规划纲要（2010—2020年)》的关系之后，得出制定基础教育均衡发展指标体系应遵循以下六种基本原则:②（1）义务教育平等的原则；（2）以受教育者的发展为本的原则；（3）公平优先、兼顾效率、利益最大化的原则；（4）全面规划、分阶段实施的原则；（5）以机会公平为起点、资源配置为基础、教育质量为核心、县域均衡为重点的原则；（6）数据的可获得、可比较、可公开原则。

安晓敏（2008）认为，设计教育公平指标体系，要遵循以下原则：（1）敏感性原则，指标不必多；（2）全面性原则，指标要具有代表性；（3）层次性原则，指标要结构清楚避免重复；（4）可操作性原则，要具有强较的数据可获得性；（5）客观与主观相结合原则，既要有统计数据，也要有调研数据。③

蒋冠宇（2012）提出，建立基于义务教育均衡评价指标体系时，必须依据我国义务教育均衡的具体发展情况，为此构建这一指标体系必须遵循原则：（1）客观性原则；（2）系统性原则；（3）可比性原则；（4）可行性原则。④

庞文、刘洋（2013）在对我国特殊教育均衡发展指标体系的构建

---

① 徐露、杨岚清：《县域义务教育均衡发展指标体系的构建》，《科教导刊》2012年1月（上）。

② 李继星：《关于义务教育均衡发展指标体系的初步思考》，《中国教育政策评论》2010年第11期。

③ 安晓敏：《教育公平指标体系研究———基于义务教育校际差距的实证分析》博士学位论文，东北师范大学2008年。

④ 蒋冠宇：《义务教育均衡发展指标体系研究》，博士学位论文，杭州师范大学2012年。

与测评中，提出指标体系的复杂性和特殊教育的特殊性，为确保这一指标体系的有效性和可信度，构建特殊教育均衡发展指标体系的原则必须遵循：（1）科学性原则；（2）导向性原则；（3）特殊性原则；（4）操作性原则。

李强、吴中元（2009）提出构建指标需遵循三原则：科学性、可比性、可操作性。[①] 构建特殊教育均衡发展指标体系时要做到综合与分解结合和定性与定量结合。

综合以上各学者的原则，本书对于各种指标的选取应遵循以下原则：（1）弱转移与强转移：在资源均值不变的情况下，资源从贫穷地区向富裕地区转移将导致指标值的升高，反之将导致指标值的下降；（2）尺度无关：指标应独立于资源的规模，即当各区域资源等比例变动时，指标数值保持不变；（3）样本规模无关：均衡度测量的数值仅仅取决于样本资源拥有情况的分布，与样本规模无关；（4）加和可分解性：可对考察对象进行分组，不平等测量可分解为组内不平等和组间不平等之和。[②] 只有所选择的指标符合上述原则时，才更具说明性，其结论才具可信性。

四、特殊教育均衡发展指标体系建构过程

（一）特殊教育均衡发展指标体系的设计

教育均衡发展的本质是追求教育平等，实现教育公平。[③] 建立特殊教育均衡发展指标体系，可以定量地测度新中国特殊教育均衡发展的历程，这对于理论研究和政策制定均具有重要意义。教育对于解决我国经

---

① 李强、吴中元：《教育均衡发展评价指标体系的构建》，《统计与决策》2009 年第 6 期。

② Hao L, Naiman D. Q., *Inequality Measures*, CA: SAGE Publications, 2012, pp. 22 – 25.

③ 刘欣欣：《城乡义务教育均衡发展指数研究》，博士学位论文，首都师范大学 2013 年。

济社会发展带来的贫富差距问题有着重要作用，失衡的教育使得贫富差距拉大，而均衡的教育能缩小地区差距，从而促进社会公平。而设计教育均衡方面的任何一种指标体系，一般都要考虑理论体系、内容体系、实施体系、结果使用体系前后四个问题。[1] 对于一个初步的指标体系设计，联合国教科文组织、世界银行、经合组织的教育指标体系确定教育指标主要采用系统模式。这种模式仿照生产部门"投入——过程——产出"的三段模式进行描述。[2] 在构建特殊教育均衡发展指标体系的过程中，这一模式能反映经济社会政治发展对教育输入、过程与输出的影响。在不同时期人们对均衡发展的认识是不断发展变化和有限的。均衡对于不同领域也有着不同的方向，在设计均衡发展指标体系时应具体情况具体考虑。为了全面、深刻地反映特殊教育均衡发展的系统性，本文依据教育均衡发展的基本理论，依据指标体系构建原则设计特殊教育均衡发展指标体系。

特殊教育均衡发展指标体系的设计流程如图 3.2.1 所示：

参考、借鉴国内外相关研究成果，综合教育均衡发展的理论分析和教育均衡发展指标体系设计的原则，初步确定特殊教育均衡发展指标体系的设计过程。首先根据教育均衡理论基础、特殊教育均衡发展的内涵、指标体系构建的原则等确定本指标体系的基本目标；然后根据国家政策、其他学者的研究成果以及相关专业人员的意见征求稿，确定指标体系初稿，最后修订完善形成终稿。

约翰斯通明确地指出："指标是理论发展的基本单位。"[3] 在约翰斯通看来，完善的理论建构至少要包括四个阶段：（1）陈述或尝试性描

---

[1] 李继星：《关于义务教育均衡发展指标体系的初步思考》，《中国教育政策评论》2010 年。

[2] 李强、吴中元：《教育均衡发展评价指标体系的构建》，《统计与决策》2009 年第 6 期。

[3] James N. Johnstone, *Indicators of Education Systems*, Kogan page, London/UNESCO, Paris: The Anchor press. 1981, pp. 5 – 6.

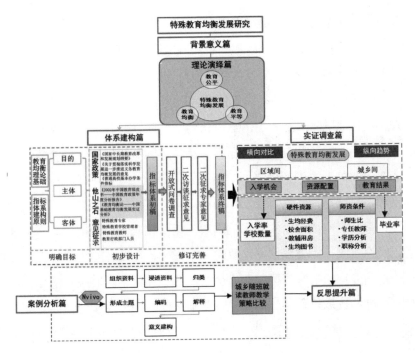

图 3.2.1 特殊教育均衡发展指标体系设计流程

述被研究现象；（2）辨识与某一现象相关的核心概念；（3）把概念的操作性定义转换成可测的变量；（4）数据收集与指标建构的规划。因此，指标作为理论建构的基本单位，它应该用来在各领域或各子系统之间建立联系。

完成特殊教育均衡发展指标体系的具体构建过程，就要在明确构建的原则基础上，找准构建方法，学会选取以及筛选指标，确定指标体系、权重的分配、数据收集与测算，最终建立特殊教育均衡发展指标体系的结构框架，才能做出全面的构建过程。

1. 构建指标选取以及筛选

我们知道，指标的选取也属于构建特殊教育均衡指标体系的重要一环。所以，选取指标需要遵循的原则有：（1）针对性。选取的指标要从特殊教育的目标出发，重要突出均衡发展的主要问题（2）导向性。指标体系服务特殊教育均衡发展，该指标体系应对特殊教育发展有引导性作用，评估结果应该要成为特殊教育发展制定相关规划与措施的参考。（3）代表性。选择的指标要能够反映特殊教育均衡发展的情况，应该是重要并且公认的指标，因为有些指标包含的信息量比较大，所以所选指标要能概括并反映其他指标的信息。（4）可获得性。指标测算需要数据支持，所以选择的指标所需数据要易于获得，这样才能够便于统计与评估。

在选取的一系列指标之下，需要从中选出最适合特殊教育均衡发展的指标，筛选指标也是重要一环。可以采取这样的筛选方法：一级指标要尽量全面，应该包含关键影响因素，还要注意一二级指标的相关联程度，所选二级指标要能很好地反映一级指标，还要有鲜明的特点，即能从一定角度反映一级指标某一方面的信息，并且不能够被其他指标所代替。指标的选取过程中，需要注意平衡指标的独立性和全面性之间的关系。强调指标的独立性是为了减少指标之间信息的重叠，避免重复评价。如果缺乏全面性的指标体系会容易因为某方面指标的缺乏而导致评估结果片面或者错误。在这里可以用层次分析法和聚类分析法来进行剔选。层次分析法是把要分析的问题层次化，根据不同的性质使各因素归类于相同性质下的层次，建立起一个阶梯式的层次结构，然后构造出判断矩阵，通过评价对各指标进行排序，并根据判断矩阵计算某一层次各元素的权重。聚类分析法是在备选指标过多时考虑的一种方法，依据相同性质原则对指标进行归类，可以从中选出具有代表性的指标，然后再结合其他方法筛选出指标。

2. 确定特殊教育均衡发展指标体系

找准特殊教育均衡发展指标体系的特征，确定方法。① 首先，我们在对已有研究文献进行充分梳理的基础上，依据课题研究目的，运用演绎法分解出特殊教育完备发展程度的构成要素，归纳为"机会"、"资

————————

① 刘福泉：《天津市特殊教育指标研究》，《天津市教科院学报》2008 年第 6 期。

源"、"质量"和"结果"四个领域，称之为一级指标。以此为基础，对一级指标进一步分解，得出二级指标和三级指标。对上述指标，我们根据本书的研究目的进行选择，创建新的项目。其次，在科学性与易用性原则的思维框架内，我们试图使本书所创建的指标体系具有以下特征：第一，指标体系的规模较大，因而包含了丰富的信息，能够比较准确地实现指标项目的具体功能。第二，逻辑上层次分明，实际使用时可根据需要进行时间和空间的重新编排而不至于混乱。最后，既具有比较强的国际可比性，又与我国目前常用的教育指标最大限度衔接，在凸显特殊教育指标国际化的同时，又增强了指标体系的现实可用性。与常见的教育统计指标相比，它可以更综合地反映一个国家或地区的教育状况，因此具有独特的价值。最后确定的指标须经过验证，借助统计分析，探究教育均衡发展测评体系的基本结构，并对测评体系的性能进行测试，或运用德尔菲法（Delphi Method）和层次分析法（AHP），对整个指标体系进行赋值，设定权重，[①] 整个过程才算确定指标体系。

3. 权重的分配

确定指标之后，我们就需要进行指标权重的分配。权重的分配，有些研究者仅提出确定权重的方法，而并没有给出所设计的各项指标的具体权重，也有研究者根据一定的方法计算出各指标的权重。权重，就是表示每项评价指标在指标体系中所占的重要性程度，并赋予相应的值，这个数值就叫作对应指标的权数，或叫权重。[②] 指标权重反映了对象某一方面的材质特征的重要程度，也反映了各项指标在指标体系中的相互关系和联系，它是构成指标体系有机整体所不可缺少的重要因素。权重分配正确，不仅可使各项指标间有明确的区分度，并使评估过程中重点

---

① 朱德全：《职业教育均衡发展测度模型建构》，《教师教育学报》2016 年第 4 期。

② 曲乐：《我国县域义务教育均衡发展评估指标体系的构建》，博士学位论文，沈阳师范大学 2011 年。

更加突出，而且由于各项指标的量化，可以使实施者与被实施者更能清楚地把握各项指标负载的价值量，使测量结果更加准确可信，指标体系更完整。分配指标权重的方法主要有专家会议法、特尔斐法、两两比较法、逆向法等。专家会议法是指由一定数量的长期从事教育管理工作的行政人员、有经验的教师以及理论、科研人员构成，通过讨论，对指标权重赋值的方法。其缺点是难以保证会议过程的民主性，从而降低了客观有效性。特尔斐法，是对选取的专家采取匿名问卷的形式向专家征询意见，然后整理结果并发给每位专家，经过几轮多次的重复，直到意见基本一致。这种方法克服了专家会议法的缺点。两两比较法，是通过把一些专家的经验和数理分析结合起来，采用两两比较的形式为指标分配权重。逆向法，是指先不设权重，将评估人分为两部分，一部分逐项评估，一部分进行综合评估，然后通过线性代数方程的逆向运算，求出使两者相等的导数矩阵，就可以获得权重。对于特殊教育均衡发展评估指标体系中各指标权重的分配，关键是要从理论上和实践中认识到各项指标的重要程度如何，哪些指标权重相对较高，哪些指标权重相对较低。

4. 数据收集与测算

关于数据收集与测算，许多研究者在构建指标体系过程时会忽略掉，而缺少这一方面所设计的指标体系该如何去获得指标的数据，又如何去计算和统计各项指标的数据，显然是不完整的。从所查阅的文献来看，有不少研究者并不注重这部分。

收集数据需要从中国官方数据平台中取得，如《中国统计年鉴》、《中国教育统计年鉴》、《中国教育经费统计年鉴》和《中国财政年鉴》等。[①] 收集到数据以后，我们需要对数据进行整理与分析，以便判断各项指标是否均衡以及其均衡的程度。在统计学上，均衡程度是指数据间

---

① 余跃：《统筹城乡背景下义务教育师资均衡配置的定量研究》，博士学位论文，西南大学 2016 年。

的分散程度，即各个变量远离中心值的程度。[1] 可以采用绝对差异和相对差异来测度区域内特殊教育均衡程度。绝对差异是指某变量值偏离参照值的绝对额，[2] 是最简单、最直观的不均衡的度量方法，其测度工具有极差、方差和标准差等。相对差异是指某变量值偏离参照值的相对额，[3] 其测度工具有极差率、差异系数、基尼系数（Gini Coefficient）、泰尔指数（Theil Index）等。

5. 特殊教育均衡发展指标的结构框架

指标的结构框架设计以经济合作与发展组织（OECD）的教育指标体系为主要参照，较多参考联合国教科文组织、世界银行等国际组织的教育指标，同时比照我国进行教育统计时常用的一些指标，我们设计了特殊教育均衡体系的发展指标，它由分别代表"机会"、"资源"、"质量"和"结果"四个不同领域（一级指标）构成，这四个领域又被分解成13个二级指标，继而将二级指标再次分解为36个三级指标，涵盖了区域间均衡、城乡间均衡、校际间均衡以及群体间均衡四大框架，制定出特殊教育均衡发展指标体系。

通过上述对特殊教育均衡发展指标体系构建过程的分析，可以看出我国对于特殊教育均衡指标体系的研究，还处于比较初始的阶段，其中存在许多有待进一步研究的地方，主要表现在以下几方面：大多数学者从教育公平角度来描述教育均衡，甚至有的学者对两者不加区分，大多也都是从宏观层面上进行大致的评价，缺少微观层面的评价；指标构建过程的不科学，选取指标过程中缺少定量筛选，多从定性角度分析。因此，在构建指标体系的过程中，要结合定性分析与定量判断对指标进行筛选。只有通过这样的方法，才能使整个构建过程更具有科学性和实用性。

---

[1] 傅禄建等：《义务教育均衡发展程度测评：综合教育基尼系数方法》，华东师范大学出版社2012年版。
[2] 贾俊平等：《统计学》，中国人民大学出版社2004年版。
[3] 贾俊平等：《统计学》，中国人民大学出版社2004年版。

（二）特殊教育均衡发展指标体系要素

依据特殊教育均衡发展的目标与发展实际，特殊教育均衡发展指标体系应从以下 4 个层次 13 个要素去测度。

第一个层次是特殊教育机会均衡指标，教育均衡最初的体现应是人人都有获得平等的受教育机会的权利，特殊儿童也不例外，而这个指标涉及如下要素：

特殊教育学生入学率，反映的是不同区域间、城乡间特殊儿童性别、残疾类型的受教育机会；特殊教育学校数量，反映的是不同区域间、城乡间特殊教育学校数量与受教育机会的关系；特殊教育班级数量，反映的是不同区域间、城乡间特殊教育班级数量与受教育机会的关系；特殊教育学校最大可容纳学生数量，反映的是不同区域间、城乡间特殊教育学校最大可容纳学生数量与受教育机会的关系。

第二个层次是特殊教育资源配置均衡指标，教育均衡应该在资源配置上均衡。这个指标涉及如下要素：

特殊教育投入水平的差异，反映的是不同区域间、城乡间、校际间经费投入差异对特殊教育资源配置均衡的影响；特殊教育软件资源差异，反映的是不同区域间、城乡间、校际间师资力量差异对特殊教育资源配置均衡的影响；教学资源硬件设施差异，反映的是不同区域间、城乡间、校际间教学资源差异对特殊教育资源配置均衡的影响；特殊教育设施质量差异，反映的是不同区域间、城乡间、校际间教育设施差异对特殊教育资源配置均衡的影响。

第三个层次是特殊教育质量均衡指标，教育均衡也应体现在人的主观感受上，而这个指标主要涉及学生的主观满意度。

学生的主观满意度，反映的是不同区域间、城乡间、校际间校园环境、课程质量、教学康复资源、教师队伍对特殊教育质量均衡的影响。

第四个层次是特殊教育的结果指标，教育均衡同样应该体现在最终的结果上，这个指标设计如下要素：

毕业率,反映的是不同区域间、城乡间、校际间毕业率差异对特殊教育结果的影响;升学率,反映的是不同区域间、城乡间、校际间升学率差异对特殊教育结果的影响;辍学率,反映的是不同区域间、城乡间、校际间辍学率差异对特殊教育结果的影响;就业率,反映的是不同区域间、城乡间、校际间就业率差异对特殊教育结果的影响。

为了实现特殊教育均衡发展,建立该指标体系,进一步明确均衡发展的目标(包括总目标、阶段性目标和层次性目标),测量不同区域、城乡、学校、群体之间的均衡程度,及时、准确、有效地监控、测度特殊教育均衡发展过程中的失衡、失误并进行必要的调节起到重要作用。

基于我国特殊教育发展的实际状况、特殊教育均衡发展的理论内涵以及特殊教育的学科特殊性,结合特殊教育均衡发展的内涵和理论分析,本书从特殊教育机会均衡、特殊教育资源配置均衡、特殊教育质量的均衡和特殊教育结果的均衡等四大指标,涵盖区域间均衡、城乡间均衡、校际间均衡以及群体间均衡四大框架。本书制定特殊教育均衡发展指标体系如表 3.2.1 所示:

表 3.2.1 特殊教育均衡发展指标体系

一级	二级	三级	指标内涵
特殊教育机会均衡指数	I_{11}入学率	入学率差异(区域间/城乡间)	不同群体、不同区域的特殊教育入学机会
		入学率性别差异	
		不同残疾类型学生入学率差异	
	I_{12}特教学校数量	特殊学校数量差异(区域间/城乡间)	特殊教育入学资源的差异
	I_{13}特教班数量	特殊教育班级数量差异(区域间/城乡间)	
	I_{14}特校最大可容纳学生数量	特殊学校最大可容纳学生数量差异(区域间/城乡间)	特殊教育潜在入学机会

一级	二级	三级	指标内涵
特殊教育资源均衡指数	I_{21}经费投入	公共教育经费差异（区域间/城乡间/校际间）	体现特殊教育设施质量
		生均教育教育经费差异（区域间/城乡间/校际间）	
		生均预算内教育经费差异（区域间/城乡间/校际间）	
		社会来源经费差异系数（区域间/城乡间/校际间）	
	I_{22}师资力量	师生比差异（区域间/城乡间/校际间）	体现特殊教育软件资源差异
		正式在编教师比差异（区域间/城乡间/校际间）	
		本科以上学历率差异（区域间/城乡间/校际间）	
		特教专业背景比例差异（区域间/城乡间/校际间）	
		高级职称比例差异（区域间/城乡间/校际间）	
		相关专业服务教师比例差异（区域间/城乡间/校际间）	
	I_{23}教学资源	生均校园面积差异（区域间/城乡间/校际间）	体现教学资源硬件设施差异
		生均校舍面积差异（区域间/城乡间/校际间）	
		生均固定资产值差异（区域间/城乡间/校际间）	
		生均实验室数量差异（区域间/城乡间/校际间）	
		生均计算机数量差异（区域间/城乡间/校际间）	
		生均图书数量差异（区域间/城乡间/校际间）	

续表

一级	二级	三级	指标内涵
特殊教育资源均衡指数	I_{24}特殊教育设施	生均专用教室数量差异（区域间/城乡间/校际间）	体现特殊教育设施质量
		生均视听阅览室面积差异（区域间/城乡间）	
		生均盲文图书数量差异（区域间/城乡间）	
		生均康复器械值差异（区域间/城乡间/校际间）	
		无障碍等级差异（区域间/城乡间/校际间）	
		安全防护等级差异（区域间/城乡间/校际间）	
教育质量均衡指数	I_{31}学生满意度	校园环境满意度差异（区域间/城乡间/校际间）	学生的主观满意度是间接衡量特殊教育教学质量的指标
		课程质量满意度差异（区域间/城乡间/校际间）	
		教学康复资源满意度差异（区域间/城乡间）	
		教师队伍满意度差异（区域间/城乡间/校际间）	
		教学管理满意度差异（区域间/城乡间/校际间）	
教育结果均衡指数	I_{41}毕业率	毕业率差异（区域间/城乡间/校际间）	体现特殊教育产出的质量
	I_{42}升学率	升学率差异（区域间/城乡间/校际间）	
	I_{43}辍学率	辍学率差异（区域间/城乡间/校际间）	
	I_{44}就业率	就业率差异（区域间/城乡间/校际间）	

该指标体系全面丰富，计算方法上较为客观，有较强的说服力，但有极个别指标的差异性较小，对于整体差异状况的实然写照较小。

（三）特殊教育均衡发展指标体系的测度方法

特殊教育均衡发展指标体系中各类指标的测度主要通过考察各类指标中对应数据的离散程度来实现。一般情况下，测量数值型数据离散程度的方法包括了极差、标准差、对数方差、差异系数、基尼系数、广义熵指数及阿特金森指数等，如表3.2.2。

表3.2.2 各测量指标满足原则情况

测量指标	弱转移	强转移	尺度无关	样本规模无关	加和可分解性
极差			√		
标准差	√	√		√	√
差异系数	√		√	√	√
对数方差			√	√	
基尼系数	√		√	√	
阿特金森指数	√		√	√	
广义熵指数	√	√	√	√	√

由于极差、对数方差、标准差等指标是绝对指标，与指标的量纲和单位密切相关；差异系数、基尼系数、阿特金森指数、广义熵指数等是相对指标，以指标的量纲和单位无关，且能够对指标间的差异程度进行对比和二次计算，便于比较。因此，在本指标体系中，采取相对指标来衡量离散程度。

综合各测量指标满足以上原则情况，本书选择广义熵指数作为特殊教育均衡指标体系中各指标的测度方法。广义熵指数的一般公式如下：

$$GE\ (\alpha)\ =\ \frac{1}{\alpha^2-\alpha}\left[\frac{1}{n}\sum_{i=1}^{n}\left(\frac{y_i}{\bar{y}}\right)^{\alpha}-1\right]（公式1）$$

在公式 1 中，n 代表样本数量，yi 代表个体 i 的水平指标，$\bar{y} = \frac{1}{n}\sum_{i=1}^{n} y_i$，参数 α 代表给予不同资源分配组之间差距的权重，其最常用的取值为 0，1。权重越小，广义熵指数越关注资源或要素贫乏的地区间的差异程度；权重越大，广义熵指数越关注资源或要素富足的地区间的差异程度。

当 α =1 时，该广义熵指数具体化为为泰尔指数（Theil index），其基本公式为：

$$GE\ (1)\ =\ \frac{1}{n}\sum_{i=1}^{n} \frac{y_i}{\bar{y}}\log\frac{y_i}{\bar{y}}\ （公式2）$$

在公式 2 中，各变量的含义与广义熵指数一般公式中的各变量含义一致。泰尔指数可以分解，例如可将特殊学校按地区分组，如西北、西南组；还可按学校类型分组，分为盲校组、聋校组以及培智组，总体差距随之分解为组内差距和组间差距。

当 α =0 时，广义熵指数具体化为对数偏差均值指数（The Mean Log Deviation Index, MLD），其基本公式为：

$$GE\ (0)\ =\ \frac{1}{n}\sum_{i=1}^{n} \log\frac{\bar{y}}{y_i}\ （公式3）$$

在公式 3 中，各变量的含义也与广义熵指数一般公式中的各变量含义一致。对数偏差均值指数，又称 MLD 指数，可以进行静态与动态的分解，即对两个时点上的数据差距的变动量进行分解。利用 MLD 指数，可以对历年特殊教育均衡发展指标差距的变动量进行动态分解，考察组间差距和组内差距。

从泰尔系数的公式来看，在泰尔系数给定的情况下，组间差异和组内差异的大小与分组有关。一般来说，在分组方式相同的情况下，分组的个数越多则组间差异越大。特别的是，如果只分一组，则全部差异都归于组内差异；如果每个观测都是一组，即每组只包括一个观测值，则全部差异都归于组间差异。如果分组方式不同，则分组的个数与组间差异的关系是不确定的。[1]

（四）特殊教育均衡发展指标体系测评

构建出一个较为完整、系统、能有效表征特殊教育均衡发展，对于推动特殊教育均衡发展以及确保对失衡和失误的及时、准确和有效的测度、监控和调节具有非常重要的意义，政府需要进一步加大对特殊教育均衡的监测力度，从而更好地促进特殊教育发展。

我国著名的教育评价专家陈玉琨教授指出，指标是一种具体的、可测量的、行为化的评价准则，是根据可测和可观察的要求而确定的评价内容。[2] 查阅已有研究，对教育指标的评估大多放入了社会评估的一部分，单独对基础教育指标的评估研究更是微乎其微。[3] 随着教育指标的评估研究逐渐增加，但是教育指标存在着概念界定不明的问题，限制了大部分学者在指标的统计性和评价性上面存在争议。国外研究者经常借鉴 OECD 的教育发展指标体系，采用 CIPP 分析模式，按照"背景—输入—过程—成果"的概念框架，评价和分析各国教育质量和教育系统发展状况。[4] 关于教育指标的评估的领域，各个研究组织或者个人对教育的研究领域各不相同，比较具有代表性的有世界银行对教育指标评估领域的划分，包括教育投入、受教育机会、教育效率、教育成果、性别与教育等方面。[5] 联合国科教文组织按教育产品的过程将指标研究的领域分为五个部分，包括有教育供给、教育需求、入学与参与、教育内部效

---

① 岳昌君：《教育计量学》，北京大学出版社 2009 年版，第 3 页。
② 陈玉琨：《教育评价学》，人民教育出版社 1999 年版，第 59 页。
③ 田林芳：《中美基础教育绩效评估指标体系的差异分析》，博士学位论文，厦门大学 2009 年。
④ 庞晶、毕鹏波、鲁瑞娟：《义务教育均衡发展评价指标体系的评述与构建》，《当代教育科学》2011 第 16 期。
⑤ 田林芳：《中美基础教育绩效评估指标体系的差异分析》，博士学位论文，厦门大学 2009 年。

率以及教育产出。而经济合作与发展组织对教育的指标的评价领域主要是分为三块：教育背景成本、资源与学校过程教育结果。可以看出这三个机构都是按照教育产品的投入一过程一产出过程（所谓的教育投入，主要是公共部门在教育系统中一定时期内增加的物质的或者是非物质的元素。从投入物的性质来对教育投入进行分类，可分为人力投入和物质投入。物质投入包括各种各样的建筑物、教学设备、仪器、运输工具、书籍等。对这些投入不仅要做到量的测定，而且必须进行质的分析。人力资源投入包括各级各类学校的学生、教师、管理人员、顾问、秘书、职员、专业人员助手和其他辅助人员[①]）。

　　而我国教育研究机构和学者们对基础教育评估领域主要是集中在教育机构、教育投入和教育效益等三个领域。在教育产品使用的效率方面，我们国家的教育关注更多的是教育产出而不是教育的过程。为此，建立特殊教育均衡发展指标体系，就需要从体系的各部分指标进行评价。

　　教育评估是上级主管或者是政府进行监督管理学校的行政手段，同样也是学校进行自我管理的一种有效方式。[②] 而指标在教育评估占有很重要的地位，本书主要是以特殊教育均衡发展指标体系为切入点，首先对于教育指标的相关概念进行界定，然后从理论出发，分析特殊教育均衡指标。通过上述特殊教育均衡发展指标体系可以测量特殊教育发展区域均衡差异。当然，特殊教育均衡发展指标体系不仅要与国际通用的特殊教育均衡指标体系接轨，使指标体系具有可比性，还要以地区发展的实际，反映特殊教育发展的动态，使评估工作具备一定操作性。在此基础上，还需要进行实证分析，并在实践中不断地改进完善。

　　研制完成的特殊教育指标往往表现为指标领域、具体指标、指标临

[①]　邹美春：《教育投入差异导致教育机会不平等缘由》，《分析现代教育科学》2008 年第 5 期。
[②]　田林芳：《中美基础教育绩效评估指标体系的差异分析》，博士学位论文，厦门大学 2009 年。

界点、各指标权重的差异。这些差异从指标体系表面看是简单的差异，但这种差异背后的理论支撑是复杂的。教育指标研制背后的理论支撑对制定、解释和利用教育指标是至关重要的，但是目前缺乏对教育指标研制背后的理论支撑的系统研究。①许多组织和个人在没有对教育指标研制背后的理论支撑作系统研究的情况下就简单地开发了自己的教育指标，许多部门在尚未对教育指标背后的理论支撑了解的情况下就直观地利用了别人的教育指标。这在一定程度上会影响研究的理论自觉性和实际利用的针对性。因此，系统地对特殊教育指标研制背后的理论支撑进行理性反思，对特殊教育指标的研究和使用具有重大意义。

五、特殊教育均衡发展指数的研制

最早提出建立一套教育均衡发展指数的应数袁振国教授，通过对教育指标进行动态分析，建立适当的数学模型，得出教育发展水平的一个基准值，②以此为基础，可获得教育发展均衡系数。不同区域、学校的发展程度进行比较，确定与基准值的偏离差距。更有意义的应该是建立一套测度教育均衡发展的指标体系，而不仅仅是一个均衡指数，这样一个总的均衡发展指数可能掩盖了许多需要具体均衡测度的各个下属子指标。所以在指标体系的基础上，研制一个这样的发展指数，能对特殊教育均衡发展进行动态的监测。

（一）特殊教育均衡发展指数的内涵

袁振国最早提出义务教育均衡发展指数，认为"所谓均衡发展指数就是通过一套比较敏感而又重要的教育指标进行动态分析，通过建立适当的数学模型，计算出教育发展水平的基准值，通过这个基准值，不同

---

① 邬志辉等：《学校教育现代化的指标研究》，东北师范大学出版社2008年版，第13页。
② 袁振国：《建立教育发展均衡系数 切实推进教育均衡发展》，《人民教育》2003年第6期。

地区、不同学校之间可以与之比较,获得发展的偏离程度"。[1] 袁振国关于基准值的研究为我国学者研究开创了有关义务教育均衡发展指数问题的方向,也是该方法成为研究教育均衡问题的一种基本方法。杨东平从义务教育入学机会、义务教育教育过程和义务教育学业成就三个方面构建了义务教育均衡指数。各指数的具体计算,城乡、性别等双变量的指标,可用比例表达;多变量的指标,可用基尼系数的方法计算。[2]

所谓特殊教育均衡发展指数,就是通过对一定的特殊教育指标数据进行动态分析,通过建立数据模型,计算出特殊教育发展的一个个数值,再依据特殊教育均衡发展的目标要求和经济社会发展,以及特殊教育发展实际,确定不同的发展阶段标准和数值。这样不仅可从不同发展阶段划分和确定特殊教育均衡的标准和要求,推动特殊教育的均衡发展;同时,为了促进特殊教育均衡发展,政府也可以对特殊教育失衡和失误,进行及时、准确和有效地测度、监控和调节,规定指数的最低值,并通过法律或行政法规将特殊教育发展差距控制在一定的水平上,以此确保特殊教育的区域均衡发展。[3] 通过一定的数据分析,建立适应我国国情的特殊教育发展均衡指数,对于推动特殊教育均衡发展具有非常重要的意义。

(二)特殊教育均衡发展指数的要素

义务教育的均衡发展设计的层次和内容较广,有的学者并非用一种单一的方法去衡量。[4] 同理,衡量特殊教育均衡发展也要采用多种方法。将特殊教育均衡的各部分进行分类剥离,逐一计算。从各方面对目

---

① 董新良、李丽君:《义务教育均衡发展指数及其测度方法的研究》,《课程教育研究》2014 年第 12 期。

② 董新良、李丽君:《义务教育均衡发展指数及其测度方法的研究》,《课程教育研究》2014 年第 12 期。

③ 杜育红:《中国教育发展差异的实证分析》,北京师范大学出版社 2000 年版。

④ 董新良、李丽君:《义务教育均衡发展指数及其测度方法的研究》,《课程教育研究》2014 年第 12 期。

前特殊教育均衡发展非均衡的现状进行考察，揭示特殊教育发展不均衡的表现、特征、特点和成因。具体的指标体系从 4 个层次来衡量：教育机会均衡指数（Index1）、教育资源配置均衡指数（Index2）、教育质量均衡指数（Index3）、教育结果均衡指数（Index4），并在该层次中使用各个指数的最相关的 13 个二级、37 个三级指标来测度它们。

第一，是特殊教育机会的均衡。不同群体、不同区域的特殊教育学生入学率、特殊教育学校数量、特殊教育班级数量、特殊教育学校最大可容纳学生数量分别反映的是不同群体、不同区域的特殊教育学生与受教育机会的关系。具体包括：入学率差异（区域间/城乡间）、入学率性别差异、不同残疾类型学生入学率差异、特殊学校数量差异（区域间/城乡间）、特殊教育班级数量差异（区域间/城乡间）、特殊学校最大可容纳学生数量差异（区域间/城乡间）。

第二，从教育资源配置上看，特殊教育资源配置均衡指数涉及如下要素。特殊教育投入水平的差异、特殊教育软件资源差异、教学资源硬件设施差异、特殊教育设施质量差异，具体又包括公共教育经费差异（区域间/城乡间/校际间）、生均教育教育经费差异（区域间/城乡间/校际间）、生均预算内教育经费差异（区域间/城乡间/校际间）、社会来源经费差异系数（区域间/城乡间/校际间）；师生比差异（区域间/城乡间/校际间）、正式在编教师比差异（区域间/城乡间/校际间）、本科以上学历率差异（区域间/城乡间/校际间）、特教专业背景比例差异（区域间/城乡间/校际间）、高级职称比例差异（区域间/城乡间/校际间）、相关专业服务教师比例差异（区域间/城乡间/校际间）；生均校园面积差异（区域间/城乡间/校际间）、生均校舍面积差异（区域间/城乡间/校际间）、生均固定资产值差异（区域间/城乡间/校际间）、生均实验室数量差异（区域间/城乡间/校际间）、生均计算机数量差异（区域间/城乡间/校际间）、生均图书数量差异（区域间/城乡间/校际间）；生均专用教室数量差异（区域间/城乡间/校际间）、生均视听阅览室面积差异（区域间/城乡间）、生均盲文图书数量差异（区域间/城乡间）、生均康复器械值差异（区域间/城乡间/校际间）、无障碍等级差异（区域间/城乡间/校际间）、安全防护等级差异（区域间/城乡间/校际间）。

第三，从特殊教育的质量均衡来看，特殊教育质量均衡指数涉及学生的主观满意度要素，具体如下：校园环境满意度差异（区域间/城乡间/校际间）、课程质量满意度差异（区域间/城乡间/校际间）、教学康复资源满意度差异（区域间/城乡间）、教师队伍满意度差异（区域间/城乡间/校际间）。

第四，从特殊教育的结果来看，特殊教育产出的均衡指数涉及毕业率、升学率、辍学率、就业率四要素，即毕业率差异（区域间/城乡间/校际间）、升学率差异（区域间/城乡间/校际间）、辍学率差异（区域间/城乡间/校际间）、就业率差异（区域间/城乡间/校际间）。指标构建后，判定均衡指数要素的最小值和最大值的标准分别为 0% 和 100%；各级特殊教育数据指标差异系数的最小值和最大值的标准分别为 0 和 1。

上述 37 项指数按照特殊教育均衡指数四个方面分别做简单平均，分别得出特殊教育机会均衡指数、特殊教育资源均衡指数、特殊教育质量均衡数、特殊教育结果均衡指数；然后再将这四个方面的值做简单平均，其结果就是特殊教育均衡发展指数。

（三）特殊教育均衡发展指数的编制步骤

由于特殊教育均衡发展指标体系涉及许多个指标，必须把各个指标的情况综合起来，才能符合多目标综合评价的要求。关于特殊教育均衡发展的多目标综合评价，国际上还没有公认的统一体系和方法。目前，国际上具有一定影响且被普遍认可的是人类发展指数和社会进步指数的多目标综合评价方法。[①] 本书在充分吸收和借鉴上述两个在国际上具有

----

① 翟博：《教育均衡发展指数构建及其运用——中国基础教育均衡发展实证分析》，《国家教育行政学院学报》2007 年第 11 期。

一定影响的综合评价方法指数的思想基础上，结合中国国情、社会发展和特殊教育发展的现实，提出了构建特殊教育均衡发展指数的思想，并建立了测量特殊教育均衡发展指数的综合指标体系和特殊教育均衡发展指数编制的方法。特殊教育均衡发展指数编制步骤如下：

1. 特殊教育均衡发展指标的无量纲化处理

构建的特殊教育均衡发展指标体系中的各个指标均属于大型指标，在取值方向上，各个指标都有属于各自的计量单位，并且在数量级上也可能存在差别，如果不对其进行有效处理，这种来自计量单位和数量级方面的差别会对综合度量的结果产生影响，避免不合理现象的发生，需要对评价指标作无量纲化处理。

无量纲化，也叫数据的标准化、规格化，它是通过数学变换把不同计量单位的指标数值改造成可以直接汇总的同度量化值，以消除计量单位对原始数据的影响。归结起来，无量纲化方法主要有两大类：直线型无量纲化方法和曲线型无量纲化方法。① 直线型无量纲化方法是指在将指标实际值转化为不受量纲影响的指标评价值时，假定二者之间呈线性关系，指标数实际值的变化引起指标评价值一个相应的比例变化，主要有阈值法（包括极值法、功效系数法等）、标准化法等。曲线型无量纲化方法是指在现象发展呈阶段性、指标值在不同阶段对事物总体水平的影响不相同的情况下，应采用曲线型的无量纲化方法来分段处理，因存在一个折点，故有时也称之为折线型无量纲化方法，而该方法的难点在于必须找出事物发展过程中转折点的指标值并确定其评价值。比较两种无量纲化方法，本文选取直线型无量纲化处理中的极值法对各项指标进行无量纲化处理。

根据特殊教育均衡发展指标体系确定每一个指标的最大值和最小值。根据国际教育发展现状以及中国教育政策有关规定和教育实际，设

---

① 仇菲菲：《企业自主创新能力指标体系构建及指数编制》，博士学位论文，兰州商学院 2008 年。

定上述特殊教育均衡指标要素最小值和最大值的标准分别为：从不同群
体和不同区域的特殊教育学生入学率、毕业率、升学率、辍学率、就业
率等凡是与百分率有关的数据，其均衡指数要素的最小值和最大值的标
准为 0% 和 100%；各级特殊教育数据指标差异系数的最小值和最大值
的标准为 0 和 1。具体可根据前述有关特殊教育均衡测度分析的方法计
算出每个指标的差异系数。

2. 特殊教育均衡发展指标的权重分配

在多项指标综合评价过程中，由于不同的指标所包含的评价含义或
者评价信息量不尽相同，不同指标之间可能既存在互补又可能存在交叉
与重合，这些现象都是难免的，因此需要根据评价目标与指标特点给每
一指标确定其权重。一般来说，与评价目标关系越密切就越应该赋予更
大的权数。因此，权重是衡量单个评价指标在整个评价体系中相对重要
性的一个测度。[1]

依据指标的综合性、敏感性、独立性和可信度判断出指标的重要
性，进而采用熵权法与主成分相结合的方法对各级指标进行赋权。由于
三级指标是数量指标，所以采用熵权法对三级指标给予权重，从而通过
进一步的计算可以得到各二级指标的指标值。而对于一级指标与二级指
标，采用主成分方法赋权。[2] 最简单的方法，根据国家特殊教育均衡发
展的目标和要求，结合地区特殊教育发展的实践，选取各项核心指标，
通过专家打分赋予各项指标不同权重。

3. 转化特殊教育均衡发展指标

根据下面的公式将各指标转化为 0 - 1 之间取值的指数形式，即

$$I_{ij} = \frac{\text{实际值}X_i - \text{最小值}X_i}{\text{最大值}X_i - \text{最小值}X_i} \quad (公式 4)$$

---

[1] 仇菲菲：《企业自主创新能力指标体系构建及指数编制》，博士学位论文，兰州
商学院 2008 年。

[2] 刘晓艳：《安徽省各市教育发展指数的设计研究》，博士学位论文，天津财经大
学 2015 年。

4. 确定特殊教育均衡发展指数

将特殊教育均衡的 37 项三级指标归类为 13 项二级指标，再由二级指标合为四个一级指数，最终浓缩为一个特殊教育均衡发展指数（Special Education Equality Index，SEEI），用特殊教育机会均衡指数（Index1）、特殊教育资源均衡指数（Index2）、特殊教育质量均衡指数（Index3）、特殊教育结果均衡指数（Index4）进行计算，最后得出特殊教育均衡发展指数（SEEI）。为了使指数计算得更精确，笔者借鉴了从 1995 年起，联合国开发计划署陆续开发的有关人类发展指数的计算方法。[①] 用下列公式计算教育均衡发展指数，这里用 P 表示指标。

$$Index = \left[\frac{1}{n}(P_1^3 + P_2^3 + ... + P_n^3)\right]^{\frac{1}{3}}$$（公式 5）

特殊教育均衡发展指数（SEEI）越大，该地区特殊教育均衡程度越高；反之，均衡程度越低。

参考前人基础，结合构建特殊教育均衡指标体系时，需要具有宏观视野和地方特色。[②] 以特殊教育均衡发展指标为基础，逐步扩展，形成全面特殊教育均衡发展指标体系。同时，目前要考虑到特殊教育发展的短板所在，保证特殊教育需要为核心，针对薄弱环节，确立特定时期内优先发展和达成的教育目标，并将其纳入整体教育均衡发展指标，形成富有特色的、切合实际的特殊教育均衡发展指标体系。

（四）特殊教育均衡发展指数的计算方法

为了了解特殊教育均衡发展状况，本书根据指数的构成和指数编制的思想，按照下列公式计算教育均衡指数。在实际计算中，差异系数的高低与均衡程度成反比，应首先进行逆转化，即将差异系数取倒数后作

①　翟博：《教育均衡发展：理论、指标及测算方法》，《教育研究》2006 年第 3 期。
②　薛二勇：《区域内义务教育均衡发展指标体系的构建——当前我国深入推进义务教育均衡发展的政策评估指标》，《北京师范大学学报（社会科学版）》2013 年第 4 期。

为实际值代入该公式计算，求其均衡指数。均衡指数取值范围均为 0—1，指标得分越高，指标所体现的教育均衡程度越高，公式如下：[1]

$$I_{ij} = \frac{\text{实际值}\,X_i - \text{最小值}\,X_i}{\text{最大值}\,X_i - \text{最小值}\,X_i} \quad (\text{公式}\,6)$$

为了能够反映各地区特殊教育均衡的总体情况，将各维度的均衡指数进行整合，计算出特殊教育总体均衡发展指数。笔者借鉴了从 1995 年起，联合国开发计划署陆续开发的有关人类发展指数的计算方法。用下列公式计算教育均衡发展指数，这里用 P 表示指标。[2]

通过公式 6 可以计算出指标体系（表 3.2.1）中三级指标的数值，再由三级指标各项数值，计算出所对应的二级指标以及一级指标。其计算方法借鉴如公式 5 所示，为借鉴联合国开发计划署在其《1990 年人文发展报告》中提出的人类发展指数的方法，该方法首先是确定体现社会进步的各项指标，然后将这些指标浓缩成为一个综合指数，由此评价一个国家的社会发展进步状况，在外国内社会科学领域使用广泛。[3]

借鉴此方法，本书将特殊教育均衡的四项一级指标，浓缩为一个特殊教育均衡发展指数（Special Education Equality Index, SEEI），由四个一级指标，即特殊教育机会均衡指数（Index1）、特殊教育资源均衡指数（Index2）、特殊教育质量均衡指数（Index3）、特殊教育结果均衡指数（Index4）进行计算，最后得出特殊教育均衡发展指数（SEEI）。SEEI 越大，即该地区特殊教育均衡程度越高；反之，均衡程度越低。

① 翟博：《教育均衡论：中国基础教育均衡发展实证分析》，人民教育出版社 2008 年版。
② 翟博：《教育均衡发展：理论、指标及测算方法》，《教育研究》2006 年第 3 期。
③ 高敏雪、李静萍：《经济社会统计》，中国人民大学出版社 2003 年版，第 27－30 页；翟博：《教育均衡论——中国基础教育均衡发展实证分析》，人民教育出版社 2008 年版，第 16－22 页。

第四章

实证分析篇

随着《国家中长期教育改革和发展规划纲要（2010—2020 年）》以及《特殊教育提升计划（2014—2016）》等政策的颁布实施，我国特殊教育近年来发生了翻天覆地的变化。但我国"特殊教育资源依然不足，尤其是边远贫困地区水平还比较低"。[①] 为了考察我国特殊教育均衡发展总体情况，以及我国东部、中部、西部的区域发展均衡水平，城市、镇区及乡村地区特殊教育发展态势，本章通过实证分析，借鉴《中国教育统计年鉴》等数据资料，从机会均衡、资源均衡、结果均衡三个维度展开，对目前我国总体、区域、城乡三个方面特殊教育发展的非均衡现状进行考察，探讨特殊教育发展不均衡的表现、特征及成因。

第一节　中国特殊教育均衡发展实证研究设计

一、考察指标

基于自编的特殊教育均衡发展指标体系的基础，结合我国特殊教育现实情况，本书选取特殊儿童义务教育阶段在校生数量、特殊教育学校入学率、特殊教育学校数量、生师比、生均建筑面积、特殊教育学校生均教育经费、特殊教育学校毕业率等多项有重要意义的指标对特殊教育

[①]　中华人民共和国教育部：《第二期特殊教育提升计划（2017—2020 年）》（征求意见稿），2016 年 11 月 10 日，见 http://www.zgxxfzw.com/news/html./?1178.html.

均衡发展情况进行评估，具体的考察指标如表 4.1.1 所示。

表 4.1.1　考察指标

一级指标	二级指标	三级指标
特殊教育机会均等指标	在校生数量	在校生数量标准化值（总体）
	特殊教育学校入学率	特校入学率（区域间/城乡间）
	特殊教育学校数量	学校数量（总体/区域间/城乡间）
特殊教育资源配置均衡指标	师资力量	生师比（总体/区域间）
		专任教师比（总体/区域间）
		专任教师本科及以上学历比（总体/区域间）
	经费	专任教师高级职称比（总体/区域间）
	教育资源	特殊教育学校生均经费支出（总体/区域间）
		生均建筑面积（总体/区域间）
		生均教学及辅助用房面积（总体/区域间）
		生均图书册数量（总体/区域间）
特殊教育结果均衡指标		在校生比（城乡间）
		高中生比（城乡间）
	毕业率	毕业率（总体/区域间/城乡间）

各指标计算公式如下：

特殊儿童义务教育阶段在校生数量标准化值＝在校生数量/各省市总人口（公式 1）

特殊教育学校入学率＝特殊教育在校学生总数/适龄特殊儿童总人

数×100%^①（公式2）

特殊教育学校数量标准化值＝特殊教育学校数量/各省市总人口（公式3）

生师比＝在校学生总数/特殊教育学校专任教师数量（公式4）

专任教师比＝特殊教育学校专任教师数量/教职工数量×100%（公式5）

专任教师本科及以上学历比＝特殊教育学校专任教师本科及以上学历数量/专任教师数量×100%（公式6）

专任教师高级职称比＝特殊教育学校专任教师高级职称数量/专任教师数量×100%（公式7）

特殊教育学校生均经费支出＝特殊教育学校经费总支出/在校生总数（公式8）

生均建筑面积＝特殊教育学校建筑总面积/在校生总数（公式9）

生均教学及辅助用房面积＝特殊教育学校教学与辅助用房总面积/在校生总数（公式10）

生均图书册数＝特殊教育学校图书册数/在校生总数（公式11）

城乡在校生比＝城区（镇区/农村）在校生人数/在校生总数×100%（公式12）

城乡高中生比＝城乡特殊教育学校高中生数量/在校生总数×100%（公式13）

毕业率＝毕业生人数/毕业年级总人数×100%（公式14）

---

① 注：中国教育统计年鉴并无报告各省适龄特殊儿童总人数，本书以各省总人口数×适龄特殊儿童数占总人口比例进行计算。在此根据2006年第二次残疾人抽样调查报告6—14岁学龄残疾儿童为246万人除以2006年我国全国总人口数130756万人，推算出适龄特殊儿童数占总人口比例代入公式1进行计算。该测算方法是计算入学率的一个途径，需要建立在两个途径数据结果的可靠性与有效性之上。

二、数据来源①

本章节所用的数据源于：（1）教育部发展规划司编辑的 2006—2015 年《中国教育统计年鉴》与《中国教育经费统计年鉴》中特殊教育指标体系的数据。（2）国家统计局人口和就业统计司编辑的 2006—2015 年《中国人口就业统计年鉴》中全国及各省市人口的数据。

三、测度方法

本章节选取标准差、方差、极差、极差率、差异系数及广义熵指数等方法对我国特殊教育均衡发展各指标的数据进行分析，具体计算公式见本书第三章。

第二节　中国特殊教育总体均衡度分析

一、全国特殊教育机会均衡度分析

（一）全国特殊儿童义务教育阶段在校生数量分析

表 4.2.1　全国特殊教育在校生数的均值与标准差

	均值	标准差	方差	最小值	最大值
特殊教育在校生数（万人）	40.36	2.72	7.39	36.29	44.22

从图 4.2.1 可得，近十年我国特殊儿童义务教育阶段在校生数量走

---

① 截至 2017 年 4 月 4 日，2016 年《中国教育经费统计年鉴》和《中国教育统计年鉴》均未发布，2015 年《中国教育经费统计年鉴》公布的数据为 2014 年教育经费，2015 年《中国教育统计年鉴》数据为 2015 年的教育统计情况。故本书涉及到的经费数据为 2005—2014 年，其他数据为 2006—2015 年。

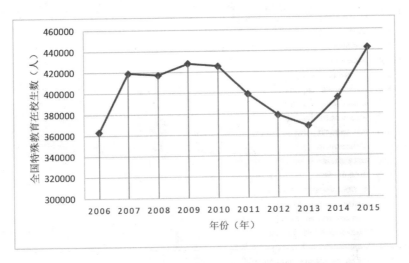

图 4.2.1 全国特殊教育在校生数变化情况

势呈上升—下降—上升趋势，2015 年在校生数最高值达 44.22 万人，2006 年的在校生数量最低，为 36.29 万人。值得关注的是，2011—2013 年，我国特殊教育在校生数量明显下降，2013 年达近十年来第二低值 36.81 万人。此外，2006 年第二次残疾人抽样调查报告显示：2006 年全国 4—16 岁学龄残疾儿童有 246 万人，占全部残疾人口的 2.96%。在学龄残疾儿童中，有 63.19% 正在普通教育或特殊教育学校接受义务教育。[①] 若进一步推算，246 万的 63.19% 应该是 155.45 万，即 2006 年应该有 155.45 万在校生。[②] 然而，这一数据与《中国教育统计年鉴》中 2006 年特殊教育在校生数量 36.29 万人相差甚远，这似乎说明我国特殊教育数据的统计口径存在不统一的问题。[③] 而提升我国特殊儿童义务教育阶段入学率，不仅需要从数据上得到乐观的结果，还应该加强各

---

① 第二次全国残疾人抽样调查领导小组、中华人民共和国国家统计局：《2006 年第二次全国残疾人抽样调查主要数据公报（第二号）》，2007 年 5 月 28 日，见 http://www.gov.cn/fwxx/cjr/content_ 1311943.htm.
② 刘全礼：《论我国特殊教育的对象问题》，《中国特殊教育》2016 年第 6 期。
③ 刘全礼：《论我国特殊教育的对象问题》，《中国特殊教育》2016 年第 6 期。

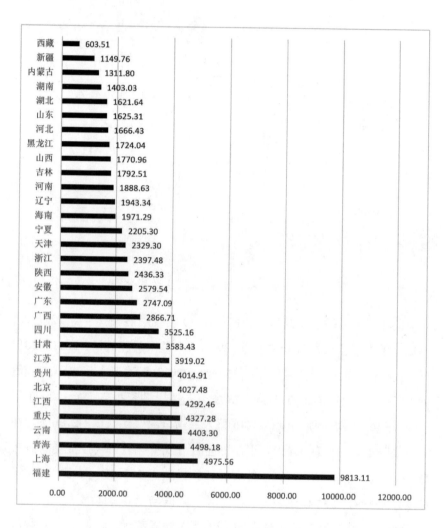

图4.2.2　2006年各省市义务教育阶段特殊学生数量
标准化值排序（人/千万人口）

类统计数据的真实性、有效性、可靠性与严谨性。总体而言，我国特殊教育在校生数总体上有所增加，但是还有大量的适龄残疾学生没有接受义务教育，而具体数值仍需要进一步调研与考察，这一庞大的特殊儿童群体受教育权利仍无法得到保障。可见，我国有关部门在大力发展特殊教育发展中，应采取有力措施或颁布相关政策以保障适龄残疾学生的受教育权，提高适龄残疾学生义务教育普及水平。

图4.2.2显示，在2006年各省市义务教育阶段特殊学生数量标准

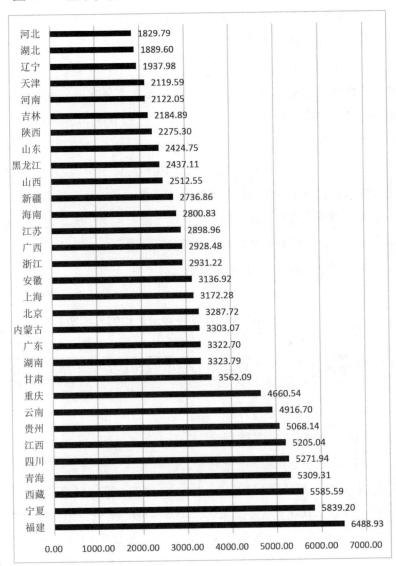

图 4.2.3 2015 年各省市义务教育阶段特殊学生数量
标准化值排序（人/千万人口）

化值排序中，义务教育阶段特殊学生数量标准化值最高的是福建
（9813.11 人/千万人口），最低的是西藏自治区（603.51 人/千万人
口），两者相差 15 倍以上。图 4.2.3 则显示 2015 年义务教育阶段特殊
学生数量标准化值最高的仍为福建省（6488.93 人/千万人口），最低的
为河北省（1829.79 人/千万人口），差距缩小为 3—4 倍，可见我国特
殊教育入学机会的省际差距正在缩小，均衡度有所提升。西藏自治区
2001 年义务教育阶段特殊学生数量标准化值为 603.51 人/千万人口，
2015 年的为 5585.59 人/千万人口，可见国家对西部特殊教育的大力扶
持已产生明显的效果，西部特殊教育在校生数总体不断增加，适龄残疾
学生义务教育普及水平逐渐提高。但具体来看，平均每千万人口中，不
到一万人接受特殊教育，与我国各类残疾儿童发生率相比，远远不能满
足受教育需求，我们的特殊教育发展仍然任重道远。

（二）全国特殊教育学校数量分析

表 4.2.2　全国特殊教育学校数量的均值与标准差

	均值	标准差	方差	最小值	最大值
特殊学校数量（所）	1784.70	156.60	24522.41	1605	2053

全国特殊教育学校数量标准化值也是一个相对指标，反映了特殊教
育学校数量与全国人口的匹配程度。由图 4.2.4 可知，十年间全国特殊
教育学校数量总体上呈逐年上升趋势，特殊教育学校数量从 2006 年底
的 1605 所增加到 2015 年底的 2053 所。《国家中长期教育改革和发展规
划纲要（2010—2020 年）》颁布后，2008—2012 年间，中央和地方累
计投入 54 个多亿，在中西部地区新建、改扩建了 1182 所特殊教育学
校。[1] 由此可见，随着《国家中长期教育改革和发展规划纲要（2010—

---

[1]　杨希洁：《中西部新建和改扩建特殊教育学校发展现状及问题调查》，《中国特
　　殊教育》2015 年第 11 期。

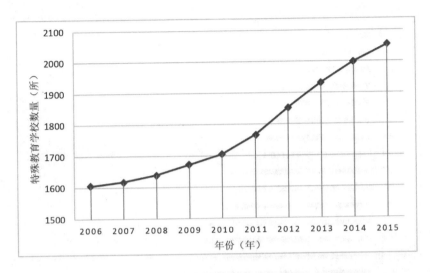

图 4.2.4　全国特殊教育学校变化情况折线图

2020 年)》的实施，我国特殊教育迎来了一轮快速建设发展，一大批的新建、改扩建的特殊教育学校不断涌现。

从图 4.2.5 可见，在 2006 年我国各省市的特殊教育学校数量标准化值①排序中，特殊教育学校数量标准化值最高的是天津市（19.53 所/千万人口），最低的是西藏自治区（3.51 所/千万人口），两者相差 6倍。图 4.2.6 则显示 2015 年特殊教育学校标准化值最高的为青海省（25.49 所/千万人口），最低的为海南省（7.69 所/千万人口），差异缩小到 3—4 倍，特殊教育均衡水平有所提升。从以上数据可以看到国家对西部特殊教育学校的建设力度已经产生了明显的效果，但是即便是特殊教育数量标准化值最高的省份，离我们 30 万人口有一所特殊教育学校的目标都仍有一段距离，从全国来看特殊教育学校数量仍然缺乏。

①　由于经济、文化、人口等方面的差异，纯粹比较各省市的特殊教育学校的数量的意义不大，为此本书采用特殊教育学校数量标准化值这一相对指标来分析各省市的特殊教育学校数量的情况，以规避人口总数对特殊教育学校数量的影响。

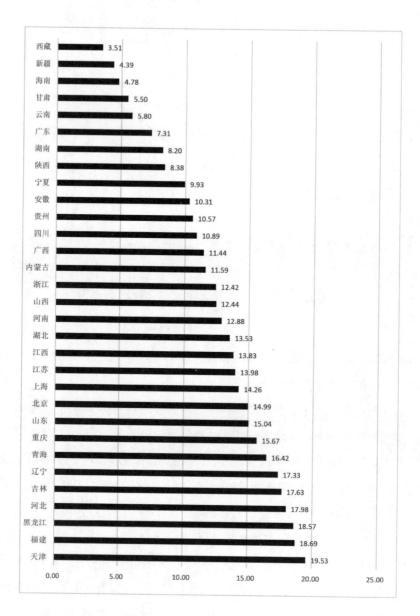

图 4.2.5　2006年各省市特殊教育学校数量排序（所/千万人口）

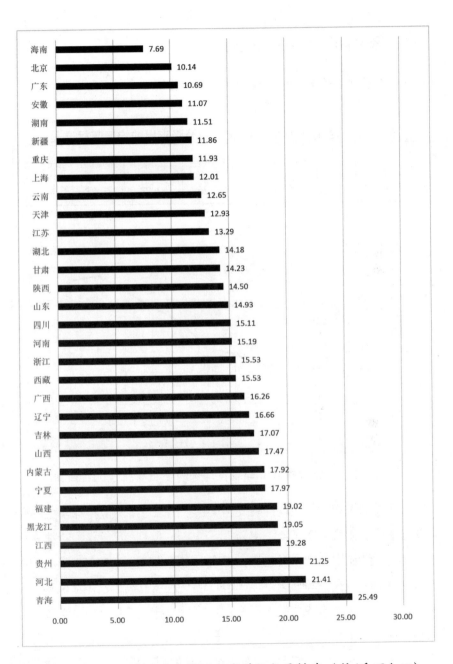

图 4.2.6 2015 年各省市特殊教育学校数量排序（所/千万人口）

二、全国特殊教育资源均衡度分析

（一）全国特殊教育学校生均经费支出分析

表4.2.3　全国特殊教育学校生均经费支出的均值与标准差

	均值	标准差	方差	最小值	最大值
生均经费支出（千元/人）	14.52	7.26	52.73	6.40	24.71

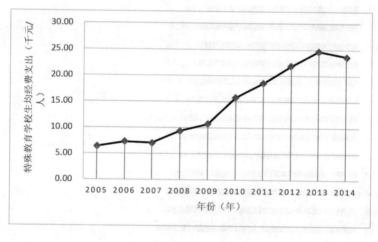

图4.2.7　全国特殊教育学校生均经费支出变化情况折线图

　　全国特殊教育学校生均经费支出反映了国家对每一位特殊学生的财政支出情况。由表4.2.3与图4.2.7可得，从总体上看，我国特殊教育学校生均经费支出处于增长趋势，年均生均经费支出为14.52千元/人。值得注意的一点是，2005年的特殊教育学校生均经费支出为6.40千元/人，而2013年的特殊教育学校生均经费支出为24.71千元/人，十年期间特殊教育学校生均经费支出增长了近四倍。由此可见，我国政府重视特殊教育的发展，加大对特殊教育学校的财政投入，在很大程度上保障特殊学校的办学条件，为特殊学生的在校学习提供了资金支持。

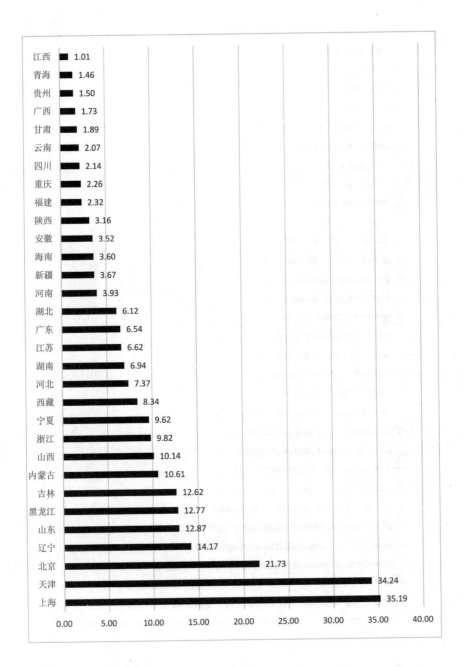

图 4.2.8　2005 年各省市特殊教育学校生均经费支出排序（千元/人）

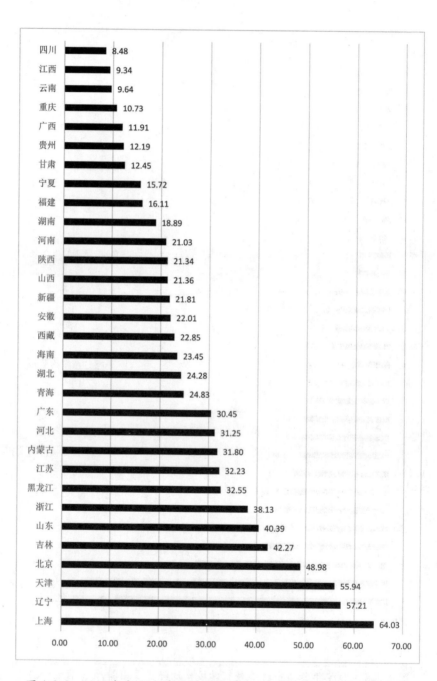

图 4.2.9　2014 年各省市特殊教育学校生均经费支出排序（千元/人）

从图4.2.8可见，在2005年我国各省市特殊教育学校生均经费支出的排序中，特殊教育学校生均经费支出最高的是上海市（35.19千元/人），最低的是江西省（1.01千元/人），两省经费差距高达35倍以上。图4.2.9则显示2014年特殊教育学校生均经费支出最高的仍为上海市（64.03千元/人），最低的为四川省（8.48千元/人），江西省（9.34千元/人）名列倒数第二。十年的时间，上海市的特殊教育学校生均经费支出增加了28.84千元/人，江西省的特殊教育学校生均经费支出仅增加了8.33千元/人。由此可见，我国特殊教育学校生均经费支出处于增长趋势，有关政府部门加大对特殊教育的财政支出。然而，这也折射出当前我国各省市特殊教育学校生均经费支出的严重不均衡现状。此外，从生均经费支出排名前几名的省份也能看出，上海、北京、天津三个直辖市从2005年到2014年均位居前列，而同为西部直辖市的重庆，一直位于全国倒数前几名，可见我国特殊教育学校生均经费支出的区域差异也非常明显。

（二）全国特殊教育学校师资分析

1. 全国特殊教育学校生师比分析

表4.2.4　**全国特殊教育学校生师比**

	均值	标准差	方差	最小值	最大值
生师比	9.97	1.47	2.16	8.06	11.98

特殊教育学校生师比反映出一所特殊学校中师资与学生的配置情况，该数值越大，表示教师数量越缺乏。现在国内尚无全国统一的特殊教育学校生师比配置标准，但一些省市相关规定中已有明确规定，如2013年《北京市特殊教育学校办学条件标准》规定，盲校、聋校与培

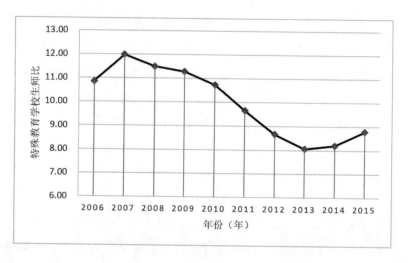

图 4.2.10　全国特殊教育学校生师比变化情况折线图

智学校的生师比分别为 2: 1, 3: 1, 2. 5: 1。[1] 而早在 2008 年广东省就已出台《广东省特殊教育学校教职员编制标准暂行办法》，规定盲校、聋校与培智学校的生师比分别为 3: 1, 3.5: 1, 2.5: 1。[2] 由表 4.2.4 可得，近十年全国特殊教育学校生师比的均值为 9.97，即每十名特殊学生会配备一名特殊教育专任教师。由图 4.2.10 可知，近十年来，我国特殊教育学校生师比总体上处于下降趋势。由此可见，我国特殊教育学校的教师与学生配置不断在优化，但是离广东省十年前的标准都还有相当大的差距，我国特殊教育教师队伍的建设任重道远。

① 北京市教育委员会：《关于印发北京市特殊教育学校办学条件标准的通知》，2013 年 8 月 14 日，见 http://zhengwu. beijing. gov. cn/gzdt/gggs/t1320640. htm.
② 广东省编办、省教育厅、省财政厅、省残联：《关于印发〈广东省特殊教育学校教职员编制标准暂行办法〉的通知》，2008 年 4 月 24 日，见 http://www. zjs-bwb. gov. cn/fileserver/NewsHtml. /69859459 – a745 – 41d2 – 8af2 – 59e892d24158. html.

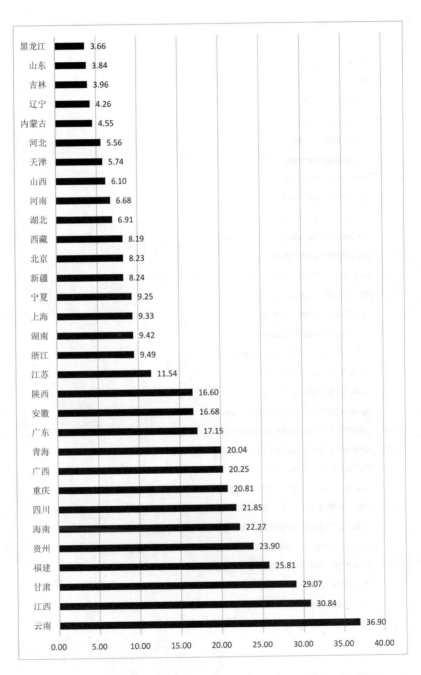

图 4.2.11 2006 年各省市特殊教育学校生师比排序

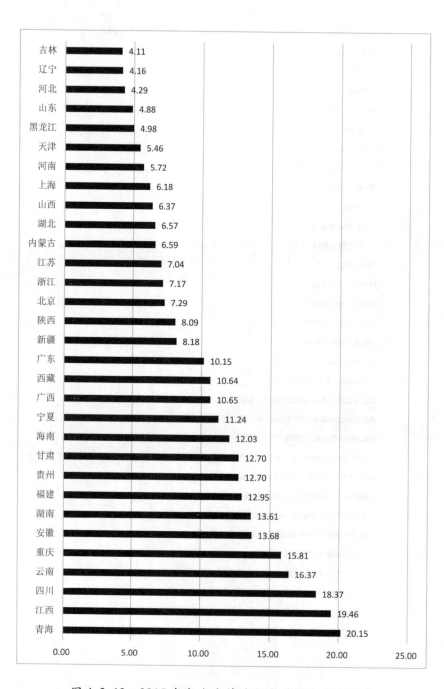

图 4.2.12　2015 年各省市特殊教育学校生师比排序

从图 4.2.11 可见，在 2006 年我国各省市的特殊教育学校生师比排序中，特殊教育学校生师比最高的是云南省（36.90），最低的是黑龙江省（3.66），比例高达 10 倍，可见各省的特殊教育教师队伍数量差异巨大。图 4.2.12 则显示 2015 年特殊教育学校生师比最高的为青海省（20.15），最低的为吉林省（4.11）。生师比最高值的减少，说明我国特殊教育教育学校的教师与学生配置已经有所优化，但是特殊教育教师的数量仍旧缺乏。尤其是生师比最高的云南和青海省均属西部省区，可见生师比的区域差异也非常明显，西部地区的师资队伍建设，是未来特殊教育发展过程中的一大工作要点。

2. 全国特殊教育学校专任教师比分析

表 4.2.5　全国特殊教育学校专任教师比的均值与标准差

	均值	标准差	方差	最小值	最大值
专任教师比（%）	80.75	2.53	6.40	76.65	84.53

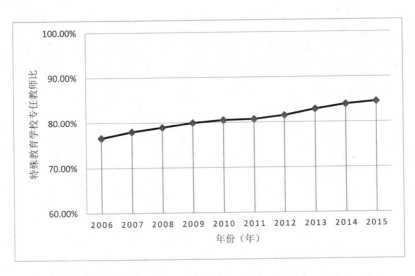

图 4.2.13　全国特殊教育学校专任教师比变化情况折线图

 特殊教育学校专任教师比反映出一所特殊教育学校教职工与师资队伍的搭配状况，2008 年《广东省特殊教育学校教职员编制标准暂行办法》规定："严格控制职员、教学辅助人员在学校教职员编制中所占比例，原则上专任教师占教职员编制的比例不低于 84%。"[1] 2013 年《北京市特殊教育学校办学条件标准》规定："特殊教育学校的管理工作尽可能由教师兼职，由政府举办的特殊教育学校的后勤服务工作应逐步实行社会化，确实需要配备管理人员和工勤人员的，其占教职工的比例，走读制学校一般不超过 10%，寄宿制学校一般不超过 15%。"[2]由表 4.2.5 和图 4.2.13 可知，近十年来，我国特殊教育学校专任教师比例不断提高，专任教师队伍不断壮大。截至 2015 年，我国特殊教育学校专任教师与教职工比例已达到 85%，这与国家大力发展特殊教育事业、不断重视培养和培训优质的特殊教育学校师资队伍、为特殊学生的教育提供稳定的师资保障密不可分。

 从图 4.2.14 可见，在 2006 年我国各省市的特殊教育学校专任教师比排序中，最高的是福建省（85.78%），最低的是上海市（64.87%）。图 4.2.15 则显示 2015 年特殊教育学校专任教师比最高的为宁夏回族自治区（96.39%），最低的为海南省（72.11%）。截至 2015 年，已有江西省和宁夏回族自治区的特殊教育专任教师比高于 90%，这说明我国特殊教育专任教师比不断攀升，特殊教育师资队伍建设越来越好。

---

① 广东省编办、省教育厅、省财政厅、省残联：《关于印发《广东省特殊教育学校教职员编制标准暂行办法》的通知》，2008 年 4 月 24 日，见 http://www. zjsbwb. gov. cn/fileserver/NewsHtml. /69859459 – a745 – 41d2 – 8af2 – 59e892d24158. html.
② 北京市教育委员会：《关于印发北京市特殊教育学校办学条件标准的通知》，2013 年 8 月 14 日，见 http://zhengwu. beijing. gov. cn/gzdt/gggs/t1320640. htm.

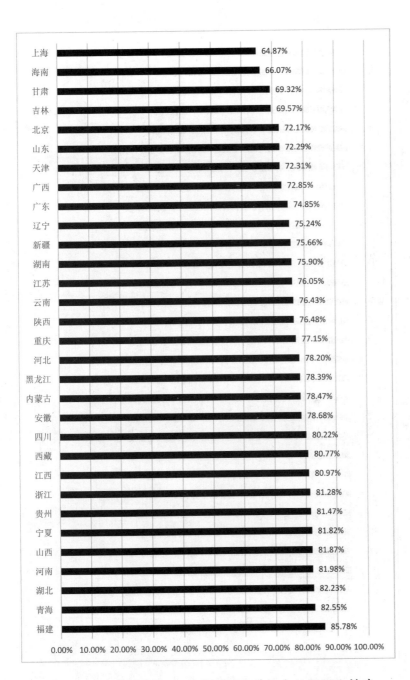

图 4.2.14　2006 年各省市特殊教育学校专任教师比排序

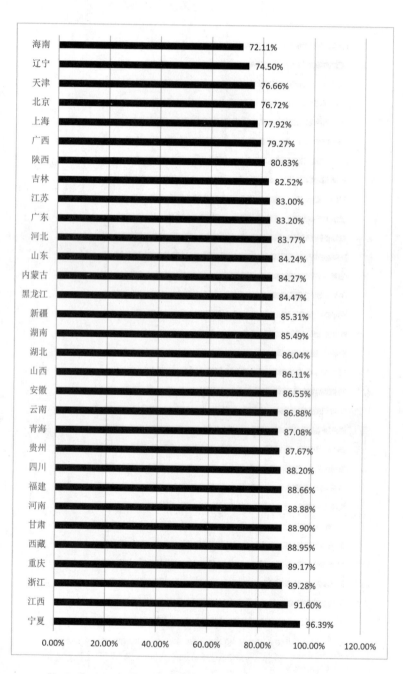

图 4.2.15　2015 年各省市特殊教育学校专任教师比排序

3. 全国特殊教育学校专任教师本科及以上学历比分析

表 4.2.6 全国特殊教育学校专任教师本科及以上学历比的均值与标准差

	均值	标准差	方差	最小值	最大值
本科及以上学历比（%）	45.86	12.43	154.40	25.53	61.99

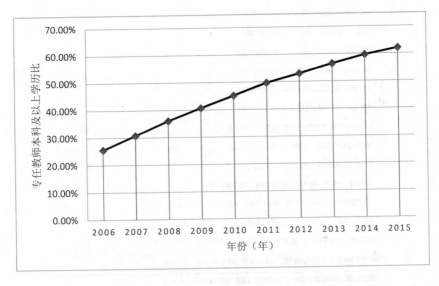

图 4.2.16 全国特殊教育学校专任教师本科及以上学历比变化情况折线图

　　国家大力发展教育事业，除了要发展特殊教育学校师资队伍数量，还要注重师资队伍素质的培养。特殊教育专任教师的学历则是检验教师队伍整体素质高低的重要指标之一。由表 4.2.6 和图 4.2.16 可得，我国特殊教育学校专任教师本科以上学历的比例不断提升，专任教师队伍整体素质在不断提高。截至 2015 年，有本科及以上学历的特殊教育专任教师比例超过六成，按如此的发展趋势，本科学历以上的特殊教育专任教师将是我国特殊教育师资队伍的主力军。

　　从图 4.2.17 可见，在 2006 年我国各省市的特殊教育学校专任教师本科及以上学历比排序中，特殊教育学校专任教师本科及以上学历比最

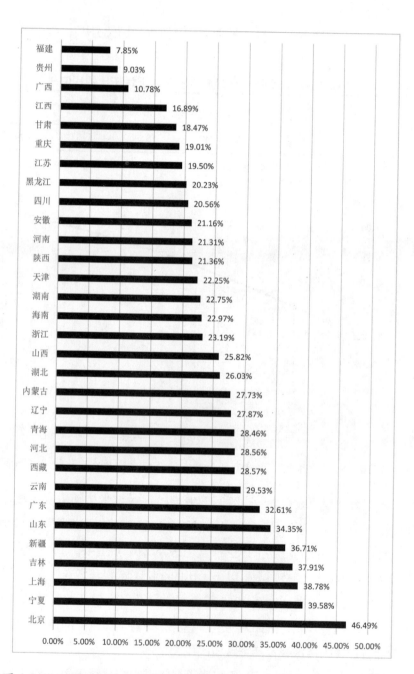

图 4.2.17　2006 年各省市特殊教育学校专任教师本科及以上学历比排序

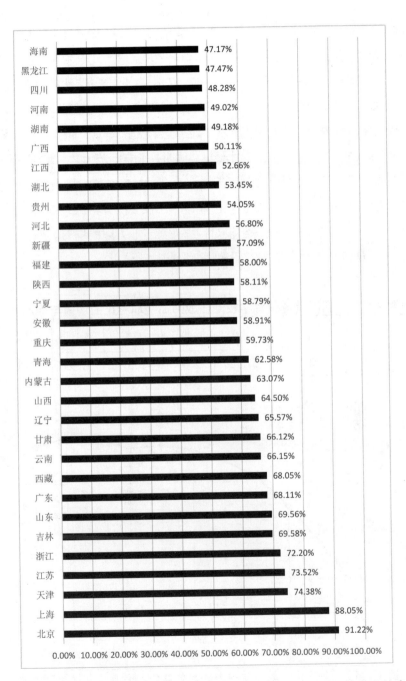

图 4.2.18　2015 年各省市特殊教育学校专任教师本科及以上学历比排序

高的是北京市（46.49%），最低的是福建省（7.85%）。图4.2.18则显示2015年特殊教育学校专任教师本科及以上学历比最高的仍为北京市（91.22%），最低的为海南省（47.17%）。北京市特殊教育学校专任教师本科及以上学历比在十年间增长44.73%，这与首都北京的政治经济文化教育中心的地位密切相关，北京各种资源丰富，职业吸引力强，汇聚全国精英，因此高学历人才聚集。同时，北京师范大学、北京联合大学等高校特殊教育专业也为北京市特殊教育学校输送了大量人才。因此，要大力发展我国特殊教育师资队伍建设，不仅要提升特殊教育教师的职业吸引力，更应该重视高等学校对特殊教育专业人才的培养。

4. 全国特殊教育学校专任教师高级职称比分析

表4.2.7　全国特殊教育学校专任教师高级职称比的均值与标准差

	均值	标准差	方差	最小值	最大值
高级职称比（%）	57.12	2.30	5.31	51.93	59.02

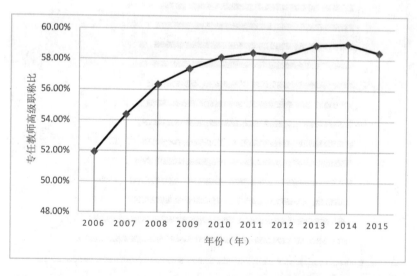

图4.2.19　全国特殊教育学校专任教师高级职称比变化情况折线图

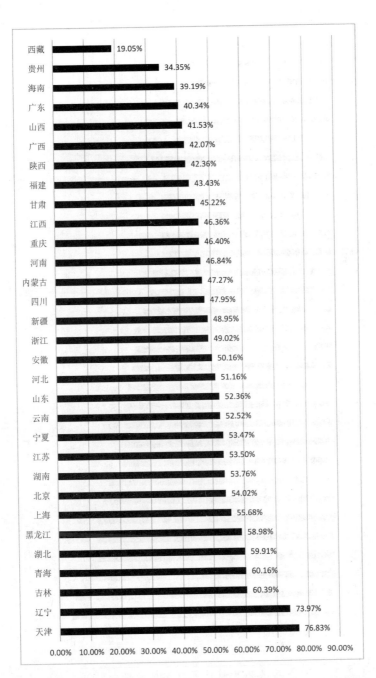

图 4.2.20　2006 年各省市特殊教育学校专任教师高级职称比排序

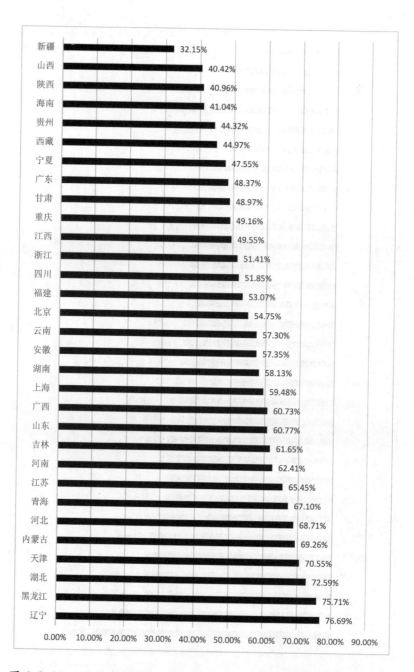

图 4.2.21　2015 年各省市特殊教育学校专任教师高级职称比排序

教师的职称也是体现教师队伍素质的重要指标之一。由表4.2.7和图4.2.19可得，高级职称的特殊教育学校专任教师比例总体上处于上升趋势，截至2015年，有高级职称的特殊教育学校专任教师比例接近六成。由此可见，我国特殊教育学校专任教师的职称结构不断改善，特殊教育师资队伍素质在不断提高。

从图4.2.20可见，在2006年我国各省市的特殊教育学校专任教师高级职称比排序中，特殊教育学校专任教师高级职称比最高的是天津市（76.83%），最低的是西藏自治区（19.05%）。图4.2.21则显示2015年特殊教育学校专任教师高级职称比最高的为辽宁省（76.69%），最低的为新疆维吾尔自治区（32.15%）。高级职称比例最低的都是西部省市，最高的为东部省市，这也体现了我国特殊教育师资队伍的区域差距。2006年我国特殊教育学校专任教师高级职称比值最低为19.05%，而2016年我国特殊教育学校专任教师高级职称比值最低为32.15%，这说明我国特殊教育学校专任教师高级职称比不断提高，教师职称结构不断优化。

（二）全国特殊教育学校办学条件分析

1. 全国特殊教育学校生均建筑面积分析

表4.2.8　全国特殊教育学校生均建筑面积的均值与标准差

	均值	标准差	方差	最小值	最大值
生均建筑面积（平方米/人）	14.97	4.17	17.39	10.56	20.78

生均建筑面积是反映我国特殊教育教学硬件设施的重要指标之一。由表4.2.8与图4.2.22可得，2006—2015年，全国特殊教育学校生均建筑面积总体上呈曲折上升趋势，生均建筑面积年均值为14.97平方米/人。本书将《特殊教育学校建设标准》（建标156-2011）中各项标准

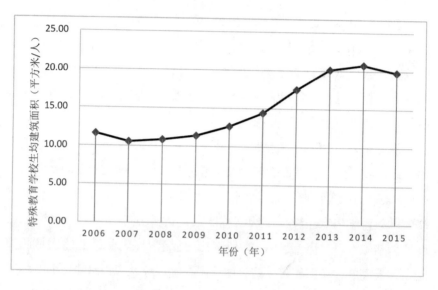

图 4.2.22　全国特殊教育学校生均建筑面积变化情况折线图

转化为生均标准，得出生均建筑面积的标准值为 39.91 平方米/人。① 由此可见，我国全国特殊教育学校生均建筑面积不断扩大，但仍未达标。

　　从图 4.2.23 可见，在 2006 年我国各省市的特殊教育学校生均建筑面积排序中，特殊教育学校生均建筑面积最高的是山东省（34.54 平方米/人），最低的是甘肃省（4.08 平方米/人）。图 4.2.24 则显示 2015 年特殊教育学校生均建筑面积最高的为河北省（34.26 平方米/人），最低的为四川省（11.13 平方米/人）。可见，我国各省市的特殊教育学校生均建筑面积存在差异，故我国特殊教育学校的建设应严格遵循《特殊教育学校建设标准》（建标 156 - 2011）。

① 齐培育、魏怡鑫、赵斌：《近十年我国特殊教育学校办学条件变化与地区差异研究》，《现代特殊教育（高教）》2016 年第 7 版。

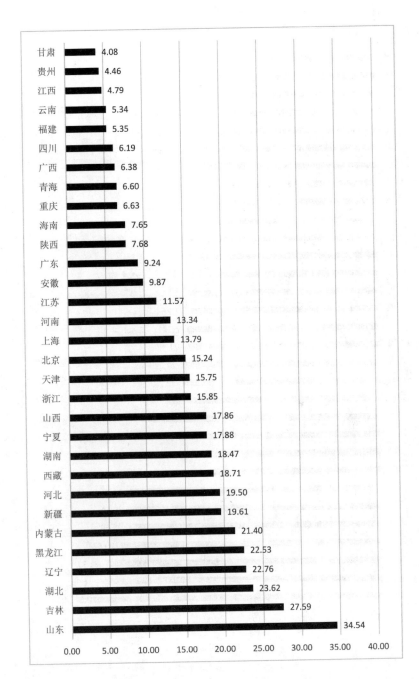

图 4.2.23　2006 年各省市特殊教育学校生均建筑面积排序（平方米/人）

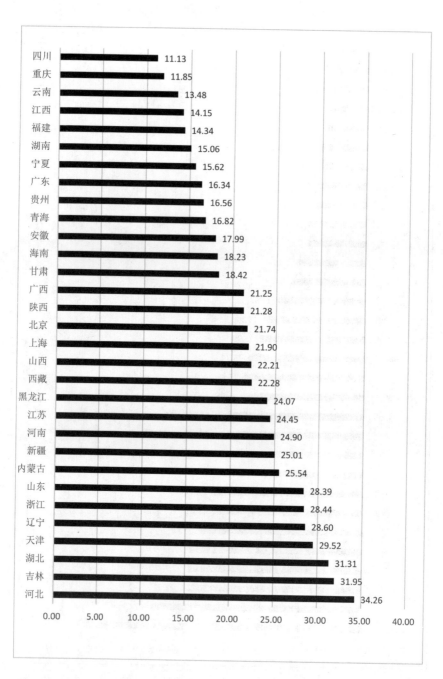

图 4.2.24　2015 年各省市特殊教育学校生均建筑面积排序（平方米/人）

2. 全国特殊教育学校生均教学及辅助用室面积分析

表 4.2.9　全国特殊教育学校生均教学及辅助用室面积的均值与标准差

	均值	标准差	方差	最小值	最大值
生均教辅用室面积（平方米/人）	6.72	2.00	3.98	4.65	9.45

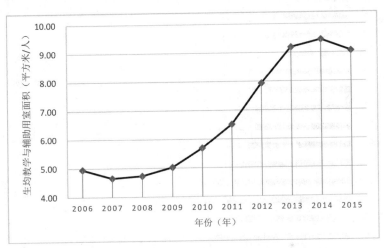

图 4.2.25　全国特殊教育学校生均教学与辅助用室面积变化情况折线图

　　生均教学及辅助用室面积也是反映我国特殊教育教学硬件设施的重要指标之一，它由普通教室、实验室、图书室、微机室和专用教室组成。由表 4.2.9 与图 4.2.25 可得，2006—2015 年，全国特殊教育学校生生均教学及辅助用室面积总体上呈曲折上升趋势，生均教学及辅助用室面积年均值为 6.72 平方米/人。2014 年的生均教学及辅助用室面积达到历年最大值，为 9.45 平方米/人。本书将《特殊教育学校建设标准》（建标 156 – 2011）中各项标准转化为生均标准，得出生均教学及辅助用室面积的标准值为 7.32 平方米/人，[①] 2012 年后我国特殊教育学

---

① 齐培育、魏怡鑫、赵斌：《近十年我国特殊教育学校办学条件变化与地区差异研究》，《现代特殊教育（高教）》2016 年第 14 期。

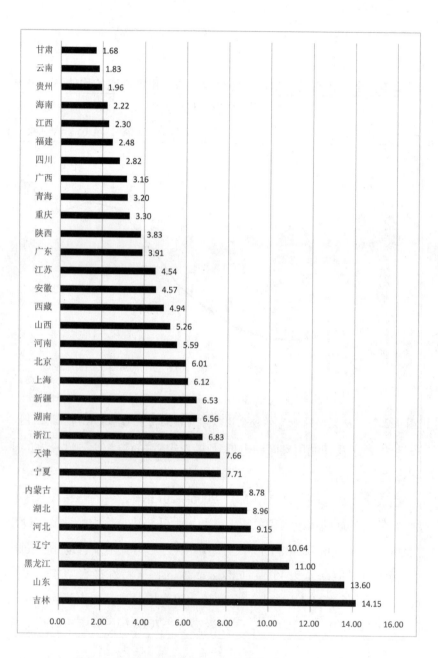

图4.2.26 2006年各省市特殊教育学校生均教学与
辅助用室面积排序（平方米/人）

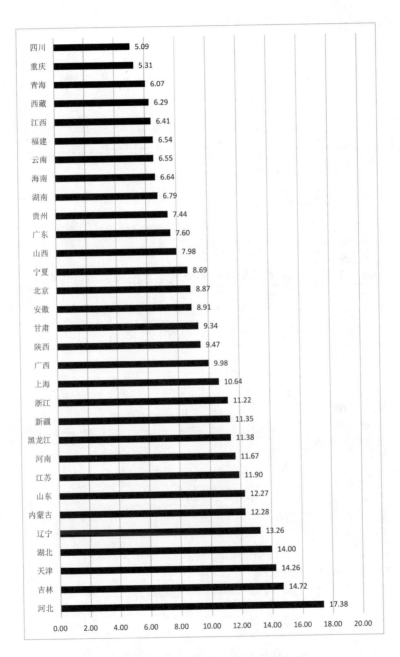

图 4.2.27　2015 年各省市特殊教育学校生均教学与
辅助用室面积排序（平方米/人）

校的生均教学及辅助用室面积均已达标。

从图4.2.26可见，在2006年我国各省市的特殊教育学校生均教学与辅助用室面积排序中，特殊教育学校生均教学与辅助用室面积最高的是吉林省（14.15平方米/人），最低的是甘肃省（1.68平方米/人）。图4.2.27则显示2015年特殊教育学校生均教学与辅助用室面积最高的为河北省（17.83平方米/人），最低的为四川省（5.09平方米/人）。可见，我国特殊教育学校生均教学与辅助用室面积不断在扩大，但是各省市之间的差异明显。

3. 全国特殊教育学校生均图书册数分析

表4.2.10　全国特殊教育学校生均图书册数的均值与标准差

	均值	标准差	方差	最小值	最大值
生均图书册数（册/人）	15.76	3.60	12.98	10.71	20.02

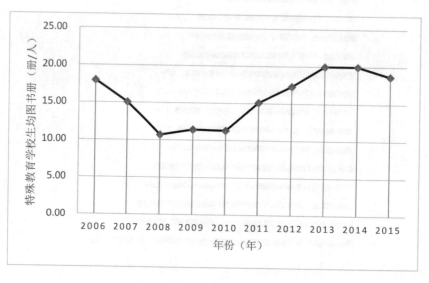

图4.2.28　全国特殊教育学校生均图书册数变化情况折线图

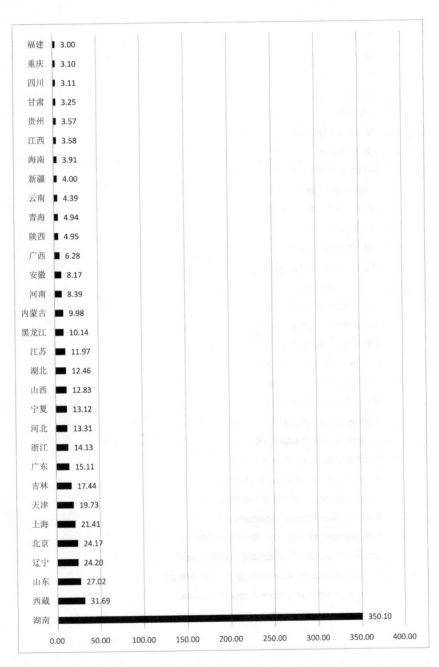

图4.2.29　2006年各省市特殊教育学校生均图书册数排序（册/人）

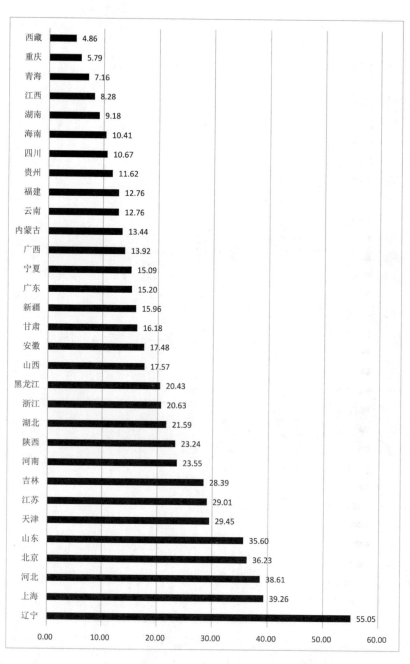

图 4.2.30　2015 年各省市特殊教育学校生均图书册数排序（册/人）

生均图书册数是反映我国特殊教育教学硬件设施的重要指标之一。图4.2.28显示，近十年来，我国特殊教育学校生均图书册数呈先下降再上升趋势。2006—2008年，我国特殊教育学校生均图书册数处于下降趋势，2009年之后，我国特殊教育学校生均图书册数总体上处于上升趋势。由表4.2.10可得，十年期间，我国特殊教育学校生均图书册数年均值为15.76册/人。

从图4.2.29可见，在2006年我国各省市的特殊教育学校生均图书册数排序中，特殊教育学校生均图书册数最高的是湖南省（350.10册/人），最低的是福建（3.00册/人），两者差距超过100倍。图4.2.30则显示2015年特殊教育学校生均图书册数最高的为辽宁省省（55.05册/人），最低的为西藏自治区（4.86册/人），差异仍高达14倍。可见，我国特殊教育学校生均图书册数存在明显的省际差异。

三、全国特殊教育结果均衡度分析

特殊教育结果均衡度分析的指标应该包括特殊教育学校毕业率、特殊教育学校就业率以及特殊教育学校升学率等指标。但目前尚无全国性特殊教育学校学生就业人数、升学人数等数据的公布，因此本书以全国特殊教育学校毕业率作为全国特殊教育结果均衡度的分析指标。

表4.2.11　全国特殊教育学校毕业率的均值与标准差

	均值	标准差	方差	最小值	最大值
特殊教育学校毕业率（%）	60.75	3.77	14.21	51.74	66.30

特殊教育学校的毕业率直接反映了我国特殊教育产出的质量。由图4.2.31可知，2006—2015年，我国特殊教育学校毕业率总体上呈V形趋势，在2011年出现最低值（52%）。表4.2.11显示，这十年间，我国特殊教育学校毕业率年均值为61%。由此可见，我国特殊教育学校

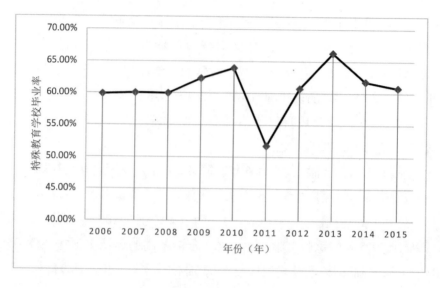

图 4.2.31 全国特殊教育学校毕业率变化情况折线图

整体毕业率并不高，剩余的40%学生何去何从，我们不得而知。

从图4.2.32可见，在2006年特殊教育学校毕业率最高的是云南省（92.73%），最低的是海南省（25.35%）。① 图4.2.33则显示2015年特殊教育学校毕业率最高的为四川省（96.09%），最低的为天津市（39.56%）。西藏自治区2006年特殊教育学校毕业率为0%，而2015年的毕业率为45.13%，从零到45.13%，反映出了相关政策法规的实施促进了我国各省市地区特殊教育的发展。

---

① 2006年西藏自治区唯一的特殊教育学校是新建校，还没有学生毕业。

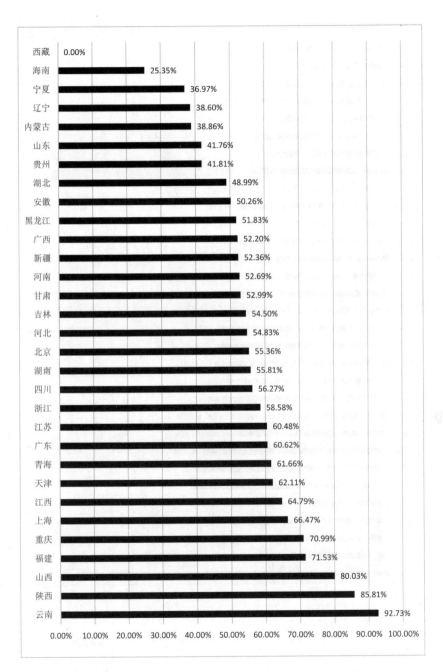

图 4.2.32　2006 年各省市特殊教育学校毕业率排序

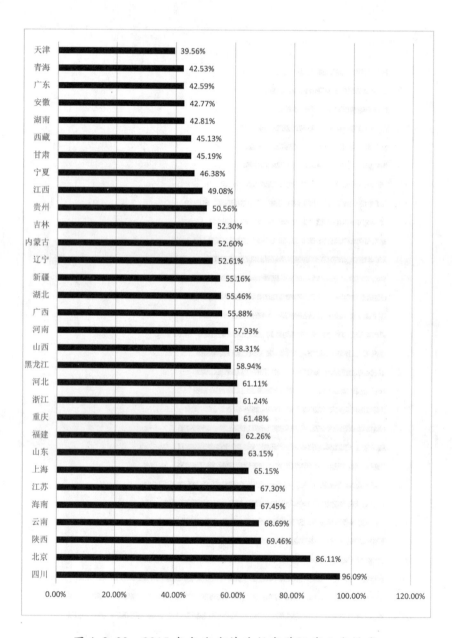

图 4.2.33 2015 年各省市特殊教育学校毕业率排序

四、综合分析

从全国特殊教育发展的实证数据看，近十年我国特殊教育呈现出翻天覆地的变化。首先，从全国特殊教育机会均衡指标来分析，十年间我国特殊教育在校生数量呈波动趋势，但总体上有所增加。从特殊教育学校数量来看，特殊教育学校数量呈明显的上升趋势，特殊教育学校数量从 2006 年底的 1605 所增加到 2015 年底的 2053 所，这为适龄残疾儿童的受教育权利提供了有力保障，但省际间特殊教育学校标准化值差异仍很大，均衡发展水平有待提高。

从全国特殊教育资源配置均衡指标来看，十年来我国特殊教育学校生均经费支出呈现明显增长，政府加大对特殊教育事业发展的经费投入，使特殊教育学校的办学条件明显提升。从全国特殊教育学校生师比来看，十年来我国特殊教育学校生师比总体上处于下降趋势，我国特殊教育学校学生与教师的结构配置逐渐优化。从全国特殊教育学校专任教师比、专任教师本科及以上学历比、专任教师高级职称比来看，十年来这三项指标均呈现出不同程度的增长趋势，体现了我国特殊教育学校专任教师素质的提高，这对于未来我国特殊教育办学质量的提升有着极其重要的意义。从全国特殊教育学校硬件条件来看，我国特殊教育学校的生均建筑面积、生均教辅用室面积和生均图书册数都呈现上升趋势，表明十年间我国特殊教育学校的硬件设施均得以明显提高。

从全国特殊教育结果均衡指标来看，我国特殊教育学校毕业率呈曲折缓慢增长趋势，总体上并无明显波动，这说明要真正提高特殊教育学生的培养质量还有很长一段路要走。

第三节　中国特殊教育区域均衡度分析

一、我国三大地带的划分和省份构成

表4.3.1　我国三大地带的划分和省份构成表[①]

地带名称	各大地带的省份构成
东部	北京、天津、山东、河北、辽宁、上海、浙江、江苏、福建、广东、海南
中部	湖北、湖南、江西、河南、黑龙江、吉林、安徽、山西
西部	四川、重庆、云南、陕西、贵州、内蒙古、新疆、西藏、甘肃、青海、广西、宁夏

二、各地区特殊教育机会均衡度分析

（一）各地区特殊教育学校入学率分析

表4.3.2　各地区特殊教育学校入学率（%）的均值、标准差和差异系数

区域	年份	极小值	极大值	均值	标准差	极差	极差率	差异系数
东部	2006年	8.68	52.44	18.18	12.78	43.76	6.04	0.70
	2007年	9.84	51.73	18.80	12.09	41.89	5.26	0.64
	2008年	9.40	50.85	18.49	11.86	41.45	5.41	0.64
	2009年	9.68	49.70	18.47	11.45	40.02	5.13	0.62
	2010年	9.22	46.37	17.94	10.47	37.15	5.03	0.58

[①] 我国在全国人大六届四次会议通过的"七五"计划中首次公布东、中、西地区的划分，并于1997年和2000年分别将重庆、内蒙古自治区和广西壮族自治区划入西部地区。本节的东中西地区划分采用了2000年调整后的划分。

续表

区域	年份	极小值	极大值	均值	标准差	极差	极差率	差异系数
东部	2011 年	9.27	41.28	16.09	9.21	32.01	4.45	0.57
	2012 年	9.10	38.91	15.77	8.55	29.81	4.28	0.54
	2013 年	9.55	35.60	15.34	7.72	26.05	3.73	0.50
	2014 年	9.12	35.24	15.39	7.32	26.12	3.86	0.48
	2015 年	9.78	34.67	16.13	6.77	24.89	3.54	0.42
中部	2006 年	7.50	22.94	11.40	5.00	15.44	3.06	0.44
	2007 年	8.88	24.14	14.17	4.82	15.26	2.72	0.34
	2008 年	10.99	24.68	13.73	4.53	13.69	2.25	0.33
	2009 年	11.67	27.70	14.75	5.29	16.03	2.37	0.36
	2010 年	10.74	28.43	14.46	5.75	17.69	2.65	0.40
	2011 年	10.27	26.88	14.20	5.66	16.61	2.62	0.40
	2012 年	8.20	25.52	12.65	5.70	17.32	3.11	0.45
	2013 年	8.06	20.22	11.38	3.85	12.16	2.51	0.34
	2014 年	10.18	23.25	13.00	4.27	13.07	2.28	0.33
	2015 年	10.10	27.81	15.24	5.72	17.71	2.75	0.38
西部	2006 年	3.22	24.04	15.55	7.30	20.82	7.47	0.47
	2007 年	4.96	28.52	18.43	7.73	23.56	5.75	0.42
	2008 年	3.97	28.91	18.54	8.20	24.94	7.28	0.44
	2009 年	3.61	28.62	19.08	8.60	25.01	7.93	0.45
	2010 年	4.60	27.87	19.29	8.14	23.27	6.06	0.42
	2011 年	8.55	31.08	17.54	7.41	22.53	3.64	0.42
	2012 年	8.61	29.30	16.99	6.15	20.69	3.40	0.36
	2013 年	9.22	28.82	17.37	6.32	19.60	3.13	0.36
	2014 年	11.11	27.76	19.30	5.42	16.65	2.50	0.28
	2015 年	12.16	31.20	22.91	6.65	19.04	2.57	0.29

从图 4.3.1 可得，2006—2015 年期间，我国东部、中部和西部的特殊教育学校入学率略有波动，但总体上处于增长趋势。2006—2009 年，

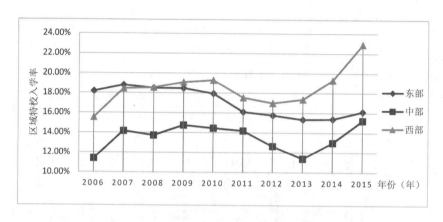

图 4.3.1　区域特殊教育学校入学率变化情况折线图

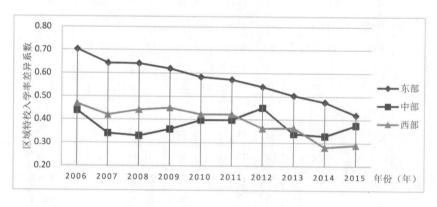

图 4.3.2　区域特殊教育学校入学率差异系数变化情况折线图

东部特殊学校入学率〉西部特殊学校入学率〉中部特殊学校入学率，
而2010—2015年，西部特殊学校入学率〉东部特殊学校入学率〉中部
特殊学校入学率。《国家中长期教育改革和发展规划纲要（2010—2020
年）》提出"到2020年，基本实现市（地）和30万人口以上、残疾儿
童少年较多的县（市）都有一所特殊教育学校"。[①] 随后，一大批新建

---

① 教育部：《国家中长期教育改革和发展规划纲要（2010—2020年）》，2010年7
月29日，见 http://www.moe.edu.cn/publicfiles/business/html.files/moe/moe_
838/201008/93704.html.

或者改扩建的特殊教育学校不断涌现，我国各地区的特殊学校学校入学率均有提升。政策的有力实施，更是促进了西部特殊教育学校入学率的提高，在 2010 年后，其已超过东部和西部的特殊教育学入学率。此外，图 4.3.1 显示，我国东部、中部和西部的特殊教育学校入学率普遍偏低。① 《中国残疾人事业统计年鉴》② 显示 2010 年全国义务教育阶段未入学残疾儿童少年的数量有 144794 人，③ 2011 年有 126464 人，④ 2012年有 90960 人，⑤ 2013 年有 83532 人，⑥ 2014 年有 85107 人，⑦ 这五年全国义务教育阶段未入学残疾儿童少年的数量逐步减少，一方面折射出我国特殊教育入学率逐渐增长，另一方面反映出了我国义务教育阶段残疾儿童的受教育权尚未得到有效的保障，特殊教育入学率还有待提高。在 2014年全国义务教育阶段未入学残疾儿童少年中，东部地区占 20.54%，中部地区占 37.91%，西部地区占 41.56%，可见我国特殊教育入学率存在区域差异。

由图 4.3.2 可知，2006—2015 年，东部特殊教育学校入学率差异系数逐年下降，中部特殊教育学校入学率差异系数处于小幅度波动状态，

---

① 由于全国尚无适龄残疾儿童的总数量，因此本书只能通过 2006 年《第二次全国残疾人抽样调查结果》适龄残疾儿童占全国人口的总体比值来进行推算。该统计结果是建立在《中国教育统计年鉴》与《第二次全国残疾人抽样调查》结果的可靠性和统一适用性的基础之上。
② 《中国残疾人事业统计年鉴 2011》是记录 2010 年数据，《中国残疾人事业统计年鉴 2016》没有记录全国义务教育阶段未入学率残疾儿童少年的数量。
③ 中国残疾人联合会：《中国残疾人事业统计年鉴 2011》，中国统计出版社 2011年版，第 112 页。
④ 中国残疾人联合会：《中国残疾人事业统计年鉴 2012》，中国统计出版社 2012年版，第 98 页。
⑤ 中国残疾人联合会：《中国残疾人事业统计年鉴 2013》，中国统计出版社 2013年版，第 93 页。
⑥ 中国残疾人联合会：《中国残疾人事业统计年鉴 2014》，中国统计出版社 2014年版，第 99 页。
⑦ 中国残疾人联合会：《中国残疾人事业统计年鉴 2015》，中国统计出版社 2015年版，第 92 页。

西部特殊教育学校入学率差异系数也逐年下降，由此可见，特殊教育学校入学率的区域内部差距呈逐年下降的趋势，但是东部特殊教育学校入学率内部差异仍最为明显，结合本章第二节特殊儿童义务教育阶段在校数量的标准化值我们可以发现东部地区特殊学校入学机会的巨大差异。

（二）各地区特殊教育特殊教育学校数量分析

表4.3.3　各地区特殊教育学校数量标准值（所/千万人口）
的均值、标准差和差异系数

区域	年份	极小值	极大值	均值	标准差	极差	极差率	差
东部	2006 年	4.78	19.53	14.21	4.62	14.75	4.08	0.33
	2007 年	4.73	19.30	13.97	4.61	14.57	4.08	0.33
	2008 年	4.68	19.60	13.92	4.64	14.92	4.19	0.33
	2009 年	4.63	20.47	13.93	4.89	15.84	4.42	0.35
	2010 年	3.45	20.71	13.44	5.04	17.26	6.00	0.38
	2011 年	3.42	20.44	13.46	4.93	17.02	5.97	0.37
	2012 年	4.51	20.72	13.67	4.63	16.21	4.59	0.34
	2013 年	7.82	21.14	13.97	4.08	13.32	2.70	0.29
	2014 年	7.75	21.26	13.98	4.12	13.51	2.74	0.29
	2015 年	7.69	21.41	14.03	4.02	13.73	2.79	0.29
中部	2006 年	8.20	18.57	13.42	3.43	10.37	2.27	0.26
	2007 年	8.03	18.57	13.36	3.42	10.54	2.31	0.26
	2008 年	7.84	18.56	13.29	3.42	10.73	2.37	0.26
	2009 年	7.96	18.82	13.49	3.49	10.86	2.36	0.26
	2010 年	8.22	19.31	13.58	3.50	11.09	2.35	0.26
	2011 年	8.79	19.04	14.09	3.38	10.25	2.17	0.24
	2012 年	9.19	19.30	14.46	3.44	10.11	2.10	0.24
	2013 年	10.31	19.30	15.01	3.36	8.98	1.87	0.22
	2014 年	10.85	19.31	15.50	3.24	8.46	1.78	0.21
	2015 年	11.07	19.28	15.60	3.17	8.21	1.74	0.20

续表

区域	年份	极小值	极大值	均值	标准差	极差	极差率	差
西部	2006 年	3.51	16.42	9.51	4.16	12.91	4.68	0.44
	2007 年	3.46	16.30	9.59	4.06	12.84	4.71	0.42
	2008 年	3.42	18.05	9.88	4.40	14.63	5.27	0.45
	2009 年	3.38	17.95	9.95	4.28	14.57	5.31	0.43
	2010 年	5.65	19.54	10.94	4.17	13.89	3.46	0.38
	2011 年	6.48	19.37	11.48	3.87	12.89	2.99	0.34
	2012 年	8.51	19.20	12.85	3.03	10.69	2.26	0.24
	2013 年	11.31	20.76	14.33	2.86	9.45	1.84	0.20
	2014 年	12.04	24.01	15.40	3.39	11.98	2.00	0.22
	2015 年	11.86	25.49	16.23	4.00	13.63	2.15	0.25

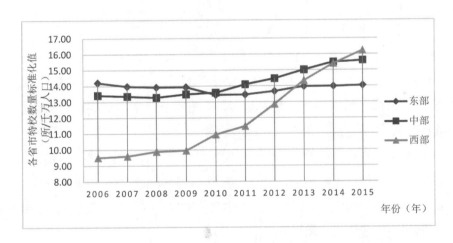

图 4.3.3　区域特殊教育学校数量标准化值变化情况折线图

特殊教育学校数量标准化值（单位：所/千万人口）是衡量特殊教育均衡发展的相对指标之一，是特殊教育学校数量与该区域人口总数的比值。由图 4.3.3 可知，2006—2010 年间，东部、中部地区的特殊教育学校数量标准化值大体相当，西部最低。《国家中长期教育改革和发展

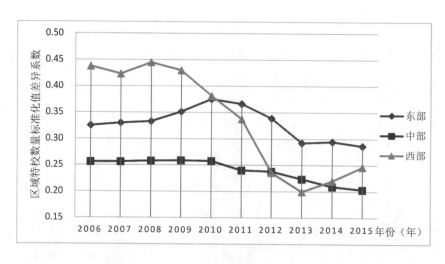

图 4.3.4　区域特殊教育学校数量标准化值差异系数变化情况折线图

规划纲要（2010—2020 年）》颁布后，2008—2012 年间，中央和地方累计投入 54 个多亿，在中西部地区新建、改扩建 1182 所特殊教育学校。① 值得一提的是，2010—2015 年间中部、西部地区特殊教育学校数量大幅增加，到 2015 年，西部地区的特殊教育学校数量标准化值已超过东部、中部地区。

由 4.3.4 可得，2006—2015 年间特殊教育学校数量标准化值的区域内部差距总体呈下降趋势，但目前东部地区特殊教育学校数量标准化值的内部差异最为明显，西部次之，中部相对较小。从变化趋势来看，西部地区下降最快，均衡程度提升最为明显。

---

① 杨希洁：《中西部新建和改扩建特殊教育学校发展现状及问题调查》，《中国特殊教育》2015 年第 11 期。

三、各地区特殊教育资源均衡度分析

（一）全国特殊教育学校生均经费支出分析

表4.3.4　各地区特殊教育生均经费支出（千元/人）的均值、
标准差和差异系数

区域	年份	极小值	极大值	均值	标准差	极差	极差率	差异系数
东部	2006 年	2.32	35.19	14.04	11.56	32.86	15.14	0.82
	2007 年	2.40	28.24	13.10	8.20	25.84	11.75	0.63
	2008 年	2.68	31.65	14.41	9.66	28.97	11.82	0.67
	2009 年	3.53	40.33	19.42	13.26	36.80	11.43	0.68
	2010 年	3.46	40.89	19.58	12.04	37.43	11.82	0.62
	2011 年	5.33	46.56	25.00	13.95	41.23	8.73	0.56
	2012 年	9.50	56.89	30.28	15.72	47.39	5.99	0.52
	2013 年	10.66	69.27	35.67	18.46	58.61	6.50	0.52
	2014 年	15.94	74.77	43.70	18.45	58.84	4.69	0.42
	2015 年	16.11	64.03	39.83	15.11	47.92	3.97	0.38
中部	2006 年	1.01	12.77	7.13	4.36	11.77	12.70	0.61
	2007 年	1.39	40.36	12.31	12.58	38.97	29.00	1.02
	2008 年	1.67	18.98	8.67	6.36	17.30	11.34	0.73
	2009 年	5.62	24.20	11.14	6.56	18.58	4.31	0.59
	2010 年	4.05	24.52	11.63	6.36	20.47	6.06	0.55
	2011 年	8.72	30.57	18.26	7.09	21.85	3.51	0.39
	2012 年	8.31	40.14	20.18	9.16	31.83	4.83	0.45
	2013 年	9.32	36.39	23.57	8.05	27.07	3.91	0.34
	2014 年	10.83	42.20	25.08	8.84	31.38	3.90	0.35
	2015 年	9.34	42.27	23.97	9.77	32.93	4.52	0.41

续表

区域	年份	极小值	极大值	均值	标准差	极差	极差率	差异系数
西部	2006 年	1.46	10.61	4.04	3.40	9.15	7.27	0.84
	2007 年	1.55	9.88	4.23	2.89	8.33	6.37	0.68
	2008 年	2.05	12.09	4.67	3.48	10.04	5.90	0.74
	2009 年	2.53	24.52	7.36	6.72	21.99	9.69	0.91
	2010 年	3.59	30.09	10.72	8.87	26.50	8.38	0.83
	2011 年	5.87	107.98	23.45	30.47	102.11	18.40	1.30
	2012 年	7.72	46.89	17.37	12.41	39.17	6.07	0.71
	2013 年	8.15	84.80	22.46	21.66	76.65	10.40	0.96
	2014 年	8.19	44.93	18.53	10.62	36.74	5.49	0.57
	2015 年	8.48	31.80	16.98	7.35	23.32	3.75	0.43

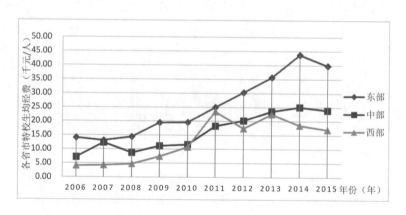

图 4.3.5　区域特殊教育学校生均经费支出变化情况折线图

由图 4.3.5 所示，2006—2015 年间，我国东、中、西部地区特殊教育学校生均经费支出均呈现逐年上升趋势，且东部特殊教育学校生均经费支出〉中部特殊教育学校生均经费支出〉西部特殊教育学校生均经费支出。由图 4.3.6 可得，西部地区特殊教育学校生均经费支出的内部差距波动极大，尤其是 2010—2012 年有明显差异，而东部、中部的差

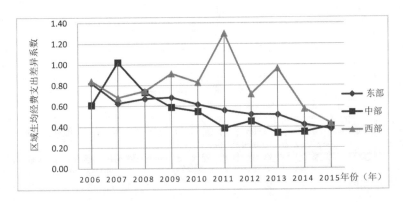

图 4.3.6　区域特殊教育学校生均经费支出差异系数变化情况折线图

异相对较小，三个地区的特殊教育学校生均经费支出的差异系数总体呈下降态势。

（二）各地区特殊教育学校师资分析

1. 各地区特殊教育学校生师比分析

表 4.3.5　各地区特殊教育生师比的均值、标准差和差异系数

区域	年份	极小值	极大值	均值	标准差	极差	极差率	差异系数
东部	2006 年	3.84	25.81	11.20	7.42	21.97	6.71	0.66
	2007 年	4.34	24.71	11.35	7.29	20.37	5.69	0.64
	2008 年	4.35	23.67	10.79	7.05	19.33	5.45	0.65
	2009 年	4.19	28.30	10.99	7.77	24.11	6.75	0.71
	2010 年	4.16	29.13	10.56	7.67	24.97	7.01	0.73
	2011 年	4.49	18.49	8.75	4.66	14.01	4.12	0.53
	2012 年	4.26	16.68	7.84	3.63	12.42	3.91	0.46
	2013 年	3.95	14.54	7.33	3.05	10.59	3.68	0.42
	2014 年	4.06	13.76	7.13	2.88	9.70	3.39	0.40
	2015 年	4.16	12.95	7.42	3.03	8.79	3.11	0.41

区域	年份	极小值	极大值	均值	标准差	极差	极差率	差异系数
中部	2006 年	3.66	30.84	10.53	9.18	27.17	8.42	0.87
	2007 年	3.53	30.88	12.42	9.24	27.35	8.75	0.74
	2008 年	4.26	30.16	11.56	8.56	25.90	7.08	0.74
	2009 年	5.09	30.08	11.52	8.21	24.99	5.91	0.71
	2010 年	4.45	28.16	10.73	7.57	23.72	6.34	0.71
	2011 年	4.57	25.51	9.77	6.62	20.94	5.58	0.68
	2012 年	4.53	22.38	8.27	5.81	17.85	4.94	0.70
	2013 年	4.04	16.42	7.17	3.95	12.38	4.06	0.55
	2014 年	3.81	17.52	8.06	4.56	13.71	4.60	0.57
	2015 年	4.11	19.46	9.31	5.55	15.35	4.73	0.60
西部	2006 年	4.55	36.90	18.30	9.52	32.35	8.11	0.52
	2007 年	5.48	42.34	20.88	10.64	36.86	7.73	0.51
	2008 年	5.38	42.15	20.35	11.61	36.78	7.84	0.57
	2009 年	4.91	37.55	19.33	10.61	32.65	7.65	0.55
	2010 年	4.34	31.94	17.97	9.30	27.60	7.36	0.52
	2011 年	4.36	25.04	14.78	6.73	20.67	5.74	0.46
	2012 年	4.04	22.82	12.55	5.37	18.78	5.65	0.43
	2013 年	3.86	21.28	11.59	5.19	17.42	5.51	0.45
	2014 年	5.15	19.13	11.66	4.05	13.97	3.71	0.35
	2015 年	6.59	20.15	12.62	4.27	13.57	3.06	0.34

由图 4.3.7 可知，2006—2015 年间，西部地区特殊教育学校生师比数值最高，中部、西部地区大体相当，但三个地区总体上都呈下降趋势。由此可见，西部特殊教育师资数量的缺口最为明显，2015 年西部特殊教

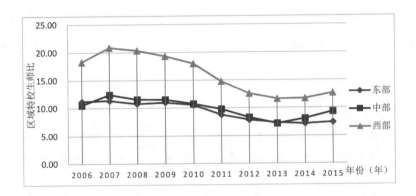

图 4.3.7　区域特殊教育学校生师比变化情况折线图

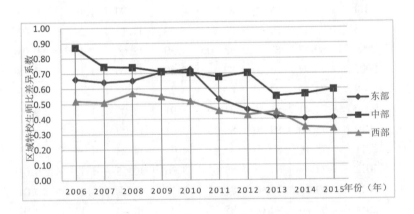

图 4.3.8　区域特殊教育学校生师比差异系数变化情况折线图

育学校生师比仍高达 12.62，远远超出《北京市特殊教育学校办学条件标准》以及《广东省特殊教育学校教职员编制标准暂行办法》的规定。

由图 4.3.8 可知，2006—2015 年间，中部特殊教育学校生师比内部差异最大，其次为东部地区，再次为西部地区，但三个地区总体的均衡程度都有所提高，可以看出相关政策法规的实施，促进了我国特殊教育师资队伍的建设，使得特殊教育生师比均衡化水平提高。

2. 各地区特殊教育学校专任教师比例分析

表4.3.6 各地区特殊教育学校专任教师比（%）的均值、标准差和差异系数

区域	年份	极小值	极大值	均值	标准差	极差	极差率	差异系数
东部	2006 年	64.87	85.78	74.46	6.07	20.91	1.32	0.08
	2007 年	68.12	86.39	75.96	5.27	18.27	1.27	0.07
	2008 年	69.17	87.25	76.94	5.10	18.08	1.26	0.07
	2009 年	70.33	87.45	77.59	5.04	17.12	1.24	0.06
	2010 年	71.62	88.10	78.41	5.12	16.48	1.23	0.07
	2011 年	71.90	88.20	77.99	5.32	16.30	1.23	0.07
	2012 年	72.95	87.82	78.83	5.31	14.87	1.20	0.07
	2013 年	74.49	88.85	80.02	4.99	14.36	1.19	0.06
	2014 年	74.13	88.03	80.90	4.79	13.90	1.19	0.06
	2015 年	72.11	89.28	80.92	5.68	17.17	1.24	0.07
中部	2006 年	69.57	82.23	78.70	4.30	12.66	1.18	0.05
	2007 年	73.24	85.20	80.14	3.80	11.96	1.16	0.05
	2008 年	74.69	84.67	80.85	3.76	9.98	1.13	0.05
	2009 年	74.41	85.46	81.49	3.91	11.05	1.15	0.05
	2010 年	75.40	89.30	82.23	4.61	13.90	1.18	0.06
	2011 年	75.11	89.39	82.43	4.07	14.28	1.19	0.05
	2012 年	78.93	89.48	83.66	3.36	10.55	1.13	0.04
	2013 年	80.84	89.98	84.73	3.17	9.14	1.11	0.04
	2014 年	80.20	90.60	85.55	3.25	10.40	1.13	0.04
	2015 年	82.52	91.60	86.46	2.75	9.08	1.11	0.03
西部	2006 年	69.32	82.55	77.76	3.96	13.23	1.19	0.05
	2007 年	71.39	84.88	79.60	4.13	13.49	1.19	0.05
	2008 年	74.32	88.95	80.70	4.89	14.63	1.20	0.06
	2009 年	74.36	90.86	82.17	4.71	16.50	1.22	0.06
	2010 年	75.27	91.58	82.10	4.54	16.31	1.22	0.06
	2011 年	73.32	88.57	82.72	4.68	15.25	1.21	0.06
	2012 年	72.89	93.80	83.74	5.31	20.91	1.29	0.06
	2013 年	71.31	94.98	85.22	5.55	23.67	1.33	0.07
	2014 年	79.65	95.24	86.42	4.21	15.59	1.20	0.05
	2015 年	79.27	96.39	86.91	4.37	17.12	1.22	0.05

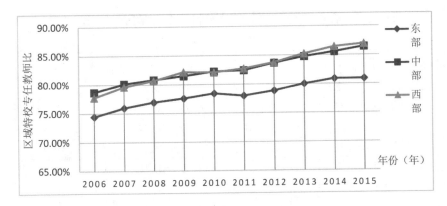

图 4.3.9　区域特殊教育学校专任教师比变化情况折线图

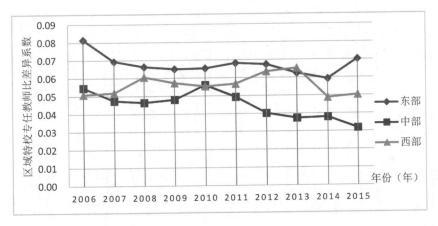

图 4.3.10　区域特殊教育学校专任教师比差异系数变化情况折线图

由图 4.3.9 可得，2006—2015 年间，三个地区的特殊教育学校专任教师比均呈上升趋势，中部和西部地区特殊教育学校专任教师比数值大体相当，且明显高于东部地区。由图 4.3.10 可知，东部特殊教育学校专任教师比差异系数〉西部特殊教育学校专任教师比差异系数〉中部特殊教育学校专任教师比差异系数，且三个地区的差异系数总体上都呈下降趋势，表明区域内部特殊教育学校专任教师比例的不均衡状况在逐步改善。

3. 各地区特殊教育学校专任教师本科以上学历比分析

表 4.3.7　各地区特殊教育学校本科及以上学历教师比（%）
的均值、标准差和差异系数

区域	年份	极小值	极大值	均值	标准差	极差	极差率	差异系数
东部	2006 年	7.85	46.49	27.67	10.38	38.64	5.92	0.38
	2007 年	13.14	52.81	33.97	10.99	39.67	4.02	0.32
	2008 年	18.36	65.06	41.59	12.59	46.70	3.54	0.30
	2009 年	23.94	70.38	47.36	12.46	46.44	2.94	0.26
	2010 年	32.15	74.06	52.40	12.06	41.91	2.30	0.23
	2011 年	39.96	78.54	57.53	11.98	38.58	1.97	0.21
	2012 年	42.50	82.52	60.41	12.50	40.02	1.94	0.21
	2013 年	41.85	87.17	63.77	13.49	45.32	2.08	0.21
	2014 年	45.07	88.61	67.15	12.76	43.54	1.97	0.19
	2015 年	47.17	91.22	69.51	12.93	44.05	1.93	0.19
中部	2006 年	16.89	37.91	24.01	6.35	21.02	2.24	0.26
	2007 年	23.79	44.13	28.23	6.86	20.34	1.85	0.24
	2008 年	26.53	47.16	32.32	6.59	20.63	1.78	0.20
	2009 年	29.87	48.84	35.65	6.17	18.97	1.64	0.17
	2010 年	32.62	51.41	40.01	6.28	18.79	1.58	0.16
	2011 年	36.15	57.75	44.94	7.33	21.60	1.60	0.16
	2012 年	37.53	59.70	47.89	8.30	22.17	1.59	0.17
	2013 年	43.55	64.19	51.03	7.20	20.64	1.47	0.14
	2014 年	46.63	66.22	53.62	7.02	19.59	1.42	0.13
	2015 年	47.47	69.58	55.60	8.01	22.11	1.47	0.14
西部	2006 年	9.03	39.58	24.15	9.35	30.55	4.38	0.39
	2007 年	17.04	41.10	28.45	7.79	24.06	2.41	0.27
	2008 年	16.12	45.34	31.83	9.37	29.22	2.81	0.29
	2009 年	18.78	48.65	36.09	9.82	29.87	2.59	0.27
	2010 年	29.15	52.12	40.27	7.30	22.97	1.79	0.18
	2011 年	31.78	58.29	45.34	8.56	26.51	1.83	0.19
	2012 年	36.42	60.81	49.26	7.20	24.39	1.67	0.15
	2013 年	39.85	62.54	52.03	7.12	22.69	1.57	0.14
	2014 年	43.46	71.23	57.00	8.14	27.77	1.64	0.14
	2015 年	48.28	68.05	59.34	6.29	19.77	1.41	0.11

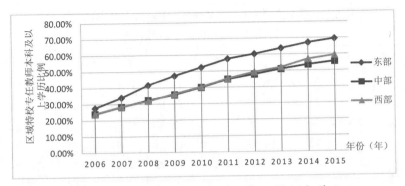

图 4.3.11 区域特殊教育学校专任教师本科及
以上学历比例变化情况折线图

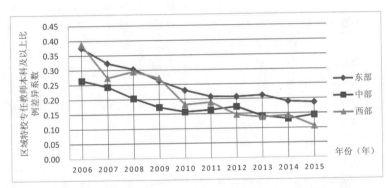

图 4.3.12 区域特殊教育学校专任教师本科及
以上学历比例差异系数变化情况折线图

由图 4.3.11 可得，2006—2015 年间，东部地区的特殊教育学校专任教师本科及以上学历比例最高，中部和西部地区之间特殊教育学校专任教师本科及以上学历比例差异不大，三个地区总体上均呈上升趋势。

由图 4.3.12 可知，三个地区特殊教育学校专任教师本科及以上学历比例的差异系数呈下降趋势，东部地区数值最高，中部和西部地区虽有波动但总体也呈下降趋势。到 2015 年，东部特殊教育学校专任教师本科及以上学历比例的差异系数〉中部特殊教育学校专任教师本科及以上学历比例差异系数〉西部特殊教育学校专任教师本科及以上学历比例差异系数，即东部地区的内部差异最为明显。

4. 各地区特殊教育学校专任教师高级职称比分析

表4.3.8 各地区特殊教育学校专任教师高级职称比（%）
的均值、标准差和差异系数

区域	年份	极小值	极大值	均值	标准差	极差	极差率	差异系数
东部	2006 年	39.19	76.83	53.59	12.14	37.64	1.96	0.23
	2007 年	43.48	79.77	56.32	11.16	36.29	1.83	0.20
	2008 年	41.12	83.19	58.41	11.67	42.07	2.02	0.20
	2009 年	42.86	84.57	58.89	11.75	41.71	1.97	0.20
	2010 年	48.62	85.11	60.34	11.19	36.49	1.75	0.19
	2011 年	50.05	84.11	60.59	10.54	34.06	1.68	0.17
	2012 年	40.00	80.35	59.25	11.23	40.35	2.01	0.19
	2013 年	36.41	75.92	59.47	11.31	39.51	2.09	0.19
	2014 年	35.68	76.48	59.07	11.54	40.80	2.14	0.20
	2015 年	41.04	76.69	59.12	10.64	35.65	1.87	0.18
中部	2006 年	41.53	60.39	52.24	7.13	18.86	1.45	0.14
	2007 年	41.24	65.08	54.94	8.24	23.84	1.58	0.15
	2008 年	42.99	64.30	55.56	8.18	21.31	1.50	0.15
	2009 年	42.30	66.14	57.66	8.99	23.84	1.56	0.16
	2010 年	41.19	69.80	58.43	9.81	28.61	1.69	0.17
	2011 年	37.77	71.47	59.60	11.40	33.70	1.89	0.19
	2012 年	37.84	71.47	59.60	11.69	33.63	1.89	0.20
	2013 年	38.19	73.04	59.85	11.81	34.85	1.91	0.20
	2014 年	41.41	73.88	59.80	10.70	32.47	1.78	0.18
	2015 年	40.42	75.71	59.73	11.44	35.29	1.87	0.19
西部	2006 年	19.05	60.16	44.98	10.41	41.11	3.16	0.23
	2007 年	25.00	70.94	47.78	11.19	45.94	2.84	0.23
	2008 年	22.58	71.07	48.77	11.49	48.49	3.15	0.24
	2009 年	24.24	70.00	50.07	10.96	45.76	2.89	0.22
	2010 年	25.00	69.34	50.47	10.57	44.34	2.77	0.21
	2011 年	27.27	75.71	50.54	11.20	48.44	2.78	0.22
	2012 年	39.05	80.00	51.47	11.09	40.95	2.05	0.22
	2013 年	39.85	79.14	52.11	10.99	39.29	1.99	0.21
	2014 年	34.63	71.61	52.24	11.03	36.98	2.07	0.21
	2015 年	32.15	69.26	51.19	10.80	37.11	2.15	0.21

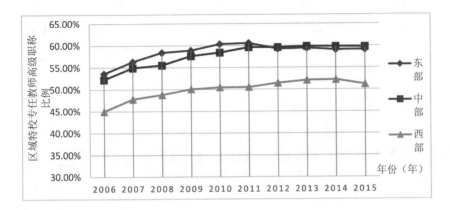

图 4.3.13 区域特殊教育学校专任教师高级职称比例变化情况折线图

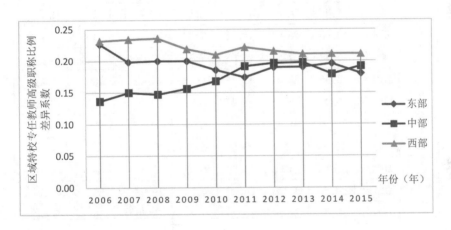

图 4.3.14 区域特殊教育学校专任教师高级职称比例差异
系数变化情况折线图

由图 4.3.13 可知，2006－2011 年间，东部地区特殊教育学校专任教师高级职称比例 > 中部地区特殊教育学校专任教师高级职称比例〉西部地区特殊教育学校专任教师高级职称比例。2011—2015 年，东部、中部地区的特殊教育学校专任教师高级职称比例已大体相当，但仍高于西部。三个地区特殊教育学校专任教师高级职称比例总体上基本持平，变化不明显。

　　由图 4.3.14 可知，2006—2015 年间，虽然西部地区特殊教育学校专任教师高级职称比例的差异系数始终高于东部和中部地区，但三个地区间的差距在逐步缩小。

（三）各地区特殊教育学校办学条件分析

1. 各地区特殊教育学校生均建筑面积分析

表 4.3.9　各部地区特殊教育生均建筑面积（平方米/人）的均值、标准差和差异系数

区域	年份	极小值	极大值	均值	标准差	极差	极差率	差异系数
东部	2006 年	5.35	34.54	15.57	8.09	29.20	6.46	0.52
	2007 年	5.45	25.88	15.22	6.80	20.43	4.75	0.45
	2008 年	4.98	26.94	15.81	7.33	21.96	5.41	0.46
	2009 年	5.48	27.51	16.63	7.30	22.03	5.02	0.44
	2010 年	3.96	28.41	17.55	7.47	24.45	7.18	0.43
	2011 年	6.96	26.73	18.47	6.93	19.76	3.84	0.38
	2012 年	10.31	31.15	22.02	6.11	20.83	3.02	0.28
	2013 年	12.75	32.47	23.63	6.47	19.72	2.55	0.27
	2014 年	13.64	35.96	24.89	6.55	22.32	2.64	0.26
	2015 年	14.34	34.26	24.20	6.25	19.92	2.39	0.26
中部	2006 年	4.79	27.59	17.26	7.58	22.80	5.76	0.44
	2007 年	4.60	23.42	13.87	6.38	18.83	5.10	0.46
	2008 年	4.51	24.11	14.17	5.75	19.60	5.35	0.41
	2009 年	5.35	18.76	13.76	4.03	13.41	3.51	0.29
	2010 年	5.73	20.88	15.60	4.92	15.15	3.64	0.32
	2011 年	6.62	25.31	17.64	5.82	18.70	3.83	0.33
	2012 年	8.39	26.97	21.49	6.55	18.58	3.21	0.30
	2013 年	15.42	32.22	25.86	5.21	16.79	2.09	0.20
	2014 年	15.10	35.29	24.72	6.06	20.19	2.34	0.25
	2015 年	14.15	31.95	22.71	6.76	17.80	2.26	0.30

续表

区域	年份	极小值	极大值	均值	标准差	极差	极差率	差异系数
西部	2006 年	4.08	21.40	10.41	6.75	17.33	5.25	0.65
	2007 年	3.30	18.71	8.42	5.10	15.41	5.68	0.61
	2008 年	2.96	19.20	8.74	5.22	16.24	6.48	0.60
	2009 年	3.69	22.98	9.23	5.72	19.29	6.22	0.62
	2010 年	5.28	40.25	12.39	10.39	34.97	7.62	0.84
	2011 年	6.55	30.33	13.17	6.69	23.78	4.63	0.51
	2012 年	7.43	34.71	17.51	7.91	27.28	4.67	0.45
	2013 年	8.85	44.64	21.37	11.26	35.78	5.04	0.53
	2014 年	10.30	32.59	20.17	7.36	22.28	3.16	0.36
	2015 年	11.13	25.54	18.27	4.86	14.41	2.29	0.27

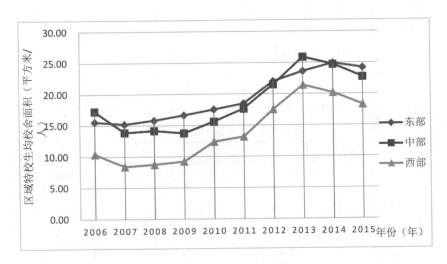

图 4.3.15 区域特殊教育学校生均建筑面积变化情况折线图

由图 4.3.15 可知，2006—2015 年间，东、中、西部地区特殊教育学校生均建筑面积总体上呈上升趋势，东部特殊教育学校生均建筑面积 > 中部特殊教育学校生均建筑面积 > 西部特殊教育学校生均建筑面积。

由图 4.3.16 可得，西部地区的特殊教育学校生均建筑面积差异系

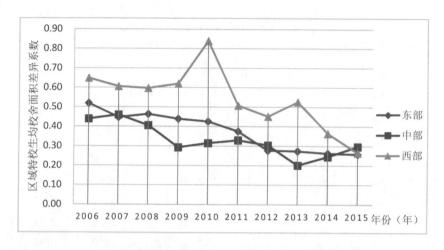

图4.3.16 区域特殊教育学校生均建筑面积差异系数变化情况折线图

数波动较大，但始终呈逐步下降的趋势，到2015年，东、中、西部地区特殊教育学校生均建筑面积的差异系数基本相当。

2. 各地区特殊教育学校生均教学及辅助用室面积分析

表4.3.10 各地区特殊教育生均教学及辅助用室面积（平方米/人）
的均值、标准差和差异系数

区域	年份	极小值	极大值	均值	标准差	极差	极差率	差异系数
东部	2006 年	2.22	13.60	6.65	3.48	11.38	6.13	0.52
	2007 年	1.73	11.18	6.77	3.22	9.44	6.44	0.48
	2008 年	1.51	12.07	6.93	3.38	10.57	8.01	0.49
	2009 年	1.77	11.89	7.33	3.46	10.13	6.74	0.47
	2010 年	1.24	12.76	7.65	3.70	11.51	10.26	0.48
	2011 年	3.20	13.39	8.21	3.27	10.19	4.18	0.40
	2012 年	4.39	15.70	9.84	3.28	11.32	3.58	0.33
	2013 年	5.46	15.87	10.28	3.26	10.41	2.91	0.32
	2014 年	5.81	17.97	11.07	3.46	12.16	3.09	0.31
	2015 年	6.54	17.38	10.96	3.38	10.84	2.66	0.31

续表

区域	年份	极小值	极大值	均值	标准差	极差	极差率	差异系数
中部	2006 年	2.30	14.15	7.30	3.84	11.85	6.15	0.53
	2007 年	2.08	11.47	6.05	3.34	9.39	5.51	0.55
	2008 年	2.03	11.03	6.08	2.91	9.00	5.42	0.48
	2009 年	2.39	8.81	5.94	2.13	6.42	3.69	0.36
	2010 年	2.56	11.58	6.99	2.93	9.02	4.53	0.42
	2011 年	3.24	12.78	8.02	3.14	9.55	3.95	0.39
	2012 年	4.10	13.00	9.78	3.20	8.90	3.17	0.33
	2013 年	7.84	14.85	11.72	2.49	7.01	1.89	0.21
	2014 年	6.77	16.08	11.02	2.97	9.31	2.37	0.27
	2015 年	6.41	14.72	10.23	3.19	8.31	2.30	0.31
西部	2006 年	1.68	8.78	4.14	2.36	7.10	5.23	0.57
	2007 年	1.28	7.68	3.56	2.12	6.40	6.01	0.59
	2008 年	1.24	7.39	3.57	1.91	6.15	5.98	0.53
	2009 年	2.02	10.20	3.71	2.21	8.17	5.04	0.60
	2010 年	2.60	15.34	5.93	4.02	12.74	5.91	0.68
	2011 年	2.98	13.37	6.16	2.99	10.40	4.49	0.49
	2012 年	3.48	14.80	7.80	3.24	11.32	4.26	0.42
	2013 年	4.14	19.62	9.71	4.37	15.47	4.73	0.45
	2014 年	4.88	15.03	8.99	2.77	10.15	3.08	0.31
	2015 年	5.09	12.28	8.15	2.38	7.20	2.42	0.29

由图 4.3.17 可得，2006—2015 年间，东、中、西部地区特殊教育学校生均教辅用室面积总体上均呈现明显的上升趋势，但西部地区的特殊教育学校生均教辅用室面积低于东部和西部地区，可见西部地区特殊教育学校办学条件与中部、东部地区相比仍较差。

由图 4.3.18 可得，十年间西部地区的特殊教育学校生均教辅用室面积的差异系数略高于东部和中部地区，但到 2015 年，东、中、西部地区特殊教育学校生均教辅用室面积的差异系数基本持平。

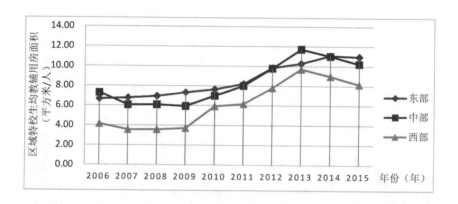

图 4.3.17 区域特殊教育学校生均教辅用室面积变化情况折线图

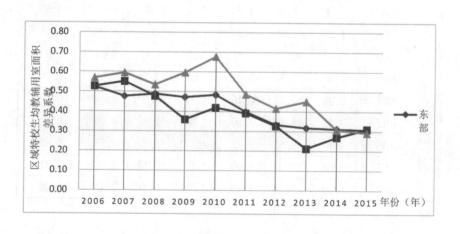

图 4.3.18 区域特殊教育学校生均教辅用室面积差异
系数变化情况折线图

3. 各地区特殊教育学校生均图书册数分析

表 4.3.11　各地区特殊教育生均图书册数（册/人）
的均值、标准差和差异系数

区域	年份	极小值	极大值	均值	标准差	极差	极差率	差异系数
东部	2006 年	3.00	27.02	16.18	8.01	24.02	9.01	0.49
	2007 年	2.86	127.46	28.33	36.19	124.60	44.50	1.28
	2008 年	5.31	28.02	17.08	7.67	22.71	5.28	0.45
	2009 年	5.17	34.13	18.34	9.17	28.95	6.60	0.50
	2010 年	4.36	30.65	17.84	8.47	26.28	7.03	0.47
	2011 年	8.28	37.05	22.79	10.61	28.77	4.48	0.47
	2012 年	8.57	42.61	25.08	10.99	34.04	4.97	0.44
	2013 年	10.16	50.63	28.06	12.09	40.47	4.98	0.43
	2014 年	12.03	52.02	29.27	12.87	39.99	4.32	0.44
	2015 年	10.41	55.05	29.29	13.57	44.63	5.29	0.46
中部	2006 年	3.58	350.10	52.89	120.16	346.52	97.78	2.27
	2007 年	2.04	20.34	9.35	5.17	18.30	9.96	0.55
	2008 年	1.90	35.09	12.62	9.72	33.19	18.45	0.77
	2009 年	3.06	30.63	11.24	8.33	27.57	10.01	0.74
	2010 年	3.34	35.15	12.57	9.56	31.81	10.51	0.76
	2011 年	4.51	27.36	15.06	7.03	22.85	6.07	0.47
	2012 年	7.11	35.65	19.17	8.29	28.54	5.01	0.43
	2013 年	7.89	35.71	23.48	9.16	27.81	4.52	0.39
	2014 年	8.21	29.25	20.05	5.91	21.03	3.56	0.29
	2015 年	8.28	28.39	18.31	6.86	20.11	3.43	0.37
西部	2006 年	3.10	31.69	7.70	8.15	28.59	10.23	1.06
	2007 年	1.89	20.34	6.72	5.24	18.45	10.76	0.78
	2008 年	2.78	25.12	7.26	6.28	22.34	9.04	0.86
	2009 年	1.94	27.25	7.09	6.82	25.31	14.04	0.96
	2010 年	3.40	21.12	6.66	4.86	17.72	6.21	0.73
	2011 年	3.41	19.20	10.49	4.77	15.79	5.63	0.45
	2012 年	5.21	22.67	11.55	5.22	17.46	4.35	0.45
	2013 年	4.53	28.73	13.11	6.74	24.20	6.35	0.51
	2014 年	5.36	26.11	13.51	5.68	20.75	4.87	0.42
	2015 年	4.86	23.24	12.56	5.10	18.38	4.78	0.41

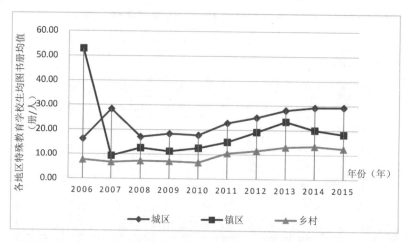

图 4.3.19 区域特殊教育学校生均图书册数均值变化情况折线图

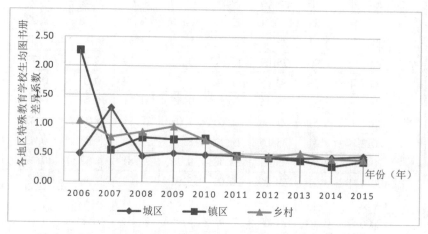

图 4.3.20 区域特殊教育学校生均图书册数变化情况折线图

由图 4.3.19 得知，城区和乡村的特殊教育学校生均图书册均值总体上呈增长趋势，镇区特殊教育学校生均图书册均值呈下降—增长—下降的波动趋势。自 2007 年以后，城区特殊教育学校生均图书册均值〉镇区特殊教育学校生均图书册均值〉乡村区特殊教育学校生均图书册均值，这说明了我国特殊教育学校生均图书册存在一定的地区差异。

图 4.3.20 显示，三区特殊教育学校生均图书册差异系数呈曲折下降趋势，在 2011 年和 2012 年里，三区特殊教育学校生均图书册差异系

数点重合。由此可得，各地区特殊教育学校生均图书册内部间差异不显著，即区域内的特殊教育学校生均图书册处于较均衡状态。

四、各地区特殊教育结果均衡度分析

与全国特殊教育结果均衡度测度指标一样，本书以各地区特殊教育学校毕业率作为各地区特殊教育结果均衡度的分析指标。

表4.3.12 各地区特殊教育学校毕业率（%）的均值、标准差和差异系数

区域	年份	极小值	极大值	均值	标准差	极差	极差率	差异系数
东部	2006 年	25.35	71.53	54.15	13.59	46.18	2.82	0.25
	2007 年	41.85	74.78	57.73	10.26	32.93	1.79	0.18
	2008 年	36.88	74.42	59.08	10.81	37.54	2.02	0.18
	2009 年	43.26	87.48	62.84	14.47	44.22	2.02	0.23
	2010 年	38.58	82.05	66.41	14.30	43.47	2.13	0.22
	2011 年	45.92	69.25	55.87	6.49	23.33	1.51	0.12
	2012 年	41.57	71.81	58.01	9.48	30.24	1.73	0.16
	2013 年	50.03	68.42	59.91	7.51	18.39	1.37	0.13
	2014 年	38.43	89.07	61.87	16.90	50.64	2.32	0.27
	2015 年	39.56	86.11	60.78	12.67	46.55	2.18	0.21
中部	2006 年	48.99	80.03	57.36	10.37	31.04	1.63	0.18
	2007 年	46.13	61.84	53.86	5.52	15.71	1.34	0.10
	2008 年	45.98	62.69	51.83	6.24	16.71	1.36	0.12
	2009 年	35.15	64.21	55.75	9.91	29.06	1.83	0.18
	2010 年	51.57	64.05	56.91	4.03	12.48	1.24	0.07
	2011 年	27.28	54.26	46.95	8.47	26.98	1.99	0.18
	2012 年	37.75	86.99	55.98	15.41	49.24	2.30	0.28
	2013 年	50.63	75.00	65.61	8.62	24.37	1.48	0.13
	2014 年	43.36	62.19	53.36	6.98	18.83	1.43	0.13
	2015 年	42.77	58.94	52.20	6.69	16.17	1.38	0.13
西部	2006 年	36.97	92.73	58.42	18.23	55.76	2.51	0.31
	2007 年	16.22	76.66	53.04	16.59	60.44	4.73	0.31
	2008 年	22.86	75.84	55.51	16.22	52.98	3.32	0.29

续表

区域	年份	极小值	极大值	均值	标准差	极差	极差率	差异系数
西部	2009 年	7.02	86.54	57.05	18.76	79.52	12.33	0.33
	2010 年	10.91	81.29	56.93	18.01	70.38	7.45	0.32
	2011 年	25.64	65.71	45.55	12.89	40.07	2.56	0.28
	2012 年	20.59	83.82	55.97	18.54	63.23	4.07	0.33
	2013 年	24.50	94.77	61.48	19.60	70.27	3.87	0.32
	2014 年	16.77	97.15	53.64	21.10	80.38	5.79	0.39
	2015 年	42.53	96.09	57.43	15.09	53.56	2.26	0.26

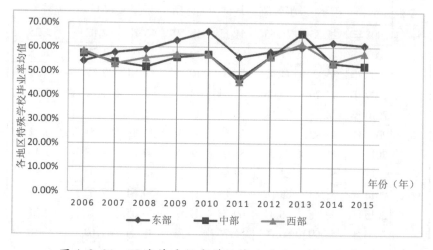

图 4.3.21　区域特殊教育学校毕业率变化情况折线图

由图 4.3.21 可知，2006—2015 年间，我国东、中、西部地区特殊教育学校毕业率的差距较小，且波动幅度较小，东部地区特殊教育学校毕业率略高于中部和西部地区，中部和西部地区的差距很小。由图 4.3.22 可知，十年间西部地区特殊教育学校毕业率的差异系数最大，说明西部地区特殊教育学校毕业率的波动较大，其次为东部地区，再次为中部地区。考虑到西部地区新建校和改扩建校较多，毕业率有所波动，也是和现实相符的。但总体看来，三个地区的毕业率都徘徊在 60% 左右，我们不禁担心另外 40% 的学生的安置问题。

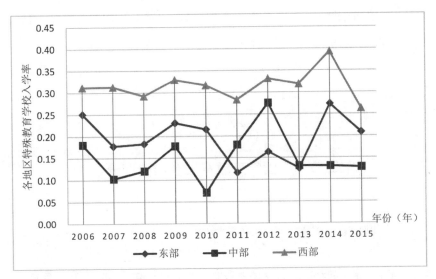

图 4.3.22 区域特殊教育学校毕业率差异系数变化情况折线图

五、综合分析

从东部、中部、西部地区的实证分析看，我国各地区之间特殊教育的差距总体呈缩小趋势，但区域内的差距还很明显。各地区特殊教育学校入学率和特殊教育学校数量标准化值的均值呈轻微上升趋势，但差异系数逐年下降，各区域内部特殊教育不均衡状况在逐步改善。随着我国各区域经济水平的发展，各地区特殊教育生均经费支出明显增长，但东部地区始终高于中、西部地区，各地区的差异系数呈波浪式下降，并于2015年趋于相同值。对区域特殊教育师资情况进行分析，近十年西部地区特殊教育学校生师比始终高于中、东部地区，西部地区教师数量更为匮乏，各地区特殊教育学校生师比差异系数逐年下降，区域内差距逐步缩小。各地区特殊教育学校专任教师、专任教师本科及以上学历比均有不同程度的上升，而差异系数不断在缩小。

从各地区特殊教育学校办学条件来分析，各地区特殊教育学校的生均建筑面积、生均教学与辅助用室面积、生均图书册数总体上都呈上升趋势，东部地区均值仍高于中、西部地区，但三个地区的差异系数到2015年都已大体一致，十年来各地区的内部差距在不断缩小。

相对而言，十年来我国东、中、西部地区特殊教育学校毕业率的差距相对较小，但各地区特殊教育学校毕业率的差异系数都有明显的波动起伏，区域内部的特殊教育产出质量差距较大。

第四节　中国特殊教育城乡均衡度分析[①]

一、城乡特殊教育学校毕业率[②]分析

表4.4.1　城乡间特殊教育学校毕业率（%）的均值、标准差和差异系数

毕业率	年份	极小值	极大值	均值	标准差	极差	极差率	差异系数
城市	2006 年	27.21	100.00	48.04	15.96	72.79	4.05	0.33
	2007 年	28.46	90.88	53.62	12.87	62.42	3.19	0.24
	2008 年	25.00	73.99	54.09	11.82	48.99	2.96	0.22
	2009 年	31.90	91.97	54.80	12.90	60.07	2.88	0.24

---

① 自 2011 年起，《中国教育统计年鉴》采用新的城乡划分标准，将原来的城市、县镇、农村这三个分类调整为城区、镇区、乡村这三大类。本节采用最新的城乡划分标准：即城区、镇区和乡村。

② 特殊教育学校毕业率＝毕业生人数/毕业班人数。本书在分析城乡间特殊教育学校毕业率时，结果显示有部分省市的毕业率大于或等于100%，即在原始数据中，毕业班总人数低于或等于毕业生总人数。特殊教育学校毕业率大于或等于100%的省市有：（1）城区：2006 年的陕西省、2010 年的海南省、2011 年的青海省和 2014 年的海南省；（2）镇区：2006 年陕西省，2007 年的陕西省和青海省，2008 年的陕西省，2009 年的西藏自治区（100%）和陕西省，2010 年的陕西省，2012 年的河南省和西藏自治区，2013 年的河北省和 2014 年的北京市。（3）乡村：2006 年的山西省、黑龙江省、云南省和青海省，2008 年的天津市和上海市，2009 年的天津市和上海市，2010 年的天津市和上海市，2012 年的上海市，2013 年的上海市和青海省（100%），2014 年的四川省和 2015 年的四川省，本书将该部分数据处理成100%。

续表

毕业率	年份	极小值	极大值	均值	标准差	极差	极差率	差异系数
城市	2010 年	7.84	100.00	57.72	19.39	92.16	13.89	0.34
	2011 年	35.77	100.00	59.43	17.46	64.23	3.52	0.29
	2012 年	17.65	90.12	55.61	15.00	72.47	5.11	0.27
	2013 年	15.00	95.14	64.39	15.32	80.14	6.34	0.24
	2014 年	28.57	100.00	61.24	16.59	71.43	3.75	0.27
	2015 年	34.27	85.26	60.01	13.32	50.99	2.49	0.22
镇区	2006 年	17.50	100.00	63.35	23.64	82.50	9.02	0.37
	2007 年	29.76	100.00	62.25	22.95	70.24	5.22	0.37
	2008 年	34.62	100.00	64.64	20.02	65.38	4.08	0.31
	2009 年	32.65	100.00	71.37	25.38	67.35	4.67	0.36
	2010 年	38.11	100.00	71.34	19.13	61.89	3.87	0.27
	2011 年	16.67	66.80	44.92	14.73	50.13	4.01	0.33
	2012 年	19.84	100.00	59.23	23.75	81.16	6.32	0.40
	2013 年	1.64	100.00	62.68	23.66	98.36	61.93	0.38
	2014 年	2.22	100.00	55.84	23.35	97.78	54.50	0.42
	2015 年	29.58	98.97	57.88	16.85	69.39	3.35	0.29
农村	2006 年	32.32	100.00	67.91	35.65	67.68	6.72	0.52
	2007 年	14.29	100.00	60.59	31.99	85.71	14.87	0.53
	2008 年	22.28	100.00	62.39	38.14	77.72	10.90	0.61
	2009 年	33.47	100.00	65.97	25.72	66.53	4.93	0.39
	2010 年	25.00	100.00	62.39	24.93	75.00	6.29	0.40
	2011 年	9.36	68.62	40.70	14.32	59.26	7.33	0.35
	2012 年	14.44	100.00	52.44	22.71	85.56	8.75	0.43
	2013 年	16.07	100.00	51.26	22.83	83.93	7.09	0.45
	2014 年	12.50	100.00	46.47	21.99	87.50	8.50	0.47
	2015 年	22.95	100.00	51.72	18.98	77.05	4.38	0.37

由图 4.4.1 可知，近十年来，城区特殊教育学校入学率总体上呈上升趋势，镇区和乡村的特殊教育学校入学率处于波动状态。2006—2010

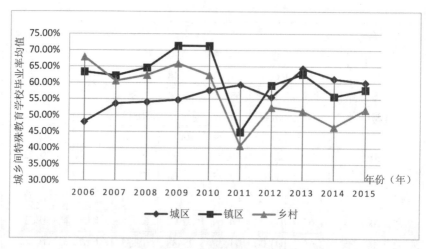

图 4.4.1　城乡间特殊教育学校毕业率均值折线图

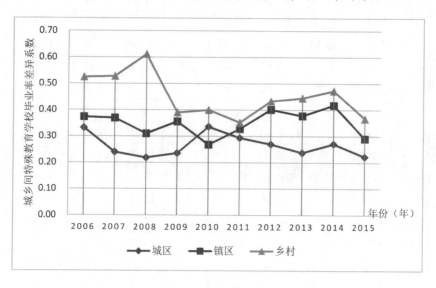

图 4.4.2　城乡间特殊教育学校毕业率差异系数折线图

年，城区特殊教育学校入学率低于镇区和乡村的特殊教育学校入学率，2011—2012 年，乡村特殊教育学校入学率低于城区和镇区的特殊教育学校入学效率，在 2013 年之后，城区的特殊教育学校入学率高于镇区和乡村的特殊教育学校入学率。由图 4.4.2 可见，近十年来，三区特殊教育学校毕业率差异系数波动幅度较大，但总体上处于下降趋势，乡村特殊教育学校毕业率差异系数〉镇区特殊教育学校毕业率差异系数〉城区特殊教育学校毕业率差异系数，可见，乡村特殊教育学校毕业率的内部差异最大，镇区的居中，城区的最低。综上所述，我国特殊教育学校毕业率存在明显的城乡间差距，近年来乡村特殊教育学校毕业率明显低于城镇，但各类型的特殊教育学校内部差异在逐步缩小。

二、城乡特殊教育学校高中生比例分析

表4.4.2　城乡间特殊教育学校高中生比（%）的均值、标准差和差异系数

城乡	年份	极小值	极大值	均值	标准差	极差	极差率	差异系数
城市	2006 年	0.50	19.35	6.45	4.40	18.85	38.70	0.68
	2007 年	0.95	15.02	5.78	3.25	14.07	15.81	0.56
	2008 年	0.72	11.17	5.71	2.84	10.45	15.51	0.50
	2009 年	1.44	16.03	6.17	3.27	14.59	11.13	0.53
	2010 年	1.86	15.27	6.74	3.15	13.41	8.21	0.47
	2011 年	0.17	14.36	5.76	2.67	14.19	84.47	0.46
	2012 年	0.26	14.25	6.32	2.60	13.99	54.81	0.41
	2013 年	0.81	14.30	6.17	2.99	13.49	17.65	0.49
	2014 年	0.52	12.88	5.99	3.07	12.36	24.77	0.51
	2015 年	0.80	10.94	5.73	2.99	10.14	13.68	0.52
镇区	2006 年	0.11	9.79	1.46	2.35	9.68	89.00	1.61
	2007 年	0.04	4.14	1.06	1.22	4.10	103.50	1.15
	2008 年	0.06	3.18	0.95	0.96	3.12	53.00	1.00
	2009 年	0.14	3.94	1.16	1.12	3.80	28.14	0.97
	2010 年	0.12	4.36	1.16	1.18	4.24	36.33	1.02
	2011 年	0.08	4.78	0.83	1.10	4.70	59.75	1.32
	2012 年	0.13	4.41	1.13	1.27	4.28	33.92	1.12
	2013 年	0.88	26.04	8.96	7.61	25.16	29.59	0.85
	2014 年	0.17	4.71	1.38	1.52	4.54	27.71	1.10
	2015 年	0.07	6.58	1.67	2.06	6.51	94.00	1.23

续表

城乡	年份	极小值	极大值	均值	标准差	极差	极差率	差异系数
乡村	2006 年	0.01	10.42	2.39	4.09	10.41	1042.00	1.71
	2007 年	0.11	1.61	0.86	1.06	1.50	14.64	1.23
	2008 年	0.13	0.78	0.46	0.45	0.65	6.00	1.00
	2009 年	0.17	1.46	0.75	0.66	1.29	8.59	0.87
	2010 年	0.82	1.31	1.07	0.34	0.49	1.60	0.32
	2011 年	0.78	15.16	5.07	6.77	14.38	19.44	1.33
	2012 年	0.13	12.85	4.96	4.87	12.72	98.85	0.98
	2013 年	0.16	13.47	4.53	4.87	13.31	84.19	1.08
	2014 年	0.26	4.16	1.02	1.40	3.90	16.00	1.37
	2015 年	0.19	1.47	0.63	0.52	1.28	7.74	0.83

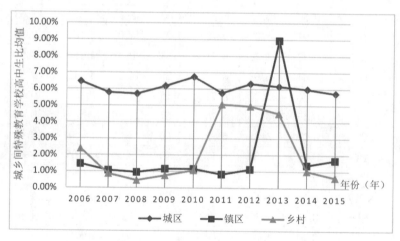

图 4.4.3　城乡间特殊教育学校高中生比均值折线图

　　特殊教育学校高中生比例在一定程度上反映出我国非义务教育阶段特殊教育的发展水平。由图 4.4.3 可知，我国特殊教育学校高中生比例总体较低，且存在显著的城乡差异，城区特殊教育学校高中生比例总体上明显高于镇区和乡村的高中生比。如 2015 年，城区特殊教育学校高中生比均值为 5.73%，镇区特殊教育学校高中生比均值为 1.67%，乡村特殊教育学校高中生比均值为 0.63%，城区和乡村特殊教育学校高

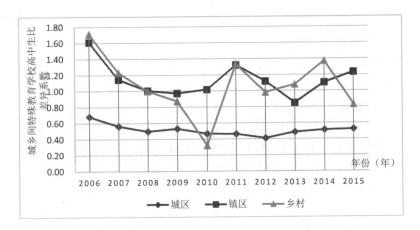

图4.4.4 城乡间特殊教育学校高中生比差异系数折线图

中生比均值相差了9倍。由此可见，非义务教育阶段的城乡间特殊教育发展差异极大，不均衡现状非常突出。

从图4.4.4可知，城区特殊教育学校高中生比差异系数总体上逐年下降，为三者最小值，可见城区特殊教育学校高中生比内部差异最小。镇区和乡村的特殊教育学校高中生比差异系数处于波动起伏状态。从总体而言，镇区特殊教育学校高中生比内部差异最大，乡村的次之，城区的最小。

三、城乡特殊教育特殊学校数量分析

表4.4.3 城乡间特殊教育学校数量标准值（所/千万人口）
的均值、标准差和差异系数

城乡	年份	极小值	极大值	均值	标准差	极差	极差率	差异系数
城市	2006 年	2.14	11.16	5.55	2.63	9.03	5.22	0.47
	2007 年	2.37	11.93	5.91	2.74	9.57	5.04	0.46
	2008 年	2.34	11.59	5.85	2.78	9.25	4.95	0.48
	2009 年	2.10	11.52	5.80	2.64	9.42	5.49	0.46
	2010 年	1.15	11.20	5.86	2.54	10.05	9.73	0.43
	2011 年	2.28	13.10	6.85	3.02	10.82	5.74	0.44

续表

城乡	年份	极小值	极大值	均值	标准差	极差	极差率	差异系数
城市	2012 年	2.25	12.73	6.90	2.90	10.47	5.64	0.42
	2013 年	3.21	13.45	7.05	2.75	10.24	4.20	0.39
	2014 年	3.32	13.08	7.30	2.57	9.76	3.94	0.35
	2015 年	3.26	12.71	7.31	2.48	9.46	3.91	0.34
镇区	2006 年	0.79	13.08	6.77	3.48	12.29	16.66	0.51
	2007 年	1.55	12.03	6.30	3.12	10.48	7.76	0.50
	2008 年	1.18	12.64	6.40	3.39	11.46	10.74	0.53
	2009 年	1.31	12.65	6.51	3.35	11.34	9.64	0.51
	2010 年	1.02	15.99	6.54	3.87	14.97	15.68	0.59
	2011 年	0.45	15.85	5.51	3.69	15.39	35.00	0.67
	2012 年	0.97	15.71	5.89	3.55	14.74	16.25	0.60
	2013 年	0.95	15.57	6.32	3.53	14.63	16.47	0.56
	2014 年	1.24	13.72	6.68	3.46	12.49	11.10	0.52
	2015 年	0.83	15.30	7.03	3.83	14.47	18.47	0.55
乡村	2006 年	0.12	1.88	0.78	0.47	1.76	15.40	0.61
	2007 年	0.10	2.02	0.76	0.53	1.91	19.48	0.70
	2008 年	0.10	2.00	0.80	0.56	1.90	19.81	0.70
	2009 年	0.10	2.27	0.88	0.58	2.18	23.05	0.66
	2010 年	0.19	2.50	0.86	0.55	2.31	13.06	0.64
	2011 年	0.21	3.30	0.83	0.71	3.09	15.91	0.85
	2012 年	0.22	3.25	0.95	0.67	3.02	14.63	0.71
	2013 年	0.13	6.41	1.16	1.20	6.28	50.88	1.04
	2014 年	0.10	3.14	1.03	0.74	3.04	30.77	0.71
	2015 年	0.20	3.11	1.02	0.75	2.90	15.30	0.74

城乡特殊教育学校标准化值是各省城乡镇所在特殊教育学校总数/各省总人口数，单位为所/千万人口。图 4.4.5 显示，近十年来，城区和乡村特殊教育学校数量总体上处于增长趋势。镇区特殊教育学校数量在 2006—2011 年呈下降趋势，在 2011 年之后呈增长趋势。最为明显的是，近十年我国乡村特殊教育学校数量均值远低于城区和镇区。由此可

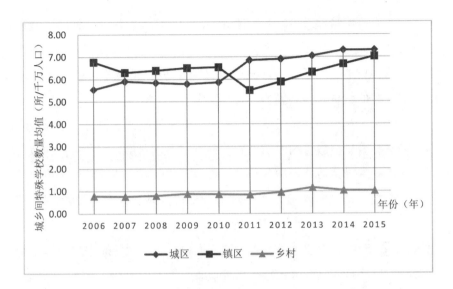

图 4.4.5 城乡间特殊教育学校数量标准化值均值折线图

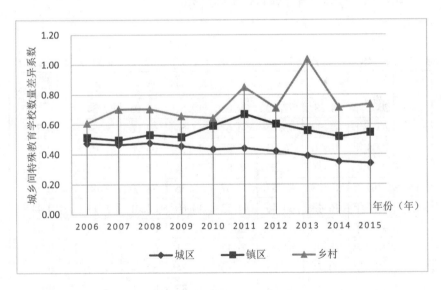

图 4.4.6 城乡间特殊教育学校数量标准化值差异系数线图

见，特殊教育学校数量存在非常明显的城乡间的差异。乡村特殊教育学校标准化值维持在 1 所/千万人口左右，也就是在乡村地区，平均一千万人口才有一所特殊教育学校，远远低于我们广大农村地区的特殊儿童入学需求。而城市和镇区特殊教育学校标准化值在6—7所/千万人口左右，高达乡村地区的好几倍。截至2015年，城区特殊学校的数量〉镇区特殊学校的数量〉乡村特殊学校的数量。

由图4.4.6可知，城区特殊教育学校数量的差异系数逐年下降说明城区特殊教育学校数量的内部差异在不断缩小。而镇区和乡村特殊教育学校数量的差异系数处于波动状态。整体而言，乡村特殊教育学校数量的差异系数〉镇区特殊教育学校数量的差异系数〉城区特殊教育学校数量的差异系数，可见乡村特殊教育学校的内部差异最大，镇区次之，城区最小。我国为农业大国，农村地区人口众多，如何促进农村地区特殊教育发展将是未来的一大重点与难点。

四、城乡特殊教育学校在校生比分析

表4.4.4　城乡间特殊教育学校在校生比（％）的均值、标准差和差异系数

城乡	年份	极小值	极大值	均值	标准差	极差	极差率	差异系数
城市	2006年	8.28	77.33	37.08	19.51	69.05	9.34	0.53
	2007年	11.20	73.25	34.61	17.54	62.05	6.54	0.51
	2008年	10.76	76.04	36.25	19.53	65.28	7.07	0.54
	2009年	9.49	88.50	36.80	20.04	79.01	9.33	0.54
	2010年	10.28	88.37	38.37	20.36	78.09	8.60	0.53
	2011年	16.45	84.46	44.53	19.69	68.01	5.13	0.44
	2012年	16.86	85.23	45.71	18.74	68.37	5.06	0.41
	2013年	18.01	84.16	46.48	18.31	66.15	4.67	0.39
	2014年	20.71	82.85	44.10	18.34	62.14	4.00	0.42
	2015年	19.62	82.68	41.53	18.83	63.06	4.21	0.45
镇区	2006年	4.92	55.49	29.90	12.03	50.57	11.28	0.40
	2007年	7.29	52.45	29.13	9.95	45.16	7.19	0.34
	2008年	6.75	54.52	29.46	11.45	47.77	8.08	0.39
	2009年	5.50	58.27	31.04	11.51	52.77	10.59	0.37

续表

城乡	年份	极小值	极大值	均值	标准差	极差	极差率	差异系数
镇区	2010 年	3.10	55.86	31.21	12.24	52.76	18.02	0.39
	2011 年	12.47	58.69	33.20	12.17	46.22	4.71	0.37
	2012 年	12.61	53.90	34.18	11.04	41.29	4.27	0.32
	2013 年	11.19	52.02	35.06	11.00	40.83	4.65	0.31
	2014 年	11.12	54.52	36.90	11.20	43.40	4.90	0.30
	2015 年	10.47	54.62	38.32	11.84	44.15	5.22	0.31
乡村	2006 年	1.96	64.55	33.02	19.52	62.59	32.93	0.59
	2007 年	1.04	64.79	36.26	19.60	63.75	62.30	0.54
	2008 年	0.67	61.03	34.29	19.46	60.36	91.09	0.57
	2009 年	0.84	63.64	32.16	17.71	62.80	75.76	0.55
	2010 年	0.48	61.14	30.42	17.05	60.66	127.38	0.56
	2011 年	2.12	52.04	22.28	14.56	49.92	24.55	0.65
	2012 年	1.68	46.94	20.11	12.74	45.26	27.94	0.63
	2013 年	1.86	40.51	18.45	11.57	38.65	21.78	0.63
	2014 年	1.91	40.73	18.99	10.34	38.82	21.32	0.54
	2015 年	2.71	40.12	20.14	10.60	37.41	14.80	0.53

　　由图 4.4.7 可得，近十年来，城区和镇区特殊教育学校在校生总体上处于曲折增长趋势，乡村特殊教育学校在校生总体则处于下降趋势。十年期间，城区和镇区特殊教育学校在校生比差距逐渐缩小，而城区和乡村的特殊教育学校在校生比的差异在 2010 年后明显增大，可见我国特殊教育学校在校生比存在显著的城乡差异。但是将该比例同城乡特殊教育学校标准化值相比较时，我们发现，该比例与特殊教育学校标准化值并不匹配，城市和镇区特殊教育学校标准化值是乡村的 6—7 倍，但是在校生比例仅为 1—2 倍，即乡村特殊教育学校的办学规模远超过城区和镇区特殊教育学校，这对乡村地区特殊教育学校的办学条件和办学质量提出了严重考验，在未来发展中，我们亟需关注特殊教育学校建设的城乡布局。

　　由图 4.4.8 得知，十年期间，城区和乡村特殊教育学校在校生差异

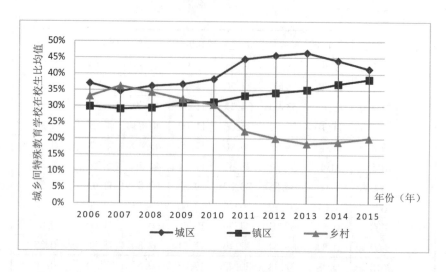

图 4.4.7　城乡间特殊教育学校在校生比均值折线图

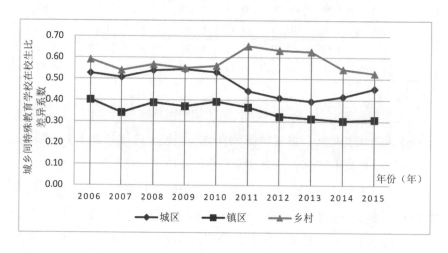

图 4.4.8　城乡间特殊教育学校在校生比差异系数折线图

系数处于波动状态，镇区特殊教育学校在校生差异系数总体处于下降状态。此外，乡村特殊教育学校在校生差异系数〉城区特殊教育学校在校生差异系数〉镇区特殊教育学校在校生差异系数。由此可得，乡村特殊教育学校在校生比内部差异最大，城区次之，镇区最小。

五、综合分析

从城乡的实证分析看，我国城区毕业率已逐步趋于稳定，镇区和乡村的毕业率波动较大。从差异系数看，城区的内部差异最小，乡村最大，但各地区的差异系数都在逐步缩小。此外，城区特殊教育学校高中生比的均值和差异系数都已趋于平稳，但镇区和乡村有很大的波动起伏，可见非义务教育阶段的城乡间特殊教育发展还很不均衡，存在很大的差异。就特殊教育学校数量标准化值而言，随着相关政策的提出，如《国家中长期教育改革和发展规划纲要（2010—2020 年）》提出"到2020 年，基本实现市（地）和 30 万人口以上、残疾儿童少年较多的县（市）都有一所特殊教育学校"。[①] 镇区的特殊教育学校数量快速上升，到 2015 年已和城区无较大差距，且差异系数也逐渐趋于平稳，但乡村特殊教育学校数量与城市、镇区数量相差很大，亟需大力发展建设。就城乡特殊教育学校在校生数量来看，十年来城区和镇区特殊教育学校在校生总体呈现曲折增长，而乡村则处于下降趋势，且乡村特殊教育学校在校生差异系数最大，其内部差异最明显。结合城市、镇区、乡村特殊教育学校数量的标准化值和在校生人数相比，分布非常不协调，三类特殊学校的规模布局还需进一步改善。

---

① 中华人民共和国教育部：《国家中长期教育改革和发展规划纲要（2010—2020年）》，2010 年 7 月 29 日，见 http://www.moe.edu.cn/publicfiles/business/html.files/moe/moe_ 838/201008/93704.html.

第五节　基于广义熵指数的中国特殊教育
均衡发展水平测度与分解

一、研究背景与意义

自 2010 年国务院颁布《国家中长期教育改革和发展规划纲要（2010—2020 年）》将"义务教育均衡发展"作为战略性任务，[1] 到 2012 年教育部制定《县域义务教育均衡发展督导评估暂行办法》，[2] 国务院颁发《关于深入推进义务教育均衡发展的意见》，[3] 并由国务院教育督导委员会每年对全国义务教育发展基本均衡县（市、区）名单进行公示，[4] 这一系列措施政策措施的扎实推进，有力推动了我国义务教

---

① 中华人民共和国教育部：《国家中长期教育改革和发展规划纲要（2010 - 2020 年）》，2010 年 7 月 29 日，见 http://www.moe.edu.cn/publicfiles/business/html.files/moe/moe_ 838/201008/93704.html.

② 中华人民共和国教育部：《〈县域义务教育均衡发展督导评估暂行办法〉解读》，2012 年 5 月 29 日，见 http://www.gov.cn/gzdt/2012 - 05/29/content_ 2147660.htm.

③ 国务院：《国务院关于深入推进义务教育均衡发展的意见》，2012 年 9 月 7 日，见 http://www.gov.cn/zhuanti/2015 - 06/13/content_ 2878998.htm.

④ 国务院教育督导委员会办公室：《关于对 2013 年全国义务教育发展基本均衡县（市、区）名单进行公示的公告》，2014 年 2 月 12 日，见 http://www.moe.gov.cn/s78/A11/ddb_ left/s6437/moe_ 1789/201402/t20140213_ 164093.html.；国务院教育督导委员会办公室：《关于对 2014 年全国义务教育发展基本均衡县（市、区）名单进行公示的公告》，2015 年 3 月 19 日，见 http://www.moe.gov.cn/s78/A11/A11_ gggs/s8469/201503/t20150319_ 186455.html.；国务院教育督导委员会办公室：《关于对 2015 年全国义务教育发展基本均衡县（市、区）名单进行公示的公告》，2016 年 2 月 16 日，见 http://www.moe.edu.cn/srcsite/A11/s7057/201602/t20160216_ 229619.html. 国务院教育督导委员会办公室：《关于对 2016 年全国义务教育发展基本均衡县（市、区）名单进行公示的公告》2017 年 2 月 21 日，见 http://www.moe.gov.cn/s78/A11/A11_ gggs/s8469/201702/t20170221_ 296888.html.

育均衡发展，保障了教育公平。截至 2016 年底，全国实现义务教育发展基本均衡的县（市、区）累计达到 1824 个，占全国总数的 62.4%。[1]

在大力推进义务教育均衡发展的同时，我国特殊教育事业也得以快速发展。自 2007 年起，教育部和国家发展改革委印发《"十一五"期间中西部地区特殊教育学校建设规划（2008—2010 年）》，提出将在中西部地区分三阶段建设完成 1150 所左右特教学校，明显改善现有特殊教育学校的办学条件。[2]　《国家中长期教育改革和发展规划纲要（2010—2020 年）》提出"到 2020 年，基本实现市（地）和 30 万人口以上、残疾儿童少年较多的县（市）都有一所特殊教育学校"。[3] 2008—2012 年间，中央和地方累计投入 54 个多亿，在中西部地区新建、改扩建 1182 所特殊教育学校，[4] 我国特殊教育学校数量从 2006 年底的 1605 所增加到 2015 年底的 2053 所。[5] 经过了近十年的发展，我国特殊教育教育发生了翻天覆地的变化，但在每年国务院教育督导委员会以及教育部教育督导局所公布的资料中，并未展示特殊教育均衡发展情况。2016 年底《第二期特殊教育提升计划》（征求意见稿）明确指出："特殊教育资源依然不足，尤其是边远贫困地区水平还比较低。"因此，为了考察我国特殊教育均衡发展总体情况，深入分析我国各区域间及各区

---

① 教育部教育督导局：《2016 年全国义务教育均衡发展督导评估工作报告》，2017 年 2 月 23 日，见 http://www.moe.edu.cn/jyb_ xwfb/xw_ fbh/moe_ 2069/xwfbh _ 2017n/xwfb_ 170223/170223_ sfcl/201702/t20170222_ 297055.html.

② 教育部，国家发展改革委：《关于印发〈"十一五"期间中西部地区特殊教育学校建设规划（2008—2010 年）〉的通知》，2007 年 10 月 19 日，见 http:// www.gov.cn/gzdt/2007 – 10/19/content_ 780228.htm.

③ 教育部：《国家中长期教育改革和发展规划纲要（2010 – 2020 年）》，2010 年 7 月 29 日，见 http://www.moe.edu.cn/publicfiles/business/html.files/moe/moe_ 838/201008/93704.html.

④ 杨希洁：《中西部新建和改扩建特殊教育学校发展现状及问题调查》，《中国特殊教育》2015 年第 11 期。

⑤ 截至 2017 年 3 月，教育部尚未公布 2016 年特殊教育学校全国总数。

域内特殊教育均衡发展现状以及近十年来的变化趋势，本书采用广义熵指数对我国特殊教育区域均衡发展进行测度及分解，以期为推进我国特殊教育公平提供借鉴。

二、研究设计

（一）指标选取

教育部印发的《县域义务教育均衡发展督导评估暂行办法》，以生均教学及辅助用房面积、生均体育运动场馆面积、生均教学仪器设备值、每百名学生拥有计算机台数、生均图书册数、生师比、生均高于规定学历教师数、生均中级及以上专业技术职务教师数等8项指标来评估均衡发展水平。[1] 该8项指标均围绕教育资源进行评估，没有涉及到学生教育机会、教育结果等指标的考察。因此本书借鉴以上指标，以及国内该领域著名学者王善迈[2]、翟博[3]所制定的指标体系，结合特殊教育现实情况，选取特殊教育学校入学率、生均建筑面积、生均教育经费、生师比、特殊教育学校毕业率5项有重要意义的指标对特殊教育均衡发展情况进行评估。各指标计算公式如下：

生均建筑面积＝特殊教育学校总建筑面积/在校学生总数

生均教育经费＝特殊教育经费/在校学生总数

生师比＝特殊教育学校在校学生总数/专任教师数量

特殊教育学校毕业率＝毕业人数/各毕业年级总人数×100%

特殊教育学校入学率＝特殊教育在校学生总数/适龄特殊儿童总人数×100%

---

[1] 教育部：《〈县域义务教育均衡发展督导评估暂行办法〉解读》，2012年5月29日，见 http://www.gov.cn/gzdt/2012-05/29/content_2147660.htm.

[2] 王善迈、董俊燕、赵佳音：《义务教育县域内校际均衡发展评价指标体系》，《教育研究》2013年第2期。

[3] 翟博、孙百才：《中国基础教育均衡发展实证研究报告》，《教育研究》2012年第5期。

其中各省适龄特殊儿童总人数并无报告，本书以各省总人口数×适龄特殊儿童数占总人口比例进行计算。在此以 2006 年第二次残疾人抽样调查报告 6—14 岁学龄残疾儿童为 246 万人[1]除以 2006 年我国全国总人口数 130756 万人，推算出适龄特殊儿童数占总人口比例代入以上公式进行计算。[2]

为了将以上五个指标形成一个特殊教育均衡发展指数，笔者首先采用以下公式将各指标其指数化：

$$I_{ij} = \frac{\text{实际值}\,X_i - \text{最小值}\,X_i}{\text{最大值}\,X_i - \text{最小值}\,X_i}$$ 然后借鉴联合国开发计划署有关人类发展指数的计算方法，[3] 用下列公式计算特殊教育均衡发展指数，这里用 I 表示各指标。

$$\text{特殊教育均衡发展指数} = \left[\frac{1}{n}(I_1^3 + I_2^3 + \cdots + I_n^3) \right]^{\frac{1}{3}}$$

（二）数据来源

本书各数据来自 2006—2015 年《中国教育统计年鉴》、《中国教育经费统计年鉴》、《中国人口统计年鉴》。

（三）测度方法

在众多测量数值型数据离散程度的方法中，极差、标准差、对数方差等绝对指标以及差异系数、基尼系数、广义熵指数及阿特金森指数等相对指标遵循公理的情况均不如广义熵指数，因而本文选取广义熵指数来测度我国地区差距。具体公理见第三章相关论述。

广义熵指数的一般公式如下：

---

① 第二次全国残疾人抽样调查领导小组、中华人民共和国国家统计局：《2006 年第二次全国残疾人抽样调查主要数据公报（第二号）》，2007 年 5 月 28 日，见 http://www.gov.cn/fwxx/cjr/content_ 1311943. htm.
② 本书假设全国各省适龄残疾儿童占总人口比例基本一致。
③ 翟博：《教育均衡发展：理论、指标及测算方法》，《教育研究》2006 年第 3 期。

$$GE\ (\ \alpha\ ) = \frac{1}{\alpha^2 - \alpha}\left[\ \frac{1}{n}\sum_{i=1}^{n}\left(\frac{y_i}{\bar{y}}\right)^{\alpha} - 1\right]$$

其中，n 代表样本数量，y_i 代表个体 i 的水平指标，参数 α 代表给予不同资源分配组之间差距的权重，其最常用的取值为 0，1。权重越小，广义熵指数越关注资源或要素贫乏的区域间的差异程度；权重越大，广义熵指数越关注资源或要素富足的区域间的差异程度。

当 $\alpha = 1$ 时，该广义熵指数具体化为为泰尔指数（Theil index），其基本公式为：

$$GE\ (1) = \frac{1}{n}\sum_{i=1}^{n}\frac{y_i}{\bar{y}}\log\frac{y_i}{\bar{y}}$$

泰尔指数可以分解，例如可将特殊学校按地区分组，如东部、中部与西部组；还可按学校类型分组，分为盲校组、聋校组以及培智组，总体差距随之分解为组内差距和组间差距。

当 $\alpha = 0$ 时，广义熵指数具体化为对数偏差均值指数（The Mean Log Deviation Index, MLD），其基本公式为：

$$GE\ (0) = \frac{1}{n}\sum_{i=1}^{n}\log\frac{\bar{y}}{y_i}$$

对数偏差均值指数，又称 MLD 指数，可以进行静态与动态的分解，即对两个时点上的数据差距的变动量进行分解。利用 MLD 指数，可以对历年特殊教育均衡发展指标差距的变动量进行动态分解，考察组间差距和组内差距。[1]

三、研究结果

本书通过广义熵指数来考察我国特殊教育均衡发展情况，包括特殊教育均衡发展指数这一总体指标以及特殊教育学校入学率、毕业率、生

---

[1]　岳昌君：《教育计量学》，北京大学出版社 2009 年版，第 3 页。

均教育经费、生均建筑面积和生师比等五个分指标的测度。

（一）特殊教育均衡发展总体情况

表4.5.1 我国三大区域的划分和省份构成表①

区域名称	省份构成
东部	北京、天津、山东、河北、辽宁、上海、浙江、江苏、福建、广东、海南
中部	湖北、湖南、江西、河南、黑龙江、吉林、安徽、山西
西部	四川、重庆、云南、陕西、贵州、内蒙古、新疆、西藏、甘肃、青海、广西、宁夏

首先，本书用泰尔指数和 MLD 指数对历年的特殊教育均衡发展指数进行测度，反映出近十年②我国特殊教育区域均衡发展的总体情况。第二，泰尔指数可以将地区差距分解成区域内部差距和区域之间的差距，即可以把我国地区差距分解为东部、中部和西部各自内部的差距和东部、中部和西部三个区域之间的差距。第三，从东部、中部和西部三大区域各自内部差距进行进一步的动态分解。

---

① 我国在全国人大六届四次会议通过的"七五"计划中首次公布东、中、西地区的划分，并于1997年和2000年分别将重庆、内蒙古和广西划入西部地区。本书东中西地区划分采用了2000年调整后的划分。

② 截至2017年3月30日，2016年《中国教育经费统计年鉴》和《中国教育统计年鉴》均未发布，2015年《中国教育经费统计年鉴》公布的数据为2014年教育经费，2015年《中国教育统计年鉴》数据为2015年的教育统计情况。故本书涉及到的经费数据为2005—2014年，其他数据为2006—2015年，总体情况为2006—2014年。

表4.5.2　近十年我国特殊教育均衡发展指数的泰尔指数和 MLD 指数

年份	泰尔指数	MLD 指数	年份	泰尔指数	MLD 指数
2006	0.27	0.26	2011	0.32	0.35
2007	0.26	0.27	2012	0.29	0.30
2008	0.29	0.29	2013	0.28	0.28
2009	0.20	0.20	2014	0.26	0.26
2010	0.25	0.24			

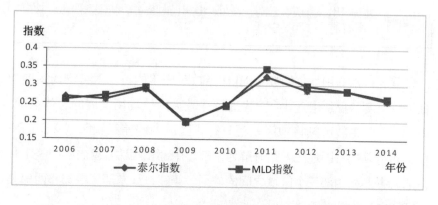

图4.5.1　近十年特殊教育均衡发展指数地区差异总体描述图

　　将历年的泰尔指数和 MLD 指数的大致变动绘制成折线图,结合图 4.5.1 和表4.5.2 分析得知我国特殊教育均衡发展的总体趋势如下:

　　作为广义熵具体化的泰尔指数和 MLD 指数的变动过程分为三个阶段:2006—2008 年缓慢上升,泰尔指数从 2006 年的 0.267741 缓慢上升到 2008 年的 0.288715,MLD 指数从 0.260046 上升到 0.293395; 2008—2011 为大幅波动阶段,2009 年泰尔指数和 MLD 指数均达到十年来最低值,然后快速上升,2011 年达到十年来最高值。2011—2014 年间,两个指数均缓慢下降,在 2014 年与 2006 年水平基本持平。

　　从广义熵指数的变化趋势可以看出,2006 年我国的特殊教育的总体水平存在较大的地区差距，《"十一五"期间中西部地区特殊教育学校建设规划（2008—2010年）》实施以来，中西部特殊教育水平得以发展，因此2009年我国特殊教育的区域差距达到近十年来的最低值。随着《国家中长期教育改革和发展规划纲要（2010—2020年）》的实施，特殊教育迎来了一轮快速建设发展，由于各地区经济、经济及社会发展水平等基础存在显著差异，进一步扩大了特殊教育事业上的差距，因此2011年特殊教育发展的区域差异达到最高值。2012年，随着本轮特殊教育学校建设的结束，地区差距逐年缩小，在2014年地区差距达到近年最低。

表4.5.3　近十年特殊教育均衡发展指数的区域内差距与区域间差距分解

年份	泰尔指数	区域内差距	区域间差距	年份	泰尔指数	区域内差距	区域间差距
2006	0.27	0.27	0.00	2011	0.32	0.28	0.05
2007	0.26	0.23	0.03	2012	0.29	0.28	0.00
2008	0.29	0.23	0.06	2013	0.28	0.27	0.01
2009	0.20	0.14	0.06	2014	0.26	0.22	0.04
2010	0.25	0.20	0.04				

鉴于广义熵指数良好的可分解性，本书选取广义熵指数作为衡量特殊教育区域差距的主要指标。利用泰尔指数和MLD指数对总体差距进行分解时，所得到的结论基本上是一致的，因而只利用泰尔指数来分解区域内部差距和区域之间的差距，即可以把我国特殊教育的地区差距分解为东部、中部和西部内部的差距和东部、中部和西部三个区域之间的差距。

从表4.5.3及图4.5.2、4.5.3可知，近十年来，区域内部差距是构成特殊教育地区差距的主要因素，区域之间差距贡献率相对较小。特殊教育均衡发展指数的区域内部差距从2006—2009年明显下降，2009

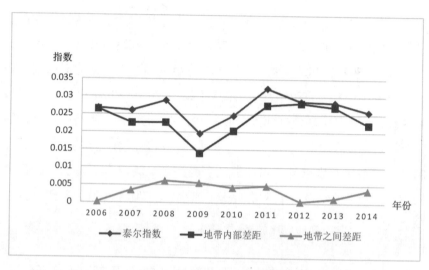

图4.5.2 近十年特殊教育均衡发展指数区域内部
和区域之间的差距贡献额度分解图

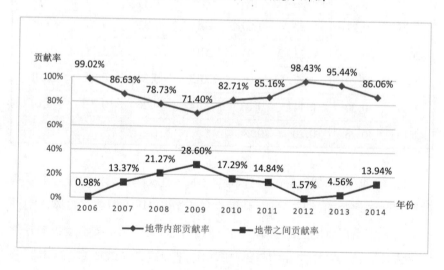

图4.5.3 近十年特殊教育均衡发展指数区域内部
和区域之间差距分解贡献率图

年区域内部差距达到最小，2009—2011 年又大幅增加，2011—2014 年
缓慢下降，其变化趋势与特殊教育总体差距基本一致。从贡献率数据中
可以看到，区域内部差距对地区总差距的贡献率从 2006—2009 年逐年

下降，2009—2012 年呈上升趋势，2012—2014 年则缓慢下降，而区域之间差距恰恰相反。

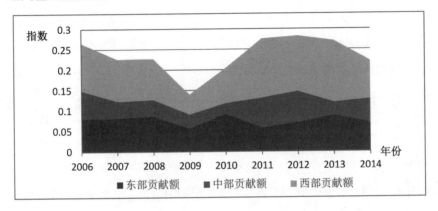

图 4.5.4　近十年特殊教育均衡发展指数区域内部差距贡献额分解图

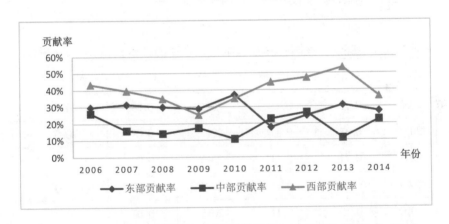

图 4.5.5　近十年特殊教育均衡发展指数区域内部差距贡献率分解图

从东部、中部和西部三大区域各自内部差距来看（图 4.5.4、4.5.5），西部的差异贡献率从总体来说是最大的，中部的差异贡献率最小，即西部地区的内部差距最为明显，中部的内部均衡性较高。从变化趋势来看，西部地区贡献率（额）的变化趋势也最为明显，2006—2009年明显下降，2009 年西部地区贡献率（额）达到最小，2009—2011 年又大幅增加，2011－2013 年基本持平，2013—2014 年出现明显降低。东部与中部地区贡献率（额）也有一定波动，但幅度较西部小。

总体看来，2006—2014 年区域内部差距是构成全国特殊教育水平差异的主要因素。其中，西部地区的内部差距始终是影响区域内部差距的主要元素，东部次之，中部影响较小。结合我国特殊教育发展实际情况，在这十年内我国特殊教育重要的政策陆续出台，国家在中西部地区投入 54 个多亿大量新建、改扩建特殊教育学校，极大提升了特殊教育办学条件。以西部地区青海省和重庆市的生均经费支出为例，2005 年两省市生均经费支出分别为 1459.9 元和 2259.1 元，到了 2014 年分别提升到 24832.0 元和 10731.1 元，增幅分别达 17 倍和 5 倍①。可见特殊教育快速发展的同时，西部地区的内部差距也随之凸显。

（二）特殊教育学校入学率的均衡情况分析

表4.5.4　近十年我国特殊教育学校入学率的泰尔指数和 MLD 指数

年份	泰尔指数	MLD 指数	年份	泰尔指数	MLD 指数
2006	0.15	0.15	2011	0.09	0.09
2007	0.11	0.11	2012	0.09	0.08
2008	0.11	0.11	2013	0.08	0.08
2009	0.11	0.11	2014	0.07	0.06
2010	0.10	0.11	2015	0.07	0.07

从总体上看，近十年我国特殊教育学校入学率的泰尔指数和 MLD 指数呈明显的下降趋势，表明特校入学率的地区差异逐年降低，我国特殊儿童受教育机会越来越均衡，这是保障参加儿童平等受教育权利的关键。

①　原始数据来源于《中国教育统计年鉴》，经过公式计算获得。

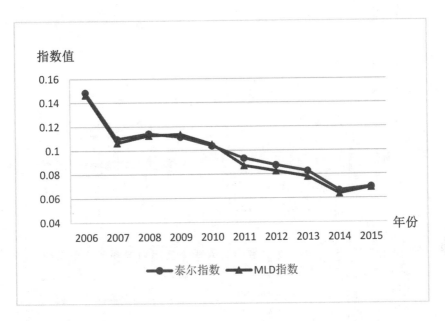

指数值

图 4.5.6　近十年特殊教育学校入学率的地区差异总体描述图

表 4.5.5　近十年特校入学率的区域内差距与区域间差距分解

年份	泰尔指数	区域内差距	区域间差距	年份	泰尔指数	区域内差距	区域间差距
2006	0.15	0.13	0.02	2011	0.09	0.09	0.00
2007	0.11	0.10	0.01	2012	0.09	0.08	0.01
2008	0.11	0.11	0.01	2013	0.08	0.07	0.01
2009	0.11	0.11	0.01	2014	0.07	0.05	0.01
2010	0.10	0.10	0.01	2015	0.07	0.05	0.02

　　从图 4.5.7、4.5.8 可知，近十年来，区域内部差距是构成特殊教育学校入学率差距的主要因素，区域之间差距贡献率相对较小。特殊教育学校入学率的区域内部差距与总差距的变化趋势基本保持一致，呈逐年下降的趋势，2015 年达到近十年最低值，即区域内部的差异越来越

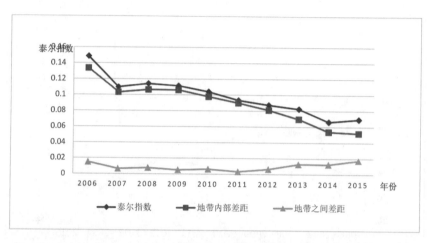

图 4.5.7　近十年特殊教育学校入学率区域内部和区域之间的
差距贡献额度分解图

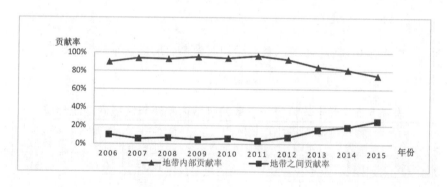

图 4.5.8　近十年特殊教育学校入学率区域内部和区域之间的
差距贡献率分解图

小，发展水平越发均衡。从贡献率数据中可以看到，区域内部差距对地区总差距的贡献率从 2006—2011 年基本维持平稳，2011—2015 年逐年下降，而区域之间差距恰恰相反。

　　从东部、中部和西部三大区域各自内部差距来看（图 4.5.9、4.5.10），东部的差异贡献率从总体来说是最大的，中部的差异贡献率最小，即东部地区的内部差距最为明显，东部各省的特殊教育学校入学率差距最大。从变化趋势来看，东部地区贡献率（额）呈逐年下降趋

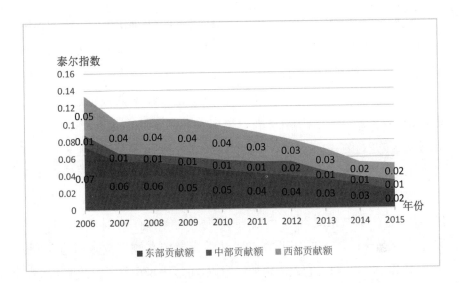

图 4.5.9 近十年特殊教育学校入学率区域内部差距贡献额分解图

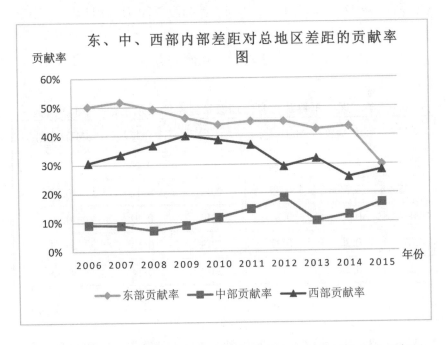

图 4.5.10 近十年特殊教育学校入学率区域内部差距贡献率分解图

势，西部地区贡献额也逐年下降，贡献率在波动中维持稳定，中部地区的贡献额维持稳定，贡献率有所上扬。即东部和西部各省的入学率差距越来越小，中部基本维持稳定。

　　总体看来，2006—2015 年特殊教育学校入学率的差距逐渐缩小，区域内部差距是构成全国特殊教育学校入学率差异的主要因素。其中，东部地区的内部差距是影响区域内部差距的主要元素，东部地区入学率差距缩小，导致了全国入学率均衡程度明显提高。以东部地区的福建省和海南省为例，有研究表明早在 2008 年福建省残疾儿童入学率已达90% 以上，[①] 而截止到 2010 年底，海南省入学率刚刚达到了 84.31%。[②]从年鉴数据分析，2006 年两省的特殊教育学校在校生数分别为 35180人和 1648 人，但两省的人口总数约为 3600 万和 836 万，由此推算适龄残疾儿童的特校入学率相差 5 倍。然而到了 2015 年，两省特校在校生数分别为 24911 人和 2551 人，人口总数约为 3800 万和 911 万，特校入学率差异逐步缩小。

　　（三）特殊教育生均经费支出的均衡情况分析

表 4.5.6　近十年特殊教育生均教育经费的泰尔指数和 MLD 指数

年份	泰尔指数	MLD 指数	年份	泰尔指数	MLD 指数
2005	0.40	0.42	2010	0.29	0.28
2006	0.36	0.39	2011	0.17	0.17
2007	0.32	0.34	2012	0.19	0.19
2008	0.30	0.32	2013	0.16	0.17
2009	0.24	0.26	2014	0.14	0.15

---

① 曾雅茹：《福建省特殊教育发展现状调查》，《泉州师范学院学报》2010 年第 1 期。
② 海南省残疾人联合：《2010 年海南省残疾人事业发展统计报告》，2016 年 7 月19 日，见 http://www.hidpf.org.cn/canlian/sjtj/2203.jhtml.

图 4.5.11 近十年特殊教育生均教育经费的地区差异总体描述图

从总体上看，近十年我国特殊教育生均经费支出的泰尔指数和 MLD 指数呈明显的下降趋势，2010 年虽稍有上抬，但总体上持续走低，2014 年的地区差异达到最低，表明特殊教育生均经费支出的地区差异逐年降低，我国特殊儿童的教育投入越来越均衡。

表 4.5.7 近十年特殊教育生均经费支出的区域内差距与区域间差距分解

年份	泰尔指数	区域内差距	区域间差距	年份	泰尔指数	区域内差距	区域间差距
2005	0.40	0.26	0.13	2010	0.29	0.29	0.01
2006	0.36	0.25	0.11	2011	0.17	0.14	0.03
2007	0.32	0.21	0.11	2012	0.19	0.16	0.02
2008	0.30	0.21	0.09	2013	0.16	0.09	0.07
2009	0.24	0.20	0.04	2014	0.14	0.07	0.07

图 4.5.12、4.5.13 可知，近十年来，构成特殊教育生均经费支出差距的主要因素仍然是区域内差距，且特殊教育生均经费支出的区域内

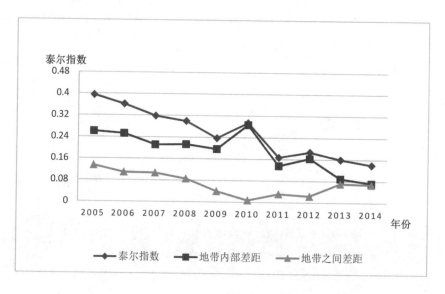

图 4.5.12 近十年特殊教育生均经费支出区域内部和区域之间的
差距贡献额度分解图

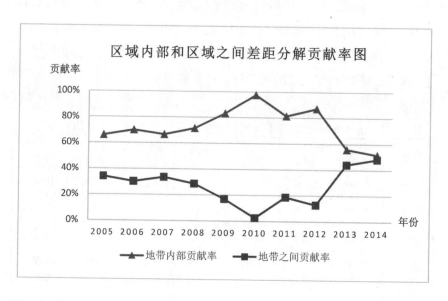

图 4.5.13 近十年特殊教育生均经费支出区域内部和区域之间的
差距贡献额度分解图

部差距与总差距的变化趋势基本保持一致，呈下降的趋势，2010 年有所反弹，但到 2014 年达到近十年最低值，即区域内部的差异越来越小，特殊教育投入越发均衡；区域之间的差距虽有所波动，但总体趋势上也是下降。从贡献率数据中可以看到，区域内部差距对地区总差距的贡献率从 2006—2010 年逐年上升，2010—2014 年逐年下降，最后与区域之间的差距持平。

图 4.5.14　近十年特殊教育生均经费支出区域内部差距贡献额分解图

从东部、中部和西部三大区域各自内部差距来看（图 4.5.14、4.5.15），东部和西部的差异贡献率较大，即东西部地区的内部差距最为明显，各省的特殊教育生均经费支出差距最大，值得一提的是 2010—2012 年西部地区内部差距贡献率（额）波动极大，可见《国家中长期教育改革和发展规划纲要（2010—2020 年）》的实施，对我国西部特殊教育产生了巨大影响，使得西部地区生均经费支出差距明显增加。从变化趋势来看，东部地区和西部地区的贡献率呈逐年下降趋势，贡献额基本持平，而西部地区贡献额（率）先升后降，即三个区域的地区差距都呈下降趋势。

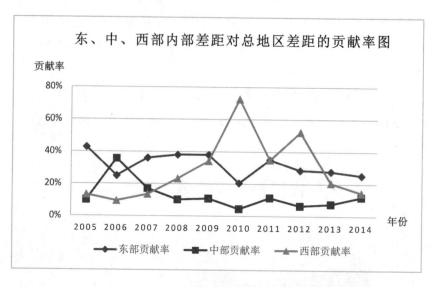

图 4.5.15　近十年特殊教育生均经费支出区域内部差距贡献率分解图

总体看来，2005—2014 年特殊教育生均经费支出的差距逐渐缩小，区域内部差距是构成全国特殊教育学校生均经费支出差异的主要因素。其中，西部地区的内部差距波动极大，尤其是 2010—2012 年的明显差异，可以看出相关政策法规的实施，2008 - 2012 年在中西部地区特殊教育投入的 58 亿，使得西部地区特殊教育投入的巨大改变。同时，进一步加大了西部特殊教育生均经费支出的差距，因此未来在对特殊教育投入或者建设时，我们需要进一步考虑总体规模的扩大的同时，在区域布局或配置上如何才能更加合理。

（四）特殊教育生均建筑面积的均衡情况分析

表 4.5.8　近十年特殊教育生均建筑面积的泰尔指数和 MLD 指数

年份	泰尔指数	MLD 指数	年份	泰尔指数	MLD 指数
2006	0.15	0.17	2011	0.09	0.10
2007	0.14	0.16	2012	0.06	0.07

续表

年份	泰尔指数	MLD 指数	年份	泰尔指数	MLD 指数
2008	0.14	0.16	2013	0.06	0.07
2009	0.13	0.14	2014	0.04	0.05
2010	0.14	0.16	2015	0.04	0.04

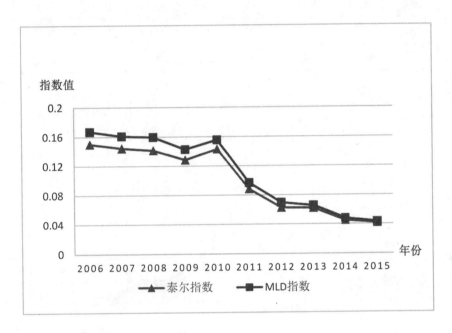

图 4.5.16 近十年特殊教育生均建筑面积的地区差异总体描述图

从总体上看，近十年我国特殊教育生均建筑面积的泰尔指数和 MLD 指数呈明显的下降趋势，2010 年虽稍有上抬，但总体上持续走低，2015 年的地区差异达到最低，表明特殊教育生均建筑面积的地区差异逐年降低，我国特殊儿童的教育资源越来越均衡。

表4.5.9　近十年特殊教育生均建筑面积的区域内差距与区域间差距分解

年份	泰尔指数	区域内差距	区域间差距	年份	泰尔指数	区域内差距	区域间差距
2006	0.15	0.13	0.02	2011	0.09	0.08	0.01
2007	0.14	0.11	0.03	2012	0.06	0.06	0.01
2008	0.14	0.11	0.03	2013	0.06	0.06	0.00
2009	0.13	0.10	0.03	2014	0.04	0.04	0.00
2010	0.14	0.13	0.01	2015	0.04	0.03	0.01

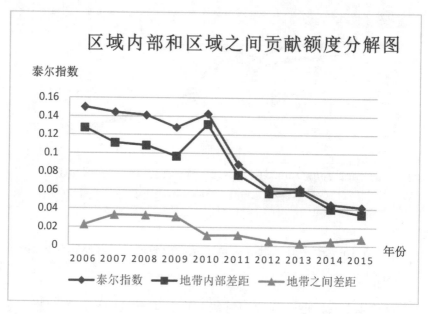

图4.5.17　近十年特殊教育生均建筑面积区域内部和区域之间的
差距贡献额度分解图

从图4.5.17、4.5.18可知，近十年来，区域内部差距是构成特殊教育学校生均建筑面积差距的主要因素，区域之间差距贡献率相对较小。特殊教育学校生均建筑面积的区域内部差距与总差距的变化趋势基本保持一致，呈下降的趋势，2010年明显反弹，呈十年来最高值，然

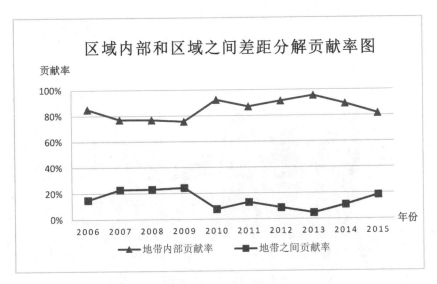

图 4.5.18　近十年特殊教育生均建筑面积区域内部和区域之间的
差距贡献率分解图

后急速下降，2015 年达到近十年最低值，即区域内部的差异越来越小，特殊教育学校的生均建筑面积发展水平越发均衡。从贡献率数据中可以看到，区域内部差距对地区总差距的贡献率近十年来基本维持平稳，保持在 80% 左右。

从东部、中部和西部三大区域各自内部差距来看（图 4.5.19 、4.5.20 ），西部的差异贡献率较大，中部的贡献率最小，即西部地区生均建筑面积的内部差距最为明显。尤其是 2010 年西部地区内部差距贡献额明显飙高，相关政策的实施，西部地区大力新建和改扩建特教学校，使得西部地区内部差异明显增加。从变化趋势来看，东中西部地区贡献额均呈下降趋势，即三个区域内部的差异都在缩小。

总体看来，2006—2015 年特殊教育生均建筑面积的差距逐渐缩小，区域内部差距是构成全国特殊教育学校生均建筑面积差异的主要因素。其中，西部地区的内部差距波动极大，尤其是 2010—2013 年的明显差异，可以看出相关政策法规的实施，极力促进了西部地区特殊教育学校建设。学者杨希洁曾在云南、河北、四川、新疆等 4 个中西部省/自治

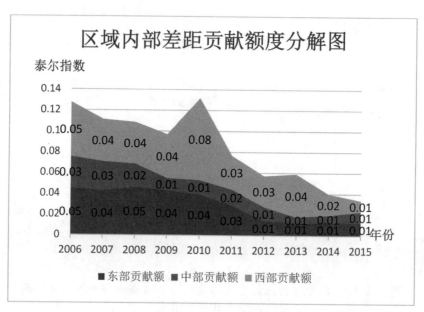

图 4.5.19 近十年特殊教育生均建筑面积区域内部差距贡献额度分解图

区做过调查,发现存在新建校选址过于集中造成邻近校抢夺生源、新建校对招生规模估计不足造成校舍空置率高等问题;[①] 该学者还对中西部的 7 个省(自治区、直辖市)的特殊教育学校进行调查,发现大部分新建和改扩建校选择在郊区建校,能够提供更大的建筑空间,但也不乏学校间的"攀比"之风,"谁的学校大、建筑物漂亮,就觉得谁的学校好",因此各校校长尽量为自己的学校争取更大的空间。[②] 由此可见,我们在所追求的生均建筑面积的均衡,不仅仅应该是规模上的均衡,还应该包含结构上的均衡,即与生源数量相匹配,合理布局的均衡发展。

① 杨希洁:《中西部地区新建和改扩建特殊教育学校过程中出现的问题及对策》,《中国特殊教育》2012 年第 10 期。
② 杨希洁:《中西部新建和改扩建特殊教育学校发展现状及问题调查》,《中国特殊教育》2015 年第 11 期。

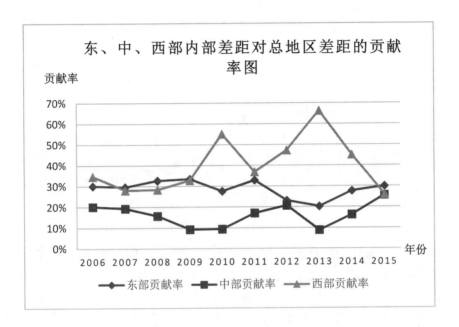

图 4.5.20　近十年特殊教育生均建筑面积区域内部差距贡献率分解图

（五）特殊教育学校生师比的均衡情况分析

表 4.5.10　近十年特殊教育学校生师比的泰尔指数和 MLD 指数

年份	泰尔指数	MLD 指数	年份	泰尔指数	MLD 指数
2006	0.21	0.23	2011	0.15	0.15
2007	0.20	0.21	2012	0.13	0.13
2008	0.21	0.22	2013	0.12	0.12
2009	0.20	0.22	2014	0.10	0.10
2010	0.20	0.21	2015	0.11	0.11

　　总体上看，近十年我国特殊教育学校生师比的泰尔指数和 MLD 指数呈明显下降趋势，尤其是 2010 年快速下降，表明我国特殊教育学校生师比地区差异逐年降低，我国特殊教师师资资源均衡程度有所提高。

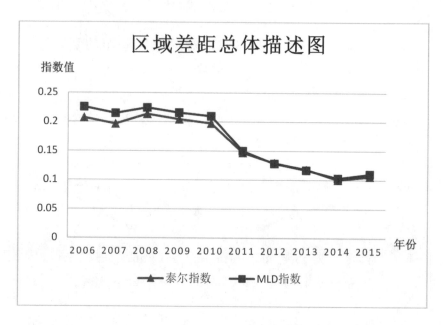

图4.5.21　近十年特殊教育学校生师比的地区差异总体描述图

表4.5.11　近十年特殊教育学校生师比的区域内差距与区域间差距分解

年份	泰尔指数	区域内差距	区域间差距	年份	泰尔指数	区域内差距	区域间差距
2006	0.21	0.17	0.03	2011	0.15	0.12	0.03
2007	0.20	0.16	0.04	2012	0.13	0.10	0.03
2008	0.21	0.17	0.05	2013	0.12	0.09	0.03
2009	0.20	0.17	0.04	2014	0.10	0.08	0.02
2010	0.20	0.16	0.03	2015	0.11	0.08	0.03

　　从图4.5.22、4.5.23可知，近十年来，区域内部差距是构成特殊教育学校生师比差距的主要因素，区域之间差距贡献率相对较小。特殊教育学校生师比的区域内部差距与总差距的变化趋势基本保持一致，呈下降的趋势，即区域内部的差异越来越小，特殊教育学校师资数量发展

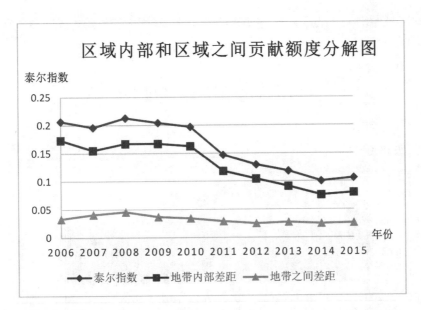

图 4.5.22　近十年特殊教育学校生师比区域内部和区域之间的
差距贡献额度分解图

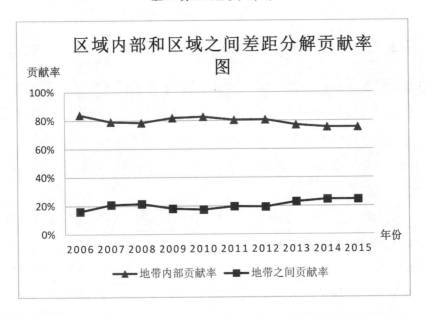

图 4.5.23　近十年特殊教育学校生师比区域内部和区域之间的
差距贡献率分解图

水平越发均衡。从贡献率数据中可以看到，区域内部差距对地区总差距的贡献率近十年来基本维持平稳，保持在80%左右。

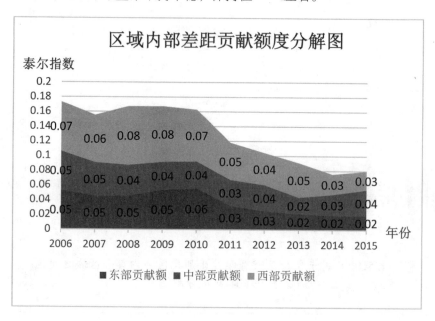

图4.5.24　近十年特殊教育学校生师比区域内部差距贡献率分解图

从东部、中部和西部三大区域各自内部差距来看（图4.5.24、4.5.25），西部的差异贡献率较大，即西部地区生师比的内部差距最为明显。从变化趋势来看，东西部地区贡献额均呈下降趋势，中部地区的贡献额（率）在2013—2015年出现明显升高，近两年中部地区内部的师资差异变大。

总体看来，2006—2015年特殊教育学校生师比的差距逐渐缩小，区域内部差距是构成全国特殊教育学校生师比差异的主要因素。其中，2006—2014年西部地区的内部差距贡献率最大，即西部地区内部的生师比差异最为明显，2014—2015年以来，西部地区内部贡献率（额）均明显下降，可以看出相关政策法规的实施，促进了西部地区特殊教育师资队伍的建设。学者杨希洁对7省市新建、改扩建校的调查发现，46

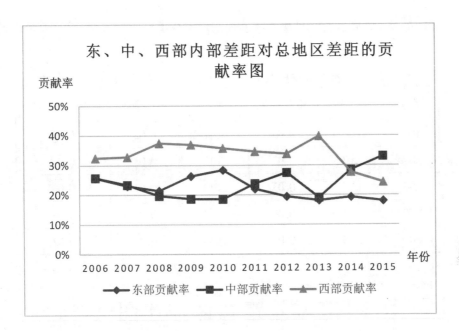

图4.5.25　近十年特殊教育学校生师比区域内部差距贡献率分解图

所新建校中，每校平均计划招收专任教师26人，但专任教师平均到岗率为34.3%，最低的学校仅为5.6%，100%的学校缺少任课教师。新建校中，83%的教师是从普通学校调入，从其他特教学校调入或毕业于特教专业的教师数量仅占新建校教师总数的11%。[①] 由此可见，在西部地区大量新建校中，师资数量以及专业水平都与实际工作存在很大差距。本书中所探索的仅仅是生师比的地域差异，即最低层次的规模均衡问题，并没有涉及结构均衡，即各类特殊教育教师的数量、专业背景、职称结构等方面的均衡，在未来研究中尚需进一步挖掘省内或者新旧校之间的教师结构均衡问题。

_____

① 杨希洁：《中西部新建和改扩建特殊教育学校发展现状及问题调查》，《中国特殊教育》2015年第11期。

（六）特殊教育学校毕业率的均衡情况分析

表4.5.12　近十年特殊教育学校毕业率的泰尔指数和MLD指数

年份	泰尔指数	MLD指数	年份	泰尔指数	MLD指数
2006	0.03	0.03	2011	0.02	0.03
2007	0.03	0.03	2012	0.03	0.04
2008	0.03	0.03	2013	0.02	0.03
2009	0.04	0.06	2014	0.04	0.05
2010	0.03	0.05	2015	0.02	0.02

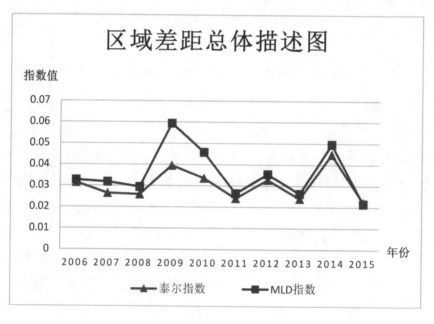

图4.5.26　近十年特殊教育学校毕业率的地区差异总体描述图

从总体上看，近十年我国特殊教育学校生师比的泰尔指数和MLD指数与其他指标相比差异较小，即特殊教育学校的毕业率差异较小，从趋势上看呈现出一定波动，尤其是2009年和2014出现明显飙高，但趋势上基本持平。

表4.5.13 近十年特殊教育学校毕业率的区域内差距与区域间差距分解

年份	泰尔指数	区域内差距	区域间差距	年份	泰尔指数	区域内差距	区域间差距
2006	0.06	0.03	0.03	2011	0.02	0.02	0.00
2007	0.03	0.03	0.00	2012	0.03	0.03	0.00
2008	0.03	0.02	0.00	2013	0.02	0.02	0.00
2009	0.04	0.04	0.00	2014	0.04	0.04	0.00
2010	0.03	0.03	0.00	2015	0.02	0.02	0.00

图4.5.27 近十年特殊教育学校毕业率区域内部和区域之间的
差距贡献额度分解图

从图4.5.27、4.5.28可知，近十年来，区域内部差距是构成特殊
教育学校毕业率差距的主要因素，区域之间差距贡献率相对较小。特殊

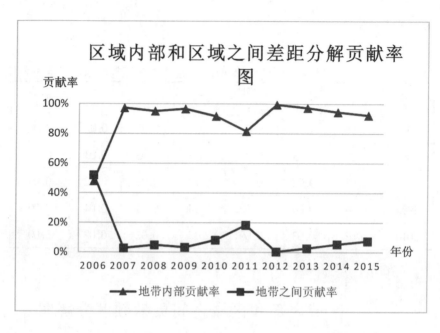

图4.5.28 近十年特殊教育学校毕业率区域内部和区域之间的
差距贡献率分解图

教育学校毕业率的区域内部差距与总差距的变化趋势基本保持一致，呈稳定趋势，即区域内部的毕业率差异基本不变。从贡献率数据中可以看到，除了2006年，区域内部差距对地区总差距的贡献率近十年来基本维持平稳，保持在90%左右。

从东部、中部和西部三大区域各自内部差距来看（图4.5.29、4.5.30），西部的差异贡献率较大，中部的贡献率接近于零，即西部地区特殊教育学校毕业率的内部差距相对明显，中部差距较小。从变化趋势来看，东西部地区贡献额均有一定波动，中部地区的贡献额较稳定。

总体看来，2006—2015年特殊教育学校毕业率的差异较小，虽有一定波动，但水平基本持平。本书发现，2006—2015年全国特殊教育学校毕业率基本维持在60%左右，经过十年发展，特殊教育学生的教育结果并未得到改善，那么剩余的40%学生何去何从，我们不得而知。

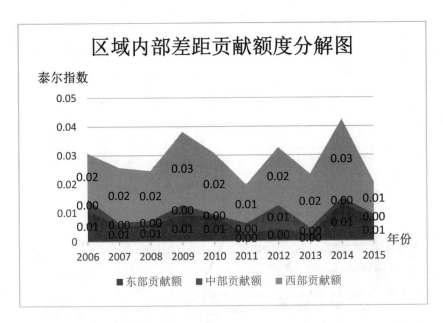

图 4.5.29 近十年特殊教育学校毕业率区域内部差距贡献额度分解图

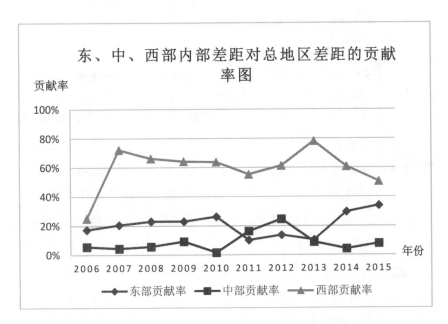

图 4.5.30 近十年特殊教育学校毕业率区域内部差距贡献率分解图

我们所追求的特殊教育均衡发展，不仅包括了入学机会的均衡，还应该包括教育结果的均衡。在普校中，毕业率、就业率和升学率等是衡量学校教育质量与教育结果的重要指标，然而在特殊教育领域相关研究中却对此鲜有报道，因此我们应该充分重视教育均衡发展的多个方面，才能全面促进特殊教育的均衡发展。

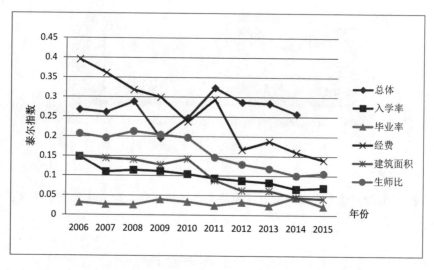

图4.5.31 近十年各项特殊教育指标的泰尔指数图

最后，笔者就特殊教育均衡发展指数以及五个分指标的泰尔指数进行比较，由图4.5.31发现，除了特殊教育学校毕业率以外，各项分指标均呈现了不同程度的下降趋势，可见我国特殊教育事业的均衡水平有所提高，区域差距正在缩小，这对于特殊教育公平的实现有重要价值。在各项分指标中，特殊教育生均经费的差异最大，且下降趋势最为显著；其次为特殊教育学校生师比，也有明显降低的趋势；生均建筑面积和特殊教育学校入学率差异相当，生均建筑面积的变化趋势更为明显；毕业率的区域差异基本维持水平状态，十年来并无太大变化。由以上数据可知，在我们推进特殊教育均衡发展的事业中，已经取得了一定的成果，尤其是生均经费支出、生师比、生均建筑面积以及入学率等指标，地区差异已经不断缩小。结合我国特殊教育发展实际，政府为了推进我国特殊教育事业发展，投入了大量的经费，也切实在特殊教育学校硬件资源配置上得以显著提高，使得区域差距不断缩小，然而我们更应关心的特殊教育学生毕业率问题，却并未得以改善。

四、反思与建议

结合以上的数据资料，本书从我国特殊教育区域均衡状态及演化趋势上进行大体判断，并对未来发展提供一定建议。

（一）特殊教育区域均衡总体判断

1. 日趋改善：我国特殊教育区域均衡度的演化趋势

经过十年的发展，我国特殊教育事业取得了巨大成就，特殊教育均衡发展指数的均衡发展水平呈现较大波动，即在特殊教育学校快速建设期，我们的特教发展均衡水平有所降低，经过几年的调整与适应，均衡水平逐渐回升。此外，各项分指标的泰尔指数均也呈现出不同程度的下降趋势，区域差距正在缩小，这对于特殊教育公平的实现有重要价值。然而，我们在此所关注的特殊教育均衡仅仅是宏观层面上的区域规模上的均衡，并未深入分析结构均衡（特殊教育的层次结构、形式结构和布局结构）以及城乡均衡、校际（特殊教育学校之间以及新建、改扩建校以及老校之间）均衡、群体均衡等等。因此，在未来的发展过程中，我们需要进一步全方面地考察特殊教育的各方面均衡，才能真正实现特殊教育公平。

2. 精确扶持：我国西部地区特殊教育内部差异不容忽视

我国西部地区的特殊教育发展水平，是我国特殊教育事业发展的短板，更是近年来我国特殊教育政策关注的焦点。但西部地区的发达城市、发展中城市和贫困落后地区相互交织，少数民族自治区穿插其中的城市构成一定程度上决定了西部地区特殊教育发展中的巨大内在差异，所以我们在对西部地区整体加大建设力度的时候，更应该关注其内部的差异，以及西部地区的突出特点。

首先，应该扶植贫困落后地区的特殊教育发展。西部地区占地面积广阔，但是城市间的发展差异巨大，所以政府在对西部地区的特殊教育进行投资时，应考虑到不同地区之间的发展差异而制定更加详尽的扶植与支持方案，做好精准扶贫。除此以外，虽然在国家的大力支持下，西部贫困落后地区的特殊学校如雨后春笋般地出现，但是师资力量依然非常缺乏，大多年轻的特教教师更愿意去到沿海发达的城市或地区入职，享受到更好的基础设施和更高的薪水，也能得到更好的专业发展。因此，在大力建设西部特殊教育学校的同时，也应考虑政策倾斜，提高西部师资的职业吸引力。

其次，应该重视少数民族地区的特殊教育发展。我国西部地区有五个少数民族自治区，此外云南、青海等省虽不是少数民族自治区，但少数民族人口也超过总人口的50%。在少数民族地区，我们的特殊教育面临着巨大挑战：例如，少数民族特殊学生评估诊断工具的缺乏；双语特殊教育的实施困难，具有特殊教育技能的双语教师的匮乏、双语教材教具的开发编写困难难以解决，等等。此外，西部地区另一大特点是新建特殊教育学校众多，来自普校的"转岗教师"广泛存在。这一系列的问题，并非简单的经费投入、规模上加大建设就能够解决的问题。大力培养专职的少数民族特教教师、开发与少数民族地区相匹配的教材教具刻不容缓。

因此，在未来西部特殊教育发展过程中，应该针对西部地区复杂的人口学背景、经济发展差异等特点，合理规划，精准扶持，制定出适合西部民族地区、边疆地区、贫困地区的发展思路。

3. 提升中部：我国中部地区特殊教育发展整体塌陷

中部地区在相当长的一段时间内担负着我国粮食、能源、原材料等供给重任，同时也是我国人力资源的最大输出地区，为我国社会经济发展做出了巨大贡献。[1] 有研究表明，"东部沿海开放"、"西部大开发"

① 冯子标：《中部塌陷原因及崛起途径探析》，《管理世界》2005 年第 11 期。

和"振兴东北老工业基地"等一系列国家战略实施后，中部地区在我国经济板块中不断被边缘化，逐渐形成了"中部塌陷"态势——从发展水平看中部地区与东部地区差距在扩大，从发展速度看中部地区落后于西部地区。[①] 面对如此局面，2006 年的《中共中央国务院关于促进中部地区崛起的若干意见》，2007 年的《国务院办公厅关于中部六省比照实施振兴东北地区等老工业基地和西部大开发有关政策范围的通知》及此后国务院 颁布的《促进中部地区崛起规划》比照实施西部大开发有关政策的中部六省 243 个县（市、区），占中部地区 783 个县（市、区）的 31%。[②] 从本书的数据中也能看到以上政策的影响，2006—2007 年中部地区特殊教育生均经费投入的内部差异贡献额（率）均显著飙高，可见政策对该地区特殊教育发展的积极作用。但是纵观近十年来看，中部地区虽然各项指标的均衡发展程度较高，但是只是低水平的均衡。以江西省为例，其生均经费投入、生均建筑面积、毕业率等多项指标均低于全国平均水平，甚至低于大部分西部省市自治区。因此，我们在重点发展西部地区特殊教育的同时，也应该关注中部地区的特殊教育发展水平，不仅应当享受特殊教育资源向中西部及农村地区倾斜的一般性政策支持，而且应得到进一步的政策支持，以缩小与东部及西部地区之间差距为突破口，形成符合中部地区特殊教育实际需要的发展政策路径，提升"中部塌陷"。

　　4. 东部引领：发挥东部地区特殊教育辐射与引领作用

　　本书中，我国西部地区的整体均衡程度较高，除了入学率差异较大以外，其余各项指标的差异均低于西部地区的差异贡献率。查体指标的具体均值可知，东部地区各项指标的均值均处于全国前列，东部地区的

① 雷万鹏、钱佳、马红梅：《中部地区义务教育投入塌陷问题研究》，《教育与经济》2014 年第 6 期。
② 阮成武：《中部地区农村义务教育均衡发展的政策路径》，《中国教育学刊》2013 年第 12 期。

特殊教育已经处于较高水平的均衡发展。我国学者翟博认为，从本质上看教育均衡发展是为了追求教育平等，实现教育公平，教育均衡发展可分为四个阶段：第一阶段为低水平均衡阶段，也就是普及义务教育阶段；第二阶段为初级均衡阶段，追求教育过程和教育条件的均等；第三阶段为高级均衡阶段；第四阶段为高水平均衡阶段。[1] 笔者认为，在特殊教育均衡发展过程中也应该经历相似的几个阶段。我国东部地区已经基本完成了特殊教育外在条件的均衡阶段，应该向更高级的深化特殊教育学校教育改革、提升特殊教育质量均衡的高级阶段发展。我们亟需东部地区为全国特殊教育树立起新标杆、新形象，充分发挥其引领与辐射作用，使我国特殊教育事业迈入新阶段。

（二）特殊教育质量提升关键路径

1. 优化结构：促进特殊教育区域协调发展

《特殊教育提升计划（2014—2016）》将"建立布局合理、学段衔接、普职融通、医教结合的特殊教育体系"作为我国特殊教育发展的总体目标。但是何为"布局合理"，这是仍需探讨的理论问题，也是关系到我国特殊教育未来发展的政策问题和实践问题。我国特殊教育各项指标的区域内差异均高于区域间差异，且西部地区特殊教育的内部差异最为突出。但这仅仅是规模上的均衡问题，要进一步建立"布局合理"的特殊教育体系，还应该继续深入挖掘特殊教育与人口、经济的协调性，正确处理"规模、质量、结构、效益"的关系，才能建立起与区域结构、城乡结构、特殊儿童类型结构等相适应的特殊教育学校数量、类型、办学层次、办学资源（师资数量、类型、职称、专业；经费；特殊教育设施设备）等合理布局的特殊教育体系，促进我国特殊教育协调发展。

2. 机会平等：特殊教育学生"零拒绝"

特殊学生的入学率是衡量特殊教育是否均衡发展的重要指标。在最

---

[1] 翟博：《教育均衡发展：现代教育发展的新境界》，《教育研究》2002 年第 1 期。

新的各种统计公报中并无适龄残疾儿童的比例，只能依据 2006 年《第二次全国残疾人抽样调查》数据中适龄残疾儿童的比例结合各省市特殊教育学校在校人数推算出各省特殊教育学校入学率。直到 2015 年，全国 31 个省市自治区的特殊学校的平均入学率约为 17.19%，最低的河北省入学率仅为 9.78%，最高的福建省达 34.67%，各省市间差异非常明显，且特殊学校的入学率依然很低。另一方面，全国义务教育阶段的入学率截至 2013 年，毛入学率已经达到了 99% 以上，[①] 在我国 2014 年颁布的《特殊教育提升计划（2014—2016 年）》中，明确指出，到 2016 年，残疾儿童少年义务教育，视力、听力、智力残疾儿童义务教育入学率达到 90% 以上，其他残疾人受教育机会明显增加。[②] 说明义务教育阶段特殊学生的入学率与全国总入学率依然存在差距，提高特殊儿童的入学机会，实现"零拒绝"还有很长一段路要走。

3. 加强监管：建立特殊教育均衡发展动态监测机制

本书采用广义熵指数作为区域均衡的衡量标准，然而我们只能相对比较该指数高低来衡量均衡发展水平的变化，并没有确切的标准来衡量均衡水平，我们并非片面追求均等的均衡，而是期望建立起均衡发展水平的动态监测标准，将区域差距控制在相对合理范围内，以保障全体特殊儿童享有真正的特殊教育公平。例如，类似指标基尼系数的国际警戒标准为 0.4，该系数低于 0.2 表示高度平均；0.2—0.3 表示比较平均；0.3—0.4 代表相对合理；0.4—0.5 表示差距较大；0.6 以上则代表差距悬殊。[③] 我们也期待在未来研究中探索出特殊教育领域适用的广义熵指数的标准，能对特殊教育均衡发展进行动态的监测。政府也可以对特殊教育的失衡和失误，进行及时、准确和有效的测度、监控和调节，规定指数的最低值，并通过法律或行政法规将特殊教育发展差距控制在一

---

① 中华人民共和国国家统计年鉴：《中国统计年鉴 2015 英汉对照》，2015 年。
② 教育部、发展改革委、民政部等：《基础教育参考》2014 年第 7 期。
③ 杨钟馗：《中国收入分配变迁解读》，重庆大学出版社 2014 年版，第 73 页。

定的水平上，以此确保特殊教育的区域均衡发展。①

4. 强化过程：提升特殊教育办学质量

2006 年第二次残疾人抽样调查报告显示，我国适龄残疾儿童入学率仅 63.19%，② 此后各项特殊教育政策法规等均将提高特殊儿童受教育机会、提高特殊儿童入学率作为主要目标之一。在本书中，西部地区特殊教育学校入学率的区域内差异经历了低—高—低的趋势，即从较均衡—不均衡—较均衡的发展态势，结合该指标的均值来看，西部地区特殊学校入学率呈逐年上升的趋势，这说明我国西部地区特殊儿童入学率水平随着西部地区特殊教育学校的大规模建设已经显著提高。根据教育均衡发展阶段理论，我们未来的特殊教育发展重要思路，应该是加强特殊教育的条件的均衡发展，保障特殊教育质量的提高。其中特殊教育师资问题，是最重要的保障条件。在本书中，特殊教育学校生师比的区域差异正在缩小，西部地区的均衡程度也逐年提高，但是 2015 年测算的西部地区平均生师比仍然高达 6.59，可见特殊教育教师的数量缺口仍旧很大。结合学者杨希洁的研究发现，除了特殊教育教师数量的短缺以外，更重要的是特教师资的专业水平以及各学科特殊教育教师、康复教师和职业教师的内部结构问题。此外，本书中并未涉及到随班就读教师以及资源教师的数量及专业水平数据，但这同样是提高我国特殊教育质量的重要保障。因此特殊教育发展过程中应该着重考虑各类特殊教育师资的培养问题，大力推动高校中特殊教育专业的发展，提升特殊教育教师的数量与质量，并通过政策倾斜增加特殊教育教师岗位的职业吸引力，建立起学科、类型、层次、数量、年龄、职称等合理配置的师资队伍。

---

① 李欢：《特殊教育均衡发展指标体系研究》，《教师教育学报》2015 年第 4 期。
② 第二次全国残疾人抽样调查领导小组、中华人民共和国国家统计局：《2006 年第二次全国残疾人抽样调查主要数据公报（第二号）》，2007 年 5 月 28 日，见 http://www.gov.cn/fwxx/cjr/content_ 1311943. htm.

5. 重视结果：加强升学与就业转衔

本书数据显示，特殊教育学校中学生的毕业率基本上维持在60%左右，虽然区域间与区域内的毕业率都较为均衡，但依然是低水平的均衡。以实际学校为例，笔者通过对重庆市几所特教学校的实际调查和对学校教师的访谈发现，部分学生到了毕业年龄依然还坚持留在学校，尚不具备在社会中能够独立生存的技能。实际上，对于听力障碍、视力障碍和肢体障碍的学生，已有相当力度的政策支持，保障其进一步升学；对于严重智力障碍和没有升学意愿的学生，应加强职业教育与常识教育，为他们进入社会提供一技之长，并与当地的特教中心合作，为毕业生求职提供一定的便利与协助，以此提升各个地区的毕业率与就业率，从而推动特殊教育朝着高水平均衡发展。

第五章

现状调查篇

第一节　研究设计

一、研究背景与意义

教育公平是世界性问题，更是国际社会关注的焦点。2015 年 12 月 10 日美国颁布《每一个学生成功法》(*Every Student Succeeds Act*)，其主旨是：确保教育质量提升和促进教育公平。[①]《中共中央关于制定国民经济和社会发展第十三个五年规划的建议》提出，"推动义务教育均衡发展和促进教育公平。"[②] 然而，没有特殊教育公平就谈不上真正和完整的教育公平。自《特殊教育提升计划》颁布实施以来，我国特殊教育事业在学校建设、师资培养、经费保障等方面取得了快速发展，但整体水平仍然不高，发展仍不平衡，[③] 我国特殊教育发展的地区差异、城乡差异甚至校际差异非常明显，从而导致了地区间、城乡间和校际间特

[①] USA TODAY, *"The Every Student Succeeds Act vs. No Child Left Behind: What´s changed?"*, Dec. 10, 2015, see https://www. usatoday. com/story/news/politics/2015/12/10/every – student – succeeds – act – vs – no – child – left – behind – whats – changed/77088780/.

[②] 教育部：《特殊教育提升计划》，2014 年 1 月 8 日，见 http://www. edu. cn/xin_wen_ dong_ tai_ 890/20140121/t20140121_ 1066689. shtml.

[③] 中共中央委员会：《中共十八届五中全会公报（全文）》，2015 年 10 月 29 日，见 http://www. moe. cn/s78/A21/A21_ ztzl/ztzl_ sbjwz/201511/t20151102_ 217013. html.

殊教育质量的不均衡，严重影响了教育公平理念在我国特殊教育事业发展中的践行。十八届五中全会提出要"办好特殊教育"。[1] 提高特殊教育办学质量，为每一位特殊儿童提供优质而公平的特殊教育是现阶段特殊教育事业发展的重心。

我国是典型的二元经济结构社会，教育的城乡差别是整个二元经济社会结构的一个组成部分。[2] 在这种社会经济体制的影响下，经济欠发达的西部地区，是我国特殊教育发展的短板，西部广大农村地区特殊教育在整个国民教育体系中属于薄弱中的薄弱、弱势中的弱势，更应该引起高度关注。[3] 为了考察西部特殊教育的均衡发展现状，笔者对西部地区重庆、四川、云南、贵州、新疆、甘肃、宁夏、陕西、内蒙古、青海等十余省市自治区的特殊教育学校进行调查，考察西部特殊教育学校的办学条件。

二、研究背景

综观国内学界，对特殊教育均衡发展的研究往往被囊括在义务教育研究的整体范围内，缺乏独立的研究视界，相应的指标体系设计和定量研究目前还十分欠缺。虽然义务教育均衡发展的相关评价指标已有很多，但这些指标很少考虑到残疾人及其教育的特殊性，因此无法直接应用。[4]

通过查阅文献发现，国外尤其是欧美发达地区特殊教育发展相对发达，融合教育做得也相当完善，因此国外特殊教育学校办学条件的研究

① 刘杨：《浅析我国城乡二元经济结构》，《现代经济》2008 年第 7 期。
② 焦建国：《农村教育与二元经济社会结构——城乡教育比较与我国教育当前急需解决的问题》，《学习与探索》2005 年第 3 期。
③ 官群：《发展中国农村特殊教育：基点、焦点、接点、支点》，《中国特殊教育》2009 年第 3 期。
④ 庞文、刘洋：《我国特殊教育均衡发展指标体系的构建与测评》，《教育科学》2013 年第 4 期。

着重于融合教育师资培养的更加专业化、硬件设施的更加人性化，而国内特殊教育学校办学条件则主要着眼于师资、经费和设施等单方面的研究。

在本书第三章中详细介绍了特殊教育均衡发展指标体系的各要素，结合西部地区特殊教育学校特殊教育发展滞后的现状，笔者结合特殊教育均衡发展指标体系中的各个要素将办学条件指标体系简化为硬件设施条件和软件条件两个一级评价指标，其中硬件设施条件指标包括生均校舍面积、生均计算机台数、生均图书册数、生均特殊教育专用教室数量、生均特殊教育康复器械价值等五个二级评价指标；软件条件指标包括师生比、特殊教育教师学历、特殊教育教师职称、特殊教育专业背景等四个二级评价指标，如图5.1.1。

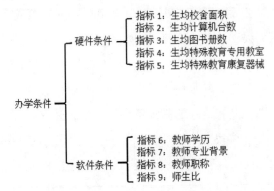

图5.1.1 西部地区特殊教育学校办学条件评价简化指标

以下内容主要通过硬件条件、软件条件、法律及政策这三方面对国内外特殊教育学校办学条件研究进行梳理归纳。18世纪末，欧洲国家的特殊教育已为大众广泛接受，残疾人摆脱了以往被隔离的命运，可以进入到学校里和普通人接受同等的教育，在学校里他们可以接受音乐、贸易教育。后来，随着经济发展，残疾儿童可以接受基本文化知识教育。时至今日，欧美地区的特殊教育仍然领先于其他国家。特殊教育能否得到良好的发展，已成为发达国家社会公平、教育民主的一个重要前提。[1] 国外发达国家特殊教育的发展，深受全纳教育思潮的影响，特殊教育与普通教育融合程度较高，因此针对特殊教育学校办学条件的研究相对较少。

在硬件设施条件方面，加拿大等国家注重设备、设施的投入，以满足各类特殊儿童接受康复训练和特殊教育的需要。凡接纳残疾儿童的学校都设置了特殊教育资源教室。[2] 法国的残疾儿童接受教育科研选择医疗—教育相结合机构，医疗—教育机构的教育特色是依照残障儿童的个别需要，结合相应的医疗设施标准统一由不同类型的工作者以小组合作的方式协调推行。对于身体严重不便行动的残障儿童则有闭路电视将病床与教室连接，使儿童可以在病床上参与课业。[3]

在软件条件方面，欧美各国普遍重视特殊教育师资的培训。1978年，英国沃诺克委员会向英国政府递交了《沃诺克报告》，报告中包括：其一，在所有师范教育中，都要包含"特殊教育要素"；其二，加强从事特殊教育工作的教师培养工作，英国特殊学校的教师，除了受过普通的师资培训和具有普通的教师资格证书外，还必须经过特殊教育的师资培训并持有特殊教育的教师合格证书。[4] 为了提高特殊教育学校的教学效果，德国在改善特殊学校班级名额及师生比的同时加大对特殊教育师资的培训。在德国，特殊教育师资的培育有两种主要形式：一是采取与普通教师相同的培养方式并行的专门培育，二是对普通教师施以2年附加的特殊教育专业训练。[5] 为了提高特殊教育教师的水平，加拿大教师每3年要制定并上交自我发展规划，5年中需完成14门专业课学

---

[1] 李欢、肖非：《论特殊教育与构建和谐社会的关系》，《中国特殊教育》2009年第7期。

[2] 朱宗顺：《特殊教育史》，北京大学出版社2011年版，第171页。

[3] 石部元雄等：《世界各国的特殊教育》，台北中正书局出版社1988年版，第9页。

[4] 王俊：《英国全纳教育研究》，硕士学位论文，华东师范大学2002年，第13页。

[5] 石部元雄等：《世界各国的特殊教育》，台北中正书局出版社1988年版，第9页。

习，涵盖了特殊教育、咳痰技术应用、课程论、学生评价、教学策略、与家长和学生的沟通策略、课堂管理、领导艺术等。也就是说加拿大的普通教育教师一般都具有基本的特殊教育知识，这为加拿大实施全纳教育提供了基础。①

　　法律及政策方面，欧美国家都设立相应的法律法规来保障特殊教育办学条件的正常运转进行。例如，加拿大各省均通过《教育法》和《学校法》来对教育以及特殊教育进行管理，并明确规定各省教育部有责任为特殊教育的发展提供政策支持，制定指导方针，并提供给各学区资金、信息和资源支持。此外，特殊需要学生所需的教育经费通常由政府支付。② 美国联邦政府也通过法令和财政拨款，为特殊教育提供支持，国会关于特殊教育的法令中大多有向州提供补助经费的条款，③ 且明确规定联邦拨款供特殊教育专项使用，不得与州教育费混用。④ 欧美国家设立相应的法律法规具有一定的时代性且不断完善不断更新，甚至颁布专门化的残疾儿童教育法，对于特殊教育细化到从每一个细节。例如，早在1975年美国国会就通过了《所有残疾儿童教育法》（Education of All Handicapped Children Act，即94 – 142公法），该法案后来进行了若干次修订，但其核心目的都是为残疾儿童接受平等而适当的教育提供法律支持。国家大力给予经费上的经济保障和法律上的政策支持，使得欧美国家特殊教育学校或者全纳教育学校的办学条件得到飞速发展。

　　反观我国，随着《特殊教育提升计划》的出台，特殊教育事业得以快速发展，然而特殊教育学校办学条件与国外发达国家相比仍有很大差距。笔者梳理相关研究发现，首先，硬件及软件条件方面，关于我国

① 熊琪：《加拿大全纳教育的实践及启示》，《现代特殊教育》2008年第1期。
② 苏雪云：《加拿大特殊教育立法与实践》，《中国特殊教育》2004年第12期。
③ 谢敬仁、钱丽霞等：《国外特殊教育经费投入和使用及其对我国特殊教育发展的启示》，《中国特殊教育》2009年第6期。
④ 朴永馨：《世界教育大系——特殊教育》，吉林教育出版社2000年版，第258页。

特殊教育学校办学条件的研究数量少且分散，没有一个统一的评价测量体系。通过查阅国内相关文献，不难发现当前国内关于特殊教育学校办学条件研究的主要热点基本上都是单一地去分析区域师资现状、研究国外师资情况与对比特殊教育学校经费投入问题，缺乏系统而专业的指标对特殊教育学校办学条件进行现状评价。十年前的调查研究发现，培智学校基本设施状况忧喜参半，一部分培智学校已具备相应的基础设施，但另一部分培智学校却成为六无学校，甚至没有足够的教师；[1] 尽管现今许多特殊教育学校办学条件因为国家的重视而有所改善，但仍存在"重硬件、轻软件"的情况，大量的特殊教育教师是通过普校转入特殊教育学校，其特殊教育专业水平不足以支持其为特殊儿童提供高质量的个别化教育；[2] 同时，在特殊教育学校办学条件评价体系中，特殊教育学校办学条件评定与测量更多地被归类到义务教育或者基础教育中，缺乏独立的评价测量体系。[3]

法律及政策方面，改革开放后，我国特殊教育也开始快速发展，在此期间国家颁布了一系列法律法规来保障特殊儿童的权利。《中华人民共和国宪法》第 45 条规定："国家和社会帮助安抚盲、聋、哑和其他残疾的劳动、生活和教育"，《中华人民共和国教育法》第 10 条规定"国家扶持和发展残疾人教育事业"。1994 年，《残疾人教育条例》出台，在保障残疾人的教育权利、发展残疾人教育事业中发挥了重要作用。2017 年，国务院总理李克强签署第 674 号国务院令，公布修订后的《残疾人教育条例》，自 2017 年 5 月 1 日起施行。但是，与发达国家的《特殊教育教育法》相比，该法令立法层次低，所发挥的法律效率

---

① 陈云英：《培智学校办学条件调查报告》，《中国特殊教育》2006 年第 12 期。

② 杨希洁：《中西部地区新建和改扩建特殊教育学校过程中出现的问题及对策》，《中国特殊教育》2013 年第 9 期。

③ 庞文、刘洋：《我国特殊教育均衡发展指标体系的构建与测评》，《教育科学》2013 年第 4 期。

低，因此导致特殊教育学校缺乏相应的具体办学条件标准，各地区特殊教育办学条件差异显著①。2010 年 7 月 29 号国务院办公厅颁布的《国家中长期教育改革和发展规划纲要（2010—2020 年）》中指出，到 2020 年，基本实现市（地）和 30 万人口以上、残疾儿童少年较多的县（市）都有一所特殊教育学校。② 因此，我国西部特殊教育落后地区许多县级城市纷纷建立特殊教育学校，截至 2016 年底，我国特殊教育学校已超过 2000 所。但这类新建特殊教育学校到底应该以什么办学标准进行配置，如何保障新建特殊教育学校的师资水平等等，很多问题都对我国特殊教育均衡发展提出挑战。我国学者杨希洁曾对中西部 7 省的 98 所新建和改扩建特殊教育学校进行过深入调查，调查结果发现，新建的特殊教育学校普遍存在缺少特殊教育专用教室和康复设备、对招生规模的预测和招生方式不科学、校址远离城区、师资匮乏等问题。③ 因此，现阶段在大量新建特殊教育学校以保障特殊儿童基本教育权利的同时，也应该逐步重视新旧特殊教育学校之间的均衡发展，以及不同地区特殊教育学校之间的差距。

综上所述，本书旨在了解我国西部地区特殊教育均衡发展现状，客观分析我国西部地区特殊教育发展的省区间、城乡间和新旧学校间的差异，以期对西部地区特殊教育均衡发展从横向上进行宏观分析，进一步改善特殊教育学校办学条件，为我国特殊教育的均衡化、规范化、系统化发展提出对策建议。

① 孟万金、刘在花、刘玉娟：《特殊儿童教育不公平现象的原因分析——五论残疾儿童教育公平》，《中国特殊教育》2007 年第 3 期。
② 教育部：《国家中长期教育改革和发展规划纲要（2010－2020 年）》，2010 年 7 月 29 日，见 http://www.moe.edu.cn/publicfiles/business/html.files/moe/moe838/201008/93704.html.
③ 杨希洁：《中西部新建和改扩建特殊教育学校发展现状及问题调查》，《中国特殊教育》2015 年第 11 期。

三、研究思路

（一）研究对象

本书采取问卷调查的方式，对西部地区重庆、四川、云南、贵州、新疆、甘肃、宁夏、陕西、内蒙古、青海等十余省市自治区共 394 所[①]特殊教育学校中的 105 所为调查对象发放问卷，回收 100 份，剔除无效问卷，有效问卷 98 份，回收率 93.33%。为了考察特殊教育学校的城乡差异，本书根据特殊教育学校所属地区，将特殊教育学校分成两类：其一指市级特殊教育学校和主城区区属的特殊教育学校，该类特校一般地处经济较发达地区；其二指县级特殊教育学校，这类特校大多地处经济欠发达地区。此外，为了考察新建和改扩建特殊教育学校（以下统称"新校"与"老校"）的差异，本书以 2008 年为界，根据中央颁布的《"十一五"期间中西部地区特殊教育学校建设规划（2008—2010 年)》的精神，对特殊教育学校进行新老校的划分（如表 5.1.1）。

表 5.1.1　调查对象基本情况

地区	学校位置		建校时间	
	市区级/所	县级/所	新校/所	老校/所
西南地区	22	55	22	55
西北地区	16	5	5	16
合计/所	38	60	27	71

---

① 教育部：《中国统计年鉴 2013 分地区特殊教育情况（2012 年)》，2014 年 4 月 30 日，见 http://wenku.baidu.com/link?url = gxrUf621vw9fIoHyze5Gk53z16W – 66vNO7IcCPJATzZhtQpnhORiQ6SnyidmWb18hBk7cCCdbts2Z1A1zKxcFXNtCCX6V – WbzWzP2P0f3Gm.

（二）研究方法

1. 问卷调查法

本书采用问卷调查的方式对西部地区的十余省市自治区特殊教育学校的办学条件进行研究，研究内容包含师资情况、教学资源、特殊教育专用设施和教育经费四个维度。根据第三章所设计的特殊教育均衡发展指标的主要要素，结合西部特殊教育发展的实际情况，采用自编问卷的形式进行调查研究。首先分析西部地区区域间特殊教育均衡发展情况，即在各省区之间进行比较分析；其次，分析西部地区城乡间特殊教育均衡发展情况，即在市区特殊教育学校和各县特殊教育学校之间进行比较分析；最后，分析西部地区新旧特殊教育学校间的均衡发展情况。

2. 文献法

通过 CNKI 查阅与本书密切相关的书籍、期刊、论文，了解与本书相关的研究，学习和吸收精华，发现研究中值得探讨的部分，为本书打下基础。

（三）测量指标

在本书中，主要采用均衡发展差异系数、均衡指数、均衡发展指数三个指标进行特殊教育均衡发展的分析。其中，差异系数能够具体反映特殊教育均衡发展各个维度的差异水平，进而有针对性地促进特殊教育的均衡发展；均衡指数从宏观上反映多个维度变动的相对数，量化特殊教育发展中每一维度的均衡水平；均衡发展指数是指整个地区特殊教育均衡发展的总体程度。

1. 特殊教育均衡发展差异系数

均衡度主要是指数据间的分散程度，反映的是各变量值远离其中心值的程度，也称为离散系数。一般情况下，测算指数型数据离散程度的方法主要采用的指标有平均差、极差、标准差、极差率、差异系数、洛伦兹曲线、基尼系数等。在这些指标中，平均差、极差、标准差等反映的是数据分散程度的绝对差异，而极差率、差异系数、洛伦兹曲线等反映的是数据分散程度的相对差异。[1] 本书主要用标准差、差异系数来测算特殊教育发展离散程度，即特殊教育的均衡度。

标准差是测算离散趋势最重要、最常用的指标，用 S 表示。标准差相应的计算公式为：

$$S = \sqrt{\frac{\sum_{j}^{n}(Y_{j}-Y)^{2}}{N}}$$ 式中，y_j 和 y 分别表示 j 地区某项指标与各地区某项指标的平均值，N 为地区个数。标准差能够比较全面地反映区域绝对差异的指标。

差异系数也称差异系数、离散系数、变差系数，用 V 表示。它是一组数据的标准差与其均值之比，是测量数据离散程度的相对指标。变差系数通常用标准差计算，因此，变差系数也被称为标准差系数。其计算公式为：

$$V = \frac{\sqrt{\dfrac{\sum_{j}^{n}(Y_{j}-Y)^{2}}{N}}}{Y}$$ 式中，y_j 和 y 分别表示地区某项指标与各地区某项指标的平均值，N 为地区个数。变差系数主要用于比较不同总体或样本数据的离散程度。变差系数越大，说明数据的离散程度越大，变差系数越小，说明数据的离散程度越小。差异系数反映区域内各地区间相对差异的指标。

2. 特殊教育均衡指数

为了了解特殊教育均衡发展状况，本书根据指数的构成和指数编制的思想，按照下列公式计算教育均衡指数。在实际计算中，差异系数的高低与均衡程度成反比，应首先进行逆转化，即将差异系数取倒数后作为实际值代入该公式计算，求其均衡指数。均衡指数取值范围均为 0—

---

[1] 贾俊平：《统计学》，中国人民大学出版社 2004 年版，第 16 页。

1，指标得分越高，指标所体现的教育均衡程度越高，公式如下：[①]

$$I_{ij} = \frac{实际值 X_i - 最小值 X_i}{最大值 X_i - 最小值 X_i}$$　3．均衡发展指数

为了能够反映各地区特殊教育均衡的总体情况，将各维度的均衡指数进行整合，计算出特殊教育总体均衡发展指数。笔者借鉴了从 1995 年起，联合国开发计划署陆续开发的有关人类发展指数的计算方法。用下列公式计算教育均衡发展指数，这里用 P 表示指标。[②]

$$Index = \left[\frac{1}{n}(P_1^3 + P_2^3 + \ldots + P_n^3)\right]^{\frac{1}{3}}$$　除此之外，本书还以西南五省为例对西部地区特殊教育学校的办学条件进行具体分析，采用问卷调查的方式对西南地区云南省、贵州省、重庆市、四川省、西藏自治区的 80 所特殊教育学校发放问卷，问卷题目所涉及的办学条件主要包括硬件设施和软件条件两大一级评价指标，其中硬件设施条件指标包括校舍面积、计算机台数、图书册数、特殊教育专用教室数量、特殊教育康复器械价值等五个二级评价指标；软件条件指标包括师生比、特殊教育教师学历、特殊教育教师职称、特殊教育专业背景等四个二级评价指标。而在研究结果呈现过程是用该指标总数与该指标总人数的商得出的生均指标数值。即生均指标数值＝该指标统计数量/该指标所在群类总学生数量。

第二节　西部地区城乡间特殊教育均衡发展现状

特殊教育均衡发展，涉及城乡间、区域间、各类特殊教育学校间以及新旧特殊教育学校间的均衡发展，由于盲校、聋校、培智学校以及综合类特殊教育学校数量差异太大，某些地区甚至完全没有盲校或聋校，

---

① 翟博：《教育均衡论：中国基础教育均衡发展实证分析》，人民教育出版社 2008 年版，第 89 页。
② 翟博：《教育均衡发展：理论、指标及测算方法》，《教育研究》2006 年第 3 期。

因此以下内容主要分析西部地区城乡间、区域间以及新旧特殊教育学校间的特殊教育均衡发展情况。

在我国基础教育阶段，城乡义务教育非均衡情况非常突出，大量学者为缩小我国城乡义务教育差距、促进城乡义务教育均衡发展进行了大量研究①。然而在特殊教育领域，却鲜有涉及城乡均衡发展状况的研究调查。鉴于以上情况，笔者通过研究各指标的差异系数、均衡指数和均衡发展指数，分析西部地区特殊教育资源在师资力量、教学资源、特殊教育专用设施和经费投入方面的城乡均衡发展的水平，具体内容分析如下。

一、西部地区特殊教育资源城乡均衡研究结果

（一）师资力量

特殊教育师资队伍的均衡配置，在人才的层次结构方面，除各学科教师的数量均衡之外，还应包括行政管理人员与相关工勤人员，以及提供相关技术服务的特殊教育教师，如语言治疗师、物理治疗师、感觉统合训练师等的均衡配置。在教师的专业水平方面，包括教师学历水平、学历专业以及职称等级等方面的均衡。

表 5.2.1   西部地区特殊教育师资城乡差异系数表

		样本数量	平均数	标准差	差异系数
学科教师／人	市区级	38	36.87	20.19	0.55
	县级	60	18.33	8.05	0.44
	总体	98	25.52	16.65	0.65
特殊教育相关服务人员／人	市区级	38	3.21	9.35	2.91
	县级	60	0.48	1.57	3.27
	总体	98	1.54	6.05	3.93

---

① 翟博：《中国基础教育均衡发展实证分析》，《教育研究》2007 年第 7 期。

续表

		样本数量	平均数	标准差	差异系数
行政及工勤／人	市区级	38	7.63	7.11	0.93
	县级	60	4.48	3.83	0.86
	总体	98	5.70	5.53	0.97
师生比	市区级	38	0.28	0.10	0.36
	县级	60	0.23	0.08	0.35
	总体	98	0.25	0.09	0.36
学历结构	市区级	38	2.43	0.44	0.18
	县级	60	2.30	0.43	0.19
	总体	98	2.35	0.44	0.19
教师职称	市区级	38	2.66	0.29	0.11
	县级	60	2.60	0.46	0.18
	总体	98	2.62	0.40	0.15
学历专业	市区级	38	1.33	0.24	0.18
	县级	60	1.40	0.35	0.25
	总体	98	1.38	0.28	0.20

＊在教师学历结构的计算中，把中专及以下学历赋值为 1 分，大专学历赋值为 2 分，本科学历赋值为 3 分，研究生及以上学历赋值为 4 分。在教师职称的计算中，把无职称赋值为 1 分，初级职称赋值为 2 分，中级职称赋值为 3 分，高级职称赋值为 4 分。在教师学历专业的计算中，把非特殊教育专业背景赋值为 1 分，特殊教育专业背景赋值为 2 分。

总体上看，西部地区城乡特殊教育学校师资资源在学科教师、特殊教育相关服务人员、行政及工勤教师以及师生比等方面均存在较大差异，尤其是特殊教育相关服务人员差异系数 $V > 1$，意味着城乡差异非常明显。而且由上表可见，该类人员数量严重匮乏，县级特殊教育学校相关服务人员平均数量不到一人，多数学校完全没有相应的专业人员，诸如言语康复、职业康复、物理治疗等效果如何保障？

此外，西部地区特殊教育师资力量在学历专业、学历结构、教师职称方面城乡差异较小。在学历结构方面，城乡特校教师均以大专和本科学历为主力，其中市区级特校教师队伍中研究生及以上学历的教师数量明显多于县级特校，而县级特校教师队伍中中专及以下学历的教师数量较多。在教师职称方面，城乡特校教师均以初级职称和中级职称为主力。在学历专业方面，城乡特殊教育学校都是非特教专业师资为主，特教专业背景的师资缺乏，县级特校中特殊教育专业背景的教师相对较多，笔者分析其原因之一为县级特校多为新建校，在新教师招聘中容易引进特殊教育专业人才。

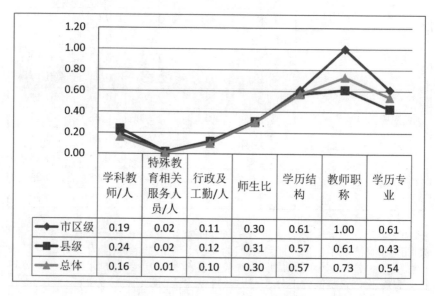

	学科教师/人	特殊教育相关服务人员/人	行政及工勤/人	师生比	学历结构	教师职称	学历专业
市区级	0.19	0.02	0.11	0.30	0.61	1.00	0.61
县级	0.24	0.02	0.12	0.31	0.57	0.61	0.43
总体	0.16	0.01	0.10	0.30	0.57	0.73	0.54

图5.2.1　西部地区城乡特殊教育师资力量各维度均衡指数

图5.2.1显示，市区、县和总体特校师资力量各维度的均衡水平在一定程度上呈现出一致性。其中教师职称的均衡指数最高，学历结构、学历专业的均衡指数次之，师生比、学科教师和行政及工勤的均衡指数较低，特殊相关技术服务教师方面的均衡指数最低，极度不均衡。由此可见，城乡特殊教育学校教师的职称结构并无太大差异，而特殊教育相关服务人员的数量问题是目前城乡特殊教育师资所面临的共同的核心问题，不仅数量少，而且城乡之间以及城乡内部都极度不均衡。

（二）教学资源

特殊教育的资源均衡配置，包括硬件和软件均衡配置。其中特殊教育的硬件均衡配置，就包括教学资源的均衡配置，即普通教育学校所强调的学校公用经费、生均经费投入、校舍面积、校舍建设、教学实验仪器设备、图书资料等硬型资源的均衡。

表 5.2.2　西部地区特殊教育学校教学资源城乡异系数表

		样本数量	平均数	标准差	差异系数
生均校园面积/㎡	市区级	38	86.99	63.32	0.73
	县级	60	199.85	345.08	1.73
	总体	98	156.09	277.52	1.78
生均校舍面积/㎡	市区级	38	50.21	36.10	0.72
	县级	60	82.33	150.09	1.82
	总体	98	69.87	120.20	1.72
生均固定资产/万元	市区级	38	17.66	22.67	1.28
	县级	60	11.49	12.13	1.06
	总体	98	13.88	17.17	1.24
实验室数量/个	市区级	38	2.55	4.09	1.60
	县级	60	1.27	3.92	3.09
	总体	98	1.77	4.02	2.27
多媒体室数/个	市区级	38	9.05	9.11	1.01
	县级	60	2.85	3.37	1.18
	总体	98	5.26	6.91	1.31
计算机数/台	市区级	38	61.61	46.06	0.75
	县级	60	30.52	18.78	0.62
	总体	98	42.57	35.44	0.83
生均图书数/册	市区级	38	68.74	81.57	1.19
	县级	60	44.36	58.47	1.32
	总体	98	53.81	68.99	1.28

总体上看，西部地区城乡特殊教育学校的教学资源在生均校园面积、生均校舍面积、生均固定资产总额、实验室数量、多媒体室数、计

算机数、生均图书数等方面均存在较大差异，多维度的差异系数 V＞1，教学资源的城乡差异非常明显。其中实验室数量差异最明显且严重不足，与2012年住建部、发改委、教育部等部门颁布的《特殊教育学校建设标准》所规定的各类实验室类型相差甚远，县级特校实验室数量并不能满足学生自然、物理、化学、生物等多学科实验教学的基本要求。在固定资产生均总额、多媒体室数量、计算机数量、图书生均数量等方面，市区级特校均优于县级特校。仅有校园生均面积和校舍生均面积两项指标，市区级特校远远小于县级特校，由于市区土地资源紧张，市区特校校园面积与《特殊教育学校建设标准》规定指标有较大距离，这也是老特校所面临的共同问题；而大多数新建或改扩建的县级特校可谓处于"地大物薄"的状态，亟需扩充资源，提高其教学条件。

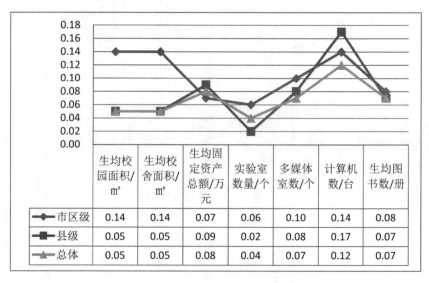

	生均校园面积/m²	生均校舍面积/m²	生均固定资产总额/万元	实验室数量/个	多媒体室数/个	计算机数/台	生均图书数/册
市区级	0.14	0.14	0.07	0.06	0.10	0.14	0.08
县级	0.05	0.05	0.09	0.02	0.08	0.17	0.07
总体	0.05	0.05	0.08	0.04	0.07	0.12	0.07

图5.2.2 西部地区城乡特殊教育学校教学资源各维度均衡指数

图5.2.2显示，除校园面积和校舍面积外，城乡特校教学资源各维度的均衡水平在一定程度上呈现出一致性。总体而言西部地区特殊教育教学资源的均衡指数均很低，除计算机数量的均衡指数大于0.1外，其余各维度的均衡指数均小于0.1，尤其是实验室数量的均衡指数问题最

为突出，表明城乡之间以及城乡内部各校际间教学资源的差异非常显著。由此可见，特殊教育发展中，应该重视各类教学资源的均衡发展，充分保障特殊儿童教育资源的充足，尤其应重视各科实验室建设，为特殊儿童的学科教学提供基本条件。

（三）特殊教育专用设施

特殊教育的资源均衡配置，包括硬件和软件均衡配置。其中特殊教育的硬件均衡配置，除以上提及的教学资源外，还包括特殊教育资源的均衡配置，即特殊教育专用教室（包括语训室、感觉统合训练室、各类实验室等）、无障碍设施、安全防护设施、康复器械设备等。

表 5.2.3　西部地区特殊教育专用设施城乡差异系数表

		样本数量	平均数	标准差	差异系数
专用教室数量/个	市区级	38	4.63	4.82	1.04
	县级	60	2.72	3.64	1.34
	总体	98	3.46	4.21	1.22
视听阅览室面积/㎡	市区级	38	27.37	32.17	1.18
	县级	60	11.92	33.38	2.80
	总体	98	17.91	33.61	1.88
生均盲文图书数量/册	市区级	38	2.56	7.62	2.98
	县级	60	0.10	0.38	3.80
	总体	98	1.05	4.87	4.64
康复器械总值/万元	市区级	38	79.67	128.81	1.62
	县级	60	23.09	29.53	1.28
	总体	98	45.03	87.34	1.94

总体上看，西部地区城乡特殊教育学校的专用教育设施各维度的差异系数 $V > 1$，城乡差异非常明显。在专用教室数量方面，县级特校专用教室数量平均不足 3 个，《特殊教育学校建设标准》中明确规定了各种康复教室的类型及其面积，诸如语言治疗、感统训练、家政教室、物理治疗等康复训练的场地均为特殊教育学校必备的专用教室，对学生的

缺陷补偿和潜能开发有非常重要的康复治疗作用。在视听阅览室和康复器械总值方面，市区级特校的平均发展水平也超出县级特校两倍多，县级特校的康复设施有待进一步发展。在生均盲文图书数量方面，城乡特校的藏书量距离学生正常的阅读需求均有很大差距。

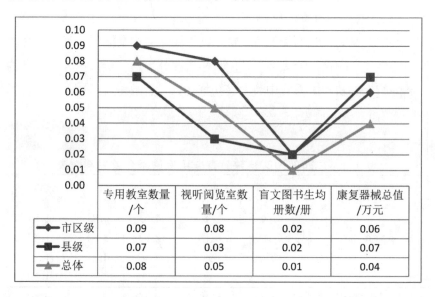

图 5.2.3　西部地区城乡特殊教育专用设施各维度均衡指数

图 5.2.3 显示，城乡特殊教育专用设施各维度均衡水平均极低，其均衡指数均小于 0.1。可见各类特殊教育专用设施是目前城乡特殊教育均衡发展的最大短板，应作为特殊教育均衡发展的核心要务，不仅从数量上增加县级特殊教育学校各类专用教室数量，包括《特殊教育学校建设标准》中明确听到了各种康复教室，如语言治疗室、感统训练室、多功能活动室、体育康复训练室、心理咨询室、家政训练室等；还应该补充基本的康复器械，包括移动辅助器具、生活自理和防护辅助器具、沟通和信息辅助器具、技能训练辅助器具、操作实物和器具的辅助器具等，切实保障各类特殊儿童康复训练的基本条件，落实医教结合理念在特殊教育领域的深入贯彻。

（四）教育经费

表 5.2.4　西部地区特殊教育经费城乡差异系数表

经费来源		样本数量	平均数	标准差	差异系数
生均预算内教育经费（元/年）	市区级	38	22555.00	25782.700	11.43
	县级	60	12452.00	12281.10	0.99
	总体	98	16369.00	19229.80	1.17
生均校办企业经费(元/年)	市区级	38	8.00	35.90	4.49
	县级	60	0.00	0.00	0.00
	总体	98	3.00	25.5	8.50
生均社会收入(元/年)	市区级	38	418.00	1224.30	2.93
	县级	60	278.00	251.40	0.90
	总体	98	333.00	861.30	2.59
生均其他收入(元/年)	市区级	38	63.00	389.30	6.18
	县级	60	303.00	930.60	3.07
	总体	98	210.00	773.60	3.68
生均经费投入总额(元/年)	市区级	38	23047.00	25726.20	1.12
	县级	60	13027.00	12127.40	0.93
	总体	98	16912.00	19131.00	1.13

　　总体上看，西部地区城乡特殊教育学校教育经费各维度的差异系数 V＞1，城乡差异非常明显。预算内教育经费投入是城乡特校经费的主要来源，市区级特校的生均预算内教育经费和生均经费投入总额约为县级特校的 2 倍，投入差异可见一斑。虽然校办企业经费、社会收入经费、其他收入在特校经费总额中所占的比例非常小，但是城乡差异以及城乡内部的差异也较大，其中县级特校的生均其他经费收入约为市区级特校的 5 倍。在未来建设发展中，其经费保障需进一步加强。

　　图 5.2.4 显示，西部地区城乡特殊教育经费投入的各类指标均衡水平很低，其均衡指数均小于 0.1，表明城乡差异非常显著。县级特校在校办企业经费维度均衡指数为 1，结合表 5.2.4 数据可知，是因为所有

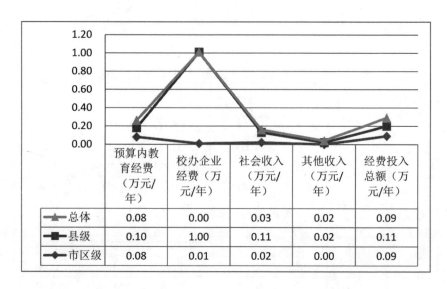

图5.2.4　西部地区城乡特殊教育经费投入各维度均衡指数

县级特校均无校办企业经费来源。由此可见，拓宽筹资渠道、加大经费
扶持力度，尤其是鼓励特校结合本校的职业课程设计开办校办企业、手
工作坊、小型网店、爱心小铺等，不仅能够促进特殊学生职业课程的理
论结合实践，还能够部分解决学生的就业问题，同时在一定程度上增加
学校的经费来源，不失为城乡特殊教育学校的重要发展方向。

（五）西部地区特殊教育资源城乡均衡发展指数

图5.2.5显示，西部地区城乡特殊教育学校各个维度的均衡发展水
平均较低，各个维度指标中，师资力量的均衡发展指数相对较高，特殊
教育专用设施均衡指数最低，可见在城乡特殊教育学校的发展中，要进
一步加大特殊教育专用设施的均衡程度，切实保障特殊儿童的教学、生
活、康复的基本条件。图5.2.6显示，西部地区特殊教育资源的城乡均
衡发展水平（Index＝0.32）、市区级特校特殊教育资源均衡发展水平
（Index＝0.42）以及县级特校（Index＝0.41）的均衡发展水平均较低，
建议各地政府部门建立起特殊教育资源均衡发展的动态监测，从加快发
展和提高质量两方面促进西部地区城乡教育资源均衡发展。

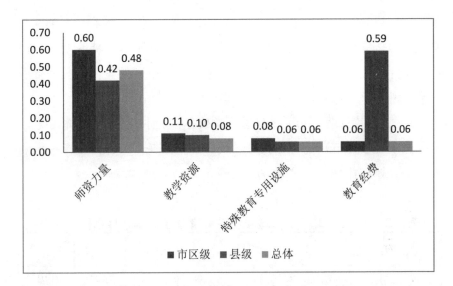

图5.2.5 西部地区城乡特殊教育资源各维度均衡发展指数

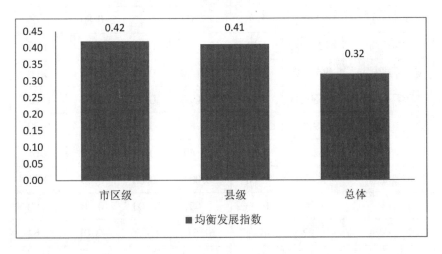

图5.2.6 西部地区城乡特殊教育资源总体均衡发展指数

二、西部地区各省市内部特殊教育学校办学条件城乡对比分析结果

为了进一步探究西部地区各省市内部特殊教育资源城乡均衡的情况，本书还以西部地区的西南四省（市）——云南省、贵州省、重庆市和四川省为例，根据这四个地区特殊教育学校硬件设施和软件条件等数据，结合特殊教育学校总体情况，对这四个省（市）特殊教育学校办学条件的城乡差异的总体情况，及每个省（市）的具体情况进行进一步的说明。

（一）西南四省（市）特殊教育学校办学条件城乡对比总体情况

西南四省（市）的特殊教育学校办学条件（详细评价指标参见图5.1.1）城乡对比差异的总体情况如表5.2.5、图5.2.7所示。

表5.2.5 西南四省（市）城乡特殊教育学校办学条件指标情况表

测度方法	指标1	指标2	指标3	指标4	指标5	指标9
均值（城）	47.98	0.36	50.38	0.05	0.43	0.21
均值(乡)	76.58	0.54	17.66	0.05	0.34	0.25
标准差(城)	33.86	0.26	75.37	0.12	0.80	0.06
标准差(乡)	128.96	0.71	34.86	0.07	0.68	0.13
离散系数(城)	1146.50	0.07	5680.50	0.01	0.64	0.00
离散系数(乡)	16630.00	0.51	1214.80	0.01	0.47	0.02
最大值(城)	149.30	0.91	258.80	0.48	3.11	0.30
最大值(乡)	862.80	4.44	175.40	0.39	3.20	0.65
最小值(城)	16.02	0.06	0.00	0.00	0.00	0.11
最小值(乡)	8.00	0.00	0.00	0.00	0.00	0.00
极差率(城)	9.32	14.68	61.51	65.50	43.01	2.64
极差率(乡)	107.80	140.33	867.80	50.00	93.63	5.96

由表5.2.5可知，西南四省（市）特殊教育学校办学条件硬件设施条件方面，县级特殊教育学校在生均校舍面积和生均计算机台数指标上均值和离散程度都高于市区特殊教育学校相应指标及离散程度，而生均

图书册数指标均值和离散程度上市区特殊教育学校高于县级特殊教育学校，生均专用教室均值和离散程度无论市区特殊教育学校还是县级特殊教育学校都大体相当。师生比方面县级特殊教育学校的均值和离散程度也高于市区特殊教育学校相应指标的值。

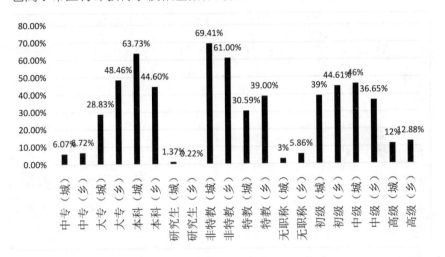

图 5.2.7　西南四省（区）城乡特殊教育学校软件条件对比情况图

由图 5.2.7 可观察到，西南四省（区）中，市区特殊教育学校教师学历主要以本科学历为主且占主体位置，其次为大专学历，而研究生所占比例明显偏低。县级特殊教育学校教师学历主要以大专和本科为主且大专学历比重稍高于本科学历比重，研究生所占比例几乎没有。教师专业背景指标上都呈现非特教专业背景所占比例远远高于特教专业背景所占比例，而市区的特殊教育学校差距稍大。市区特殊教育学校教师职称主要以中级职称为主，其次为初级职称，高级职称次之，无职称所占比重最少；而县级特殊教育学校主要以初级职称为主，其次为中级职称，高级职称次之且稍高于市区特殊教育学校相应比例，无职称最少但比重相应偏高。

（二）云南省特殊教育学校办学条件省内城乡对比结果

根据西南四省（区）特殊教育学校硬件设施和软件条件等数据，

结合云南省特殊教育学校总体情况，针对云南省特殊教育学校办学条件的城乡差异进行对比分析。如表5.2.6、图5.2.8所示。

表5.2.6　云南省城乡特殊教育学校办学条件指标情况表

	指标1	指标2	指标3	指标4	指标5	指标9
均值（城）	49.27	0.31	25.08	0.07	0.65	0.22
均值(乡)	152.80	1.00	4.66	0.05	0.59	0.27
标准差(城)	24.35	0.23	16.74	0.15	1.00	0.06
标准差(乡)	218.40	1.14	7.06	0.07	1.06	0.19
离散系数(城)	592.7	0.05	280.10	0.02	1.00	0.00
离散系数(乡)	47682	1.31	49.90	0.00	1.11	0.03
最大值(城)	95.45	0.91	52.44	0.48	3.11	0.30
最大值(乡)	862.80	4.44	21.19	0.20	3.20	0.65
最小值(城)	17.89	0.08	0.00	0.00	0.00	0.15
最小值(乡)	19.19	0.00	0.00	0.00	0.00	0.00
极差率(城)	5.34	11.38	10.17	1.30	32.00	2.06
极差率(乡)	44.96	15.75	90.53	8.00	6.41	5.82

　　由表5.2.6可观察到，云南省特殊教育学校城乡硬件设施条件对比过程中，县级特殊教育学校在生均校舍面积和生均计算机台数指标的均值远远大于市区特殊教育学校相应指标的均值，而这两指标的离散程度也比较高；在生均图书册数、生均专用教室和生均康复器械价值指标上市区特殊教育学校的均值都远远超过县级特殊教育学校相应指标数值，而市区特殊教育学校在生均图书册数的离散程度竟是县级特殊教育学校相应指标离散程度的6倍多。师生比方面，云南省县级特殊教育学校师生比达到0.271，高出市区特殊教育学校的师生比，甚至超过西南地区特殊教育学校的师生比。

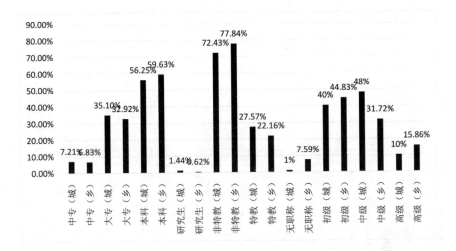

图5.2.8 云南省特殊教育学校教师学历城乡对比情况图

由图5.2.8可观察到，无论两类型学校教师都是本科学历为主，其次为大专学历，而县级特殊教育学校教师本科学历所占比重稍高，市区特殊教育学校教师大专学历所占比重稍高，但市区特殊教育学校教师研究生学历比重明显高出县级特殊教育学校研究生所占比重。专业背景指标上两类型学校教师都是以非特教专业背景为主，而县级特殊教育学校教师非特教专业背景比重稍高达77.84%。教师职称指标上市区特殊教育学校主要以中级职称为主且比例近乎一半，其次为初级职称所占比例，比重达四成，而无职称所占比重极少；县级特殊教育学校教师职称主要以初级职称为主，其次为中级职称所占比例，而初级职称比重高出中级职称比重一成多，无职称比重相对较高，而高级职称所占比重高出市区特殊教育学校教师高级职称比重近5个百分点。

（三）贵州省特殊教育学校办学条件省内城乡对比结果

根据西南地区特殊教育学校硬件设施和软件条件等数据，结合贵州省特殊教育学校总体情况，针对贵州省特殊教育学校办学条件的城乡差异进行对比分析。如表5.2.7、图5.2.9所示。

表 5.2.7　贵州省城乡特殊教育学校办学条件指标情况表

	指标1	指标2	指标3	指标4	指标5	指标9
均值（城）	27.08	0.19	20.90	0.01	0.01	0.16
均值(乡)	50.89	0.30	16.45	0.06	0.40	0.24
标准差(城)	7.59	0.19	22.60	0.00	0.02	0.05
标准差(乡)	31.92	0.33	23.58	0.13	0.69	0.10
离散系数(城)	57.60	0.04	510.60	0.00	0.00	0.00
离散系数(乡)	1019.00	0.11	556.13	0.02	0.47	0.01
最大值(城)	33.02	0.41	46.51	0.01	0.37	0.20
最大值(乡)	114.29	0.87	73.21	0.39	2.04	0.43
最小值(城)	18.53	0.06	3.78	0.01	0.00	0.11
最小值(乡)	14.23	0.01	0.00	0.00	0.00	0.14
极差率(城)	1.78	6.57	12.30	1.57	19.60	1.78
极差率(乡)	8.03	6.54	143.40	7.27	5.24	3.15

　　由表 5.2.7 可观察到，贵州省特殊教育学校硬件设施条件城乡对比过程中，除了生均图书册数均值县级特殊教育学校低于市区特殊教育学校生均图书册数外，县级特殊教育学校在生均校舍面积、生均计算机台数、生均专用教室、生均康复器械价值的均值上都远远超过市区特殊教育学校相应指标数值，但伴随而来的是县级特殊教育学校在硬件设施条件所有指标的离散程度都高出市区特殊教育学校相应指标的离散程度。而县级特殊教育学校的师生比也比市区特殊教育学校高，市区特殊教育学校师生比仅为 0.16。

　　由图 5.2.9 可观察到，贵州省市区特殊教育学校教师主要以本科学历为主，达到八成，其次为大专学历，中专学历次之，而研究生学历所占比重为 0；县级特殊教育学校教师学历以大专学历为主，其次为本科

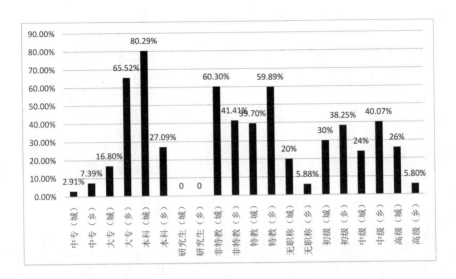

图 5.2.9　贵州省特殊教育学校教师学历城乡对比图

学历，而大专学历比重超本科学历近四成，研究生比例也为 0。教师专业背景非特教专业与特教专业比例为 6∶4，而县级特殊教育学校教师专业背景非特教专业与特教专业比例刚好相反。贵州省市区特殊教育学校教师学历从无职称、初级、中级到高级所占的比重都保持在 20% 到 30% 之间，初级职称比重最高，其次为高级职称，无职称比重最低；而县级特殊教育学校教师职称主要以中级职称为主，其次为初级职称，而无职称比重最低且低于市区特殊教育学校教师无职称所占的比重。

（四）重庆市特殊教育学校办学条件省内城乡对比结果

根据西南四省（区）特殊教育学校硬件设施和软件条件等数据，结合重庆市特殊教育学校总体情况，针对重庆市特殊教育学校办学条件的城乡差异进行对比分析。如表 5.2.8、图 5.2.10 所示。

表 5.2.8　重庆市城乡特殊教育学校办学条件指标情况表

	指标1	指标2	指标3	指标4	指标5	指标9
均值（城）	60.43	0.58	135.73	0.02	0.21	0.23
均值(乡)	40.43	0.36	26.22	0.04	0.16	0.24
标准差(城)	60.41	0.28	128.07	0.01	0.14	0.05
标准差(乡)	21.56	0.21	45.95	0.04	0.22	0.08
离散系数(城)	3649.3	0.08	16401.00	0.00	0.02	0.00
离散系数(乡)	464.83	0.05	2111.40	0.00	0.05	0.01
最大值(城)	149.30	0.88	258.82	0.04	0.35	0.27
最大值(乡)	85.00	0.78	175.44	0.19	0.78	0.40
最小值(城)	16.02	0.22	10.14	0.01	0.07	0.18
最小值(乡)	8.00	0.01	0.00	0.00	0.00	0.13
极差率(城)	9.32	4.09	25.54	3.89	0.21	1.52
极差率(乡)	10.62	83.80	9161.03	22.50	28.28	3.11

　　由表5.2.8可观察到，重庆市市区特殊教育学校除了生均专用教室均值稍低于县级特殊教育学校相应指标外，其余硬件设施指标均值都远远高于县级特殊教育学校相应指标，但市区特殊教育学校硬件设施各个指标的离散程度都偏高，校际间差距过大。而县级特殊教育学校师生比稍高于市区特殊教育学校师生比。

　　由图5.2.10可观察到，重庆市市区特殊教育学校教师主要以本科学历为主，比重达到7成，其次为大专学历；县级特殊教育学校教师大专学历与本科学历比重相当，但研究生学历比重极低。无论市区类型还是县级类型的特殊教育学校教师专业背景都是以非特教专业背景居多，而县级特殊教育学校在这一指标上的距离相对较小。市区特殊教育学校

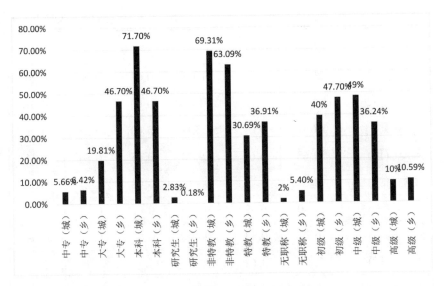

图 5.2.10　重庆市特殊教育学校软件条件城乡对比图

教师主要以中级职称为主且几近一半的比重，其次为初级职称，高级职称次之，无职称比重极低；而县级特殊教育学校主要以初级职称为主，其次为中级职称，高级职称稍高于市区特殊教育学校相应数值，但无职称比重相对偏高。

（五）四川省特殊教育学校办学条件城乡对比情况

根据西南四省（区）特殊教育学校硬件设施和软件条件等数据，结合四川省特殊教育学校总体情况，针对四川省特殊教育学校办学条件的城乡差异进行对比分析。如表5.2.9、图5.2.11 所示。

表 5.2.9　四川省城乡特殊教育学校办学条件指标情况表

	指标1	指标2	指标3	指标4	指标5	指标9
均值（城）	40.62	0.38	75.30	0.04	0.60	0.23
均值(乡)	55.30	0.34	64.50	0.02	0.43	0.29
标准差(城)	11.38	0.20	142.50	0.02	0.17	0.09

续表

	指标1	指标2	指标3	指标4	指标5	指标9
标准差(乡)	23.15	0.21	71.09	0.03	0.50	0.10
离散系数(城)	129.40	0.04	20313.00	0.00	0.03	0.01
离散系数(乡)	536.00	0.04	5053.00	0.00	0.25	0.01
最大值(城)	59.68	0.64	329.70	0.05	0.80	0.34
最大值(乡)	90.32	0.77	196.10	0.08	1.27	0.39
最小值(城)	29.70	0.18	0.00	0.01	0.45	0.12
最小值(乡)	26.00	0.12	0.00	0.00	0.00	0.08
极差率(城)	2.01	3.62	3.57	5.30	1.78	2.78
极差率(乡)	3.47	6.53	14.17	1.77	26.04	4.84

由表5.2.9可观察到，四川省县级特殊教育学校在生均康复器械价值的离散程度、生均校舍面积指标的均值和离散程度上高于市区特殊教育学校相应指标均值外，其余指标都低于市区特殊教育学校相应指标均值。市区特殊教育学校在生均图书册数离散程度远远高于县级特殊教育学校相应指标离散程度，而其余硬件指标的离散程度两者都相当。在师生比方面，县级特殊教育学校师生比高于市区特殊教育学校师生比，而县级特殊教育学校在这方面的极差率远远大于市区特殊教育学校相应的极差率。

由图5.2.11可观察到，四川省市区特殊教育学校教师主要以本科学历为主，且比例达到了7成，其次为大专学历比例，研究生比例次之，而中专比例极低。县级特殊教育学校主要以大专学历为主，比例达到了5成之多，其次为本科学历比例，中专学历比例次之，研究生比例最少且极低。教师专业背景均以非特教专业背景居多，且比例超过7成。市区特殊教育学校教师主要以中级职称为主，其次为初级职称和高级职称，无职称比例极低；而县级特殊教育学校教师主要以中级职称为

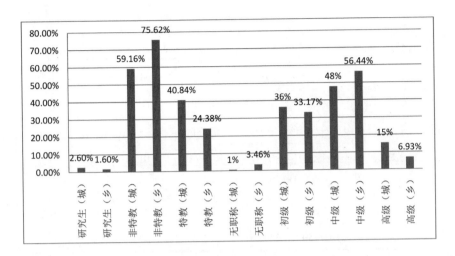

图 5.2.11 四川省特殊教育学校软件条件城乡对比情况图

主，且比例达到 56.44%，高级职称比例和无职称比例最低。

第三节 西部地区区域间特殊教育均衡发展现状

在西部地区省市中，西南地区五省市自治区类型多元，包含直辖市、少数民族自治区等，且经济发展水平在全国排名较为滞后，且各省区间差异较大。因此，我们以西部地区的西南五省（区）——云南省、贵州省、重庆市、四川省和西藏自治区为例，具体针对这五个省区特殊教育学校办学条件的总体情况及具体现状进行分析，以此讨论西部地区区域间的特殊教育均衡度。

一、西部地区特殊教育学校办学条件总体情况

通过对西部地区特殊教育学校办学条件基本情况的调查，硬件设施及软件条件总体情况如表 5.3.1、图 5.3.1 所示。

表5.3.1　西南五省（区）特殊教育学校办学条件指标情况表（区域比较）

	指标1	指标2	指标3	指标4	指标5	指标9
均　值	64.85	0.46	34.88	0.04	0.44	0.24
标准差	99.75	0.56	63.31	0.08	0.78	0.11
离散系数	9949.20	0.32	4008.00	0.01	0.60	0.01
最大值	862.80	4.44	329.70	0.48	3.90	0.65
最小值	8.00	0.00	0.00	0.00	0.00	0.00
极差率	107.80	140.30	1549.00	3.90	120.00	6.22

　　由表5.3.1可知，生均校舍面积和生均图书册数这两指标均值较高且但校与校间的生均水平差距大，离散程度高；师生比为0.24。

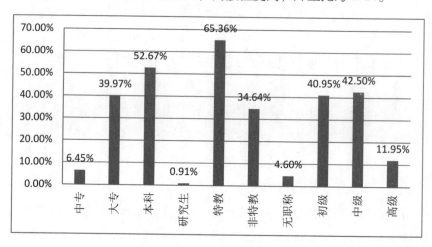

图5.3.1　西南五省（区）特殊教育学校软件条件情况图（区域比较）

　　由图5.3.1观察出，西南五省（区）特殊教育学校教师学历主要以本科和大专学历为主，且本科学历占到大半部分，而研究生学历比例最低。教师专业背景主要以非特殊教育专业背景为主。教师职称指标方面主要以初级和中级职称为主，且两者比例占到了八成多，而高级职称的教师比例为 11.95%。

二、西部地区各省市特殊教育学校办学条件分析结果（区域比较）

（一）云南省特殊教育学校办学条件具体情况分析

通过对云南省特殊教育学校办学条件基本情况的调查，硬件设施及软件条件总体情况如表 5.3.2、图 5.3.2 所示。

表 5.3.2　云南省特殊教育学校学校办学条件指标情况表（区域比较）

	指标 1	指标 2	指标 3	指标 4	指标 5	指标 9
均值	107.77	0.70	13.54	0.06	0.61	0.25
标准差	170.30	0.92	15.78	0.11	1.01	0.15
离散系数	29003.00	0.85	248.90	0.01	1.02	0.02
最大值	862.80	4.44	52.40	0.48	3.20	0.65
最小值	17.89	0.00	0.00	0.00	0.00	0.00
极差率	48.23	15.75	261.00	20.00	62.20	5.82

由表 5.3.2 可观察到，云南省特殊教育学校硬件设施条件总体上比西南地区总体水平偏高，但离散程度却比西南地区离散程度水平高出许多。与此同时，云南省硬件设施条件各个指标间也表现出参差不齐的局面。而师生比指标均值和离散程度稍高于西南地区水平。

由图 5.3.2 可观察到，云南省特殊教育学校教师学历以本科学历为主且比例近六成，其次为大专学历，而研究生学历比例不足一成。教师专业背景情况中非特教专业背景所占的比例超过 7 成，而特教专业背景比例不足三成。教师职称指标方面主要以中级和初级职称为主，且两者的比例相当，高级职称比例为 11%。

（二）贵州省特殊教育办学条件具体情况分析

通过对贵州省特殊教育学校办学条件基本情况的调查，硬件设施及软件条件总体情况如表 5.3.3、图 5.3.3 所示。

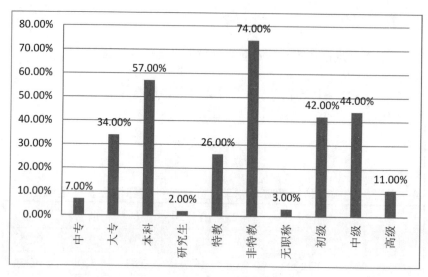

图 5.3.2　云南省特殊教育学校软件条件情况图

表5.3.3　**贵州省特殊教育学校学校办学条件指标情况表（区域比较）**

	指标1	指标2	指标3	指标4	指标5	指标9
均值	44.94	0.27	17.56	0.05	0.30	0.22
标准差	29.46	0.30	22.39	0.11	0.61	0.10
离散系数	867.60	0.09	501.34	0.01	0.37	0.01
最大值	114.30	0.87	73.21	0.39	2.04	0.43
最小值	14.23	0.01	0.00	0.00	0.00	0.11
极差率	8.03	65.41	318.30	1.08	23.93	3.75

由表5.3.3观察到，贵州省特殊教育学校办学条件硬件设施方面除了生均教室指标的均值稍高于西南地区水平，其他指标均值和离散程度以及师生比都明显低于西南地区水平。

由图5.3.3观察到，贵州省特殊教育学校教师学历背景主要以本科和大专学历为主，且本科学历所占比重近一半，但研究生学历比例微乎其微。专业背景中，特教专业教师所占比例稍高于非特教专业教师所占

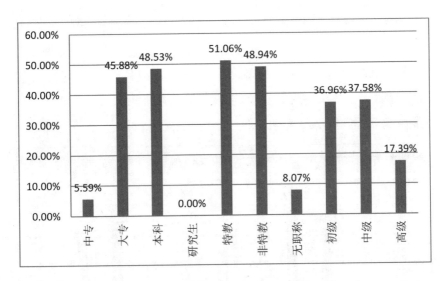

图 5.3.3 贵州省特殊教育学校软件条件情况图

比例。教师职称主要以中级和初级职称为主，且两者的比例相当，高级职称所占的比例相对较高，达到 17%。

（三）重庆市特殊教育办学条件具体情况分析

通过对重庆市特殊教育学校办学条件基本情况的调查，硬件设施及软件条件总体情况如表 5.3.4、图 5.3.4 所示。

表 5.3.4 重庆市特殊教育学校学校办学条件指标情况表（区域比较）

	指标1	指标2	指标3	指标4	指标5	指标9
均值	43.63	0.40	43.74	0.03	0.17	0.24
标准差	30.00	0.23	74.08	0.04	0.21	0.08
离散系数	899.50	0.05	5489.00	0.00	0.04	0.01
最大值	149.30	0.88	258.80	0.19	0.78	0.40
最小值	8.00	0.01	0.00	0.00	0.00	0.13
极差率	18.65	98.04	258.40	22.00	2.83	3.11

　　由表5.3.4可观察到，重庆市特殊教育学校硬件设施条件总体上均值都普遍低于西南地区水平，但离散程度除了生均康复器械价值值稍高于西南地区生均康复器械价值的离散程度外，其他硬件设施条件指标的离散程度都低于西南地区相应指标的离散程度。而师生比却高于西南地区水平且离散程度低于西南地区师生比的离散程度。

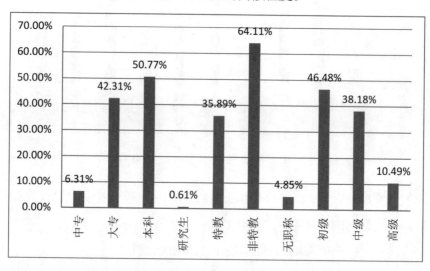

图5.3.4　重庆市特殊教育学校软件情况图

　　由图5.3.4可观察到，重庆市特殊教育学校教师学历以及专业背景指标与西南地区相应指标的比例基本一致。教师职称主要以初级职称为主，其次为中级职称。初级职称所占比例远远高于中级职称比例，而高级职称比例刚好占一成。

（四）四川省特殊教育办学条件具体情况分析

　　通过对四川省特殊教育学校办学条件基本情况的调查，硬件设施及软件条件总体情况如表5.3.5、图5.3.5所示。

表 5.3.5　四川省特殊教育学校学校办学条件指标情况表（区域比较）

	指标1	指标2	指标3	指标4	指标5	指标9
均值	50.05	0.35	68.37	0.03	0.49	0.27
标准差	20.56	0.20	96.90	0.03	0.41	0.10
离散系数	422.90	0.04	9389.00	0.00	0.17	0.01
最大值	90.32	0.77	329.70	0.08	1.27	0.39
最小值	26.00	0.12	0.00	0.00	0.00	0.08
极差率	3.47	6.42	26.37	53.10	26.04	4.84

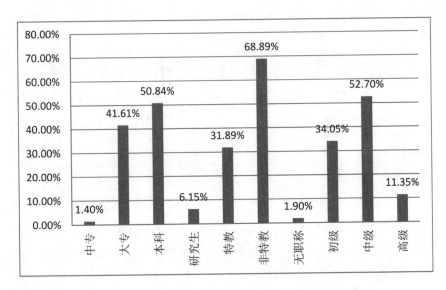

图 5.3.5　四川省特殊教育学校软件条件情况图

　　由表 5.3.5 可观察到，四川省特殊教育学校硬件设施条件除生均校舍面积、生均计算机台数、生均专用教室数量指标均值均低于西南地区外，其余硬件设施指标均高于西南地区水平。此外，除了生均图书册数的离散程度高于西南地区相应指标离散程度，其他指标离散程度都比较低，说明校际间的差距较小。而在师生比方面，四川省特殊教育学校师生比也高于西南地区特殊教育学校师生比，且离散程度相对较低。

由图5.3.5可知，四川省特殊教育学校教师主要以本科学历为主，达到一半的比重，其次为大专学历，研究生学历比重次之，中专学历比例最低。教师专业背景主要以非特教专业为主，其比例与西南地区相应指标比重相当。教师职称主要以中级职称为主，且比重超过五成，其次为初级职称和高级职称，无职称比重极低。

（五）西藏自治区特殊教育办学条件具体情况分析

通过对西藏自治区特殊教育学校办学条件基本情况的调查，硬件设施及软件条件总体情况（因西藏自治区特殊教育学校目前招生且正式上课的特殊教育学校仅有2所，且这两所都分布在西藏自治区主要城市，因此本书仅统计均值情况）如表5.3.6、图5.3.6所示。

表5.3.6　西藏自治区特殊教育学校学校办学条件指标情况表（区域比较）

	指标1	指标2	指标3	指标4	指标5	指标9
均值（总）	64.85	0.46	34.88	0.04	0.44	0.24
均值（藏）	54.56	0.60	42.26	0.03	0.55	0.23

由表5.3.6可观察到，西藏自治区特殊教育学校在生均校舍面积、生均专用教室数量指标的均值上稍低于西南地区水平，但差距不大，而在生均计算机台数、生均图书册数、生均康复器械价值指标的均值上稍高于西南地区水平。而在师生比方面，西藏自治区特殊教育学校师生比稍低于西南地区水平。

由图5.3.6可观察到，西藏自治区特殊教育学校教师主要以本科学历为主，比例达到了64.41%，其次为大专比例，中专比例次之，研究生比例最低。教师专业背景比例与西南地区水平相当。教师职称主要以中级学历和初级学历为主，且两者的比重相当，其次为无职称比例，高级职称比例最低。

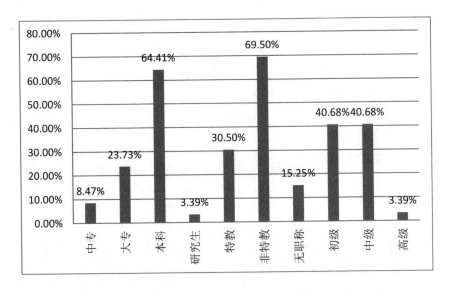

图 5.3.6　西藏自治区特殊教育学校软件条件情况图

第四节　西部地区学校间特殊教育均衡发展现状

　　根据中央颁布的《"十一五"期间中西部地区特殊教育学校建设规划（2008—2010 年)》的精神，从 2008 年起中西部地区逐渐新建和改扩建了大量的特殊教育学校，为了考察新建、改扩建特殊教育学校与老校的差异（以下统称"新校"与"老校"）的差异，本书以 2008 年为界，对特殊教育学校进行新老校的划分。2008—2012 年间，中央和地方累计投入 54 个多亿，在中西部地区新建、改扩建 1182 所特殊教育学校，基本实现了 30 万人口、残疾儿童少年较多的县（市）都有 1 所独立设置的特殊教育学校的目标。[①] 学校的基础建设虽然基本完成了，但是相应而来的，学校的基础建设能否满足残疾学生的基本需求？学生的

---

① 教育部基础教育二司：《基础二司落实〈教育规划纲要〉中期工作总结》，内部
　　资料，2015 年 10 月 8 日。

就读情况、师资配置到底如何?[①] 新旧特殊教育学校之间的发展是否均衡? 所以以下我们通过各指标的差异系数、均衡指数和均衡发展指数，分析西部地区特殊教育资源在师资力量、教学资源、特殊教育专用设施和经费投入方面的校际均衡发展水平。

一、师资力量

表5.4.1　西部地区新旧特校师资差异系数表

		样本数量	平均数	标准差	差异系数
学科教师/人	老校	71	29.23	17.17	0.59
	新校	27	15.78	10.26	0.65
	总体	98	25.52	16.65	0.65
特殊教育相关/人	老校	71	1.76	6.96	3.95
	新校	27	0.96	2.38	2.48
	总体	98	1.54	6.05	3.93
行政及工勤/人	老校	71	6.04	5.75	0.95
	新校	27	4.81	4.90	1.02
	总体	98	5.70	5.53	0.97
师生比	老校	71	0.24	0.08	0.33
	新校	27	0.25	0.13	0.52
	总体	98	0.24	0.09	0.38
学历结构	老校	71	2.42	0.40	0.17
	新校	27	2.32	0.45	0.19
	总体	98	2.35	0.44	0.19
教师职称	老校	71	2.55	0.52	0.20
	新校	27	2.65	0.35	0.13
	总体	98	2.62	0.40	0.15

---

① 杨希洁:《中西部新建和改扩建特殊教育学校发展现状与问题调查》,《中国特殊教育》2015年第11期。

续表

		样本数量	平均数	标准差	差异系数
学历专业	老校	71	1.30	0.43	0.33
	新校	27	1.40	0.26	0.19
	总体	98	1.37	0.31	0.20

＊学历结构、职称、专业的计算方式同表5.2.1。

　　总体上看，西部地区新老特校师资资源在学科教师、特殊教育相关服务人员、行政及工勤教师以及正式在编教师数量等方面均存在较大差异，尤其是特殊教育相关服务人员差异系数 V > 1，城乡差异非常显著。具体来看，新校相关服务人员平均数量不到1人，多数学校完全没有诸如言语康复、职业康复、物理治疗等专业人员，无法满足学生的各类康复需求。

　　此外，西部地区新老特校特殊教育师资的学历专业、教师职称和学历结构差异较小。在学历结构方面，特校教师均以大专和本科学历为主力，其中老校教师队伍中研究生及以上学历的教师数量明显多于新建特校，而新建特校教师队伍中中专及以下学历的教师数量较多。在教师职称方面，特校教师均以初级职称和中级职称为主力。笔者分析由于政府对新校师资队伍建设的支持，鼓励一部分经验丰富的教师转入新校，因此新校的教师职称在一定程度上优于老校。在学历专业方面，新旧特校都以非特教专业师资为主，特教专业背景的师资缺乏，新校中特殊教育专业背景的教师相对较多。其原因之一是作为新建校，在师资建设中注重教师背景的专业性，明确规定教师的专业要求，在教师招聘中较容易引进特殊教育专业人才。

　　图5.4.1显示，新校、老校和总体师资力量各维度的均衡水平在一定程度上呈现出一致性。其中教师职称均衡指数最高，教师学历专业和学历结构的均衡指数次之，学科教师、正式在编教师数量和行政及工勤数量的均衡指数较低，特殊相关服务教师的均衡指数最低，新旧校之间

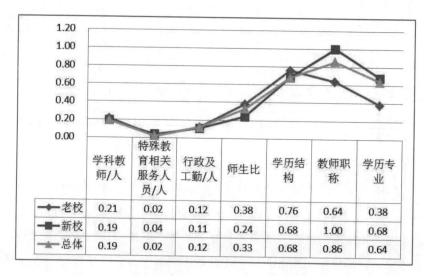

图 5.4.1　西部地区新旧特校师资力量各维度均衡指数

以及内部差异均非常显著。因此，补充特殊教育相关服务教师是新老校师资均衡发展的重点。

二、教学资源

表 5.4.2　西部地区新旧特校教学资源差异系数表

		样本数量	平均数	标准差	差异系数
生均校园面积/㎡	老校	71	85.70	101.78	1.19
	新校	27	341.18	458.62	1.34
	总体	98	156.09	277.52	1.78
生均校舍面积/㎡	老校	71	45.23	29.43	0.65
	新校	27	134.69	213.41	1.58
	总体	98	69.87	120.20	1.72
生均固定资产/万元	老校	71	11.83	17.78	1.50
	新校	27	19.27	14.39	0.75
	总体	98	13.88	17.17	1.24

		样本数量	平均数	标准差	差异系数
实验室数量/个	老校	71	2.11	4.41	2.09
	新校	27	0.85	2.55	3.00
	总体	98	1.77	4.01	2.27
多媒体室数/个	老校	71	5.92	7.57	1.28
	新校	27	3.52	4.42	1.26
	总体	98	5.26	6.91	1.31
计算机数/台	老校	71	47.21	39.18	0.83
	新校	27	30.37	18.37	0.60
	总体	98	42.57	35.44	0.83
生均图书数/册	老校	71	50.54	69.25	1.37
	新校	27	62.40	68.85	1.10
	总体	98	53.81	68.99	1.28

　　总体上看，西部地区新老特校的教学资源在生均校园面积、生均校舍面积、生均固定资产总额、实验室数量、多媒体室数、计算机数、生均图书数等维度的差异系数 V > 1，教学资源的校际差异非常显著。从上表可见，实验室数量严重缺乏，新校平均实验室不足一个，诸如自然、物理、化学、生物等建设极其落后，无法满足学生正常的教育需求。新老校生均校园面积和生均校舍面积差异约为四倍，老校校园规划存在较大问题。根据《特殊教育学校建设标准》相关规定，新校基本达到校园和校舍面积指标，基本做到了统筹规划、合理布局、先规划后建设的要求。

　　图5.4.2显示，西部地区新老校特殊教育教学资源的均衡指数均很低，可见新旧校之间、新校内部以及老校内部的教学资源差异非常显著。在特殊教育发展中，应该重视各类教学资源的均衡发展，充分保障特殊儿童教育资源的充足。

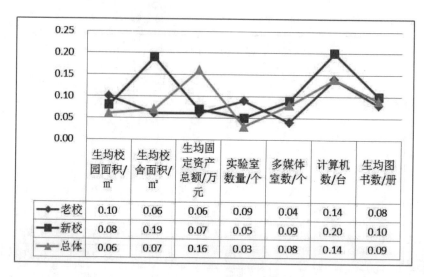

图 5.4.2　西部地区新旧特校教学资源各维度均衡指数

三、特殊教育专用设施

表 5.4.3 西部地区新老特校专用设施差异系数表

		样本数量	平均数	标准差	差异系数
专用教室数量/个	老校	71	3.52	4.04	1.15
	新校	27	3.30	4.74	1.44
	总体	98	3.46	4.22	1.22
视听阅览室面积/个	老校	71	19.04	29.87	1.57
	新校	27	14.93	42.42	2.84
	总体	98	17.91	33.61	1.88
盲文图书生均册数/册	老校	71	1.31	5.67	4.33
	新校	27	0.36	0.99	2.75
	总体	98	1.05	4.87	4.64
康复器械总值/万元	老校	71	49.51	100.09	2.02
	新校	27	33.26	35.82	1.08
	总体	98	45.03	87.34	1.94

总体上看，西部地区新老校特殊教育专用设施各维度的差异系数 V > 1，新老校际差异非常显著。其中新老校际的盲文图书册数差异很大，且新旧特校的藏书量均难以满足学生阅读需求。此外，新老校的专用教室数量均为 3—4 个，与《特殊教育学校建设标准》规定的各类康复用房相差甚远，难以满足学生康复需求和教师教学辅助需求。在专用教室数量和视听阅览室方面，老校的平均水平和均衡水平均优于新校；在盲文图书生均册数和康复器械总值方面，老校平均水平虽优于新校，但老校内部的校际差异也大于新校。

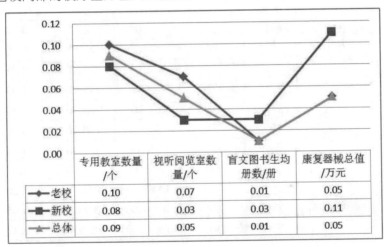

图 5.4.3　西部地区新旧特效专用设施各维度均衡指数

图 5.4.3 显示，校际特殊教育专用设施各维度均衡水平均很低，其均衡指数均小于 0.1，可见新旧校之间、新校内部以及老校内部的各类特殊教育专用设施差异非常显著，特殊教育的均衡发展还存在诸多问题亟待解决，特殊儿童的教育公平还需要更多的努力与投入。

四、教育经费差异系数

表5.4.4　西部地区新旧特校经费差异系数表

经费来源		样本数量	平均数	标准差	差异系数
生均预算内教育经费（元/年）	老校	71	16544.00	20475.30	1.24
	新校	27	15911.00	15829.50	0.99
	总体	98	16369.00	19229.80	1.17
生均校办企业经费(元/年)	老校	71	4.00	26.40	6.60
	新校	27	0.00	0.00	0.00
	总体	98	3.00	25.50	8.50
生均社会收入(元/年)	老校	71	252.00	575.20	2.28
	新校	27	544.00	1346.30	2.47
	总体	98	333.00	861.30	2.59
生均其他收入(元/年)	老校	71	270.00	888.20	3.29
	新校	27	52.00	269.40	5.18
	总体	98	210.00	773.60	3.68
生均经费投入总额(元/年)	老校	71	17068.00	20407.50	1.20
	新校	27	16504.00	15618.90	0.95
	总体	98	16912.00	19131.00	1.13

　　总体上看，西部地区新老校际教育经各维度的差异系数 $V>1$，校际差异非常明显。预算内教育经费投入是特校经费的主要来源，新老特校的生均预算内教育经费相近。校办企业经费城乡差异异常显著，新校几乎没该方面的经费来源，而老校内部也参差不齐，可见校办企业仅存在于个别特校，并非普遍化收入。在社会收入方面，由于社会对新建特校的关注，使其该类经费优于老校。此外，老校基于多年的筹资经验在其他收入方面明显优于新校。以上数据可见，新校的经费问题也是制约其发展的重要一环，应鼓励"特教特办"，结合特校的职业课程设计开办手工作坊等小型校办企业，促进特殊学生职业课程实践，增加学校的

经费来源，同时解决学生的就业问题，在一定程度上减轻政府负担，使各类特殊学生成为独立自主的社会人，这才是特殊教育的最终目的。

五、西部地区新旧特校教育资源均衡发展指数

研究显示，西部地区校际特殊教育资源在师资力量、教学资源、教育设施和教育经费方面的均衡发展水平均较低。其中师资力量的均衡发展指数相对较高，而教学资源、特殊教育专用设施和教育经费方面均衡

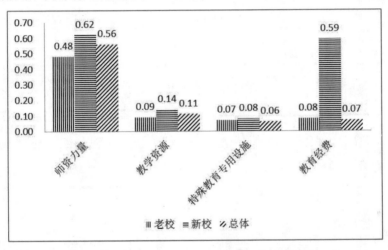

图 5.4.4 西部地区新旧校教育资源均衡发展指数

发展指数很低。并且，新校的各项均衡发展水平均在一定程度上优于老校。总体来看，新校内部的均衡发展水平（Index = 0.49）高于新旧特校之间的均衡发展水平（Index = 0.38）和老校内部的均衡发展水平（Index = 0.41）。因此，要从加快发展和提高质量两方面促进西部地区城乡教育资源均衡发展，关键在于促进老校内部的均衡发展以及提高新校的整体水平。

图 5.4.6 显示，除新校在校办企业方面的均衡指数很高之外，各维度均衡指数在一定程度上具有一致性，其均衡指数均小于 0.1，校际差异非常显著。基于图 5.4.6 可知，老校完全没有校办企业收入，因此内

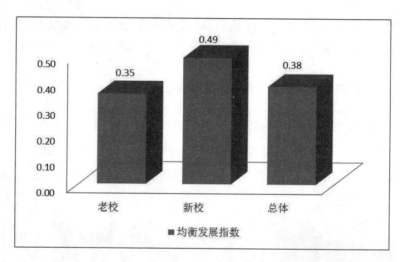

图5.4.5 西部地区校际特殊教育资源总体均衡发展指数

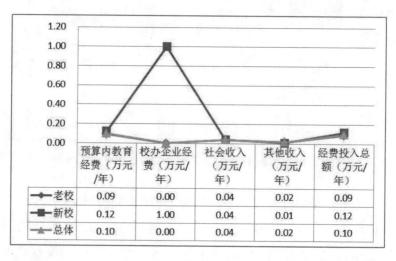

图5.4.6 西部地区新旧特校经费投入各维度均衡指数

部的均衡指数为1。其余均衡指数的数值极低，可见新旧特校之间、新校内部以及老校内部在经费投入方面存在极大的不均衡，严重影响了其他设施设备、相关资源的均衡发展。

第五节 总结与分析

一、西部地区城乡间特殊教育均衡现状分析

本书在分析西部地区城乡间特殊教育均衡发展现状时，通过研究各指标的差异系数、均衡指数和均衡发展指数，分析西部地区特殊教育资源在师资力量、教学资源、特殊教育专用设施和经费投入方面的城乡均衡发展的水平。同时，以西部地区的西南四省（区）——云南省、贵州省、重庆市和四川省为例，根据其特殊教育学校硬件设施和软件条件等数据，进一步对特殊教育学校办学条件的城乡差异进行分析，并得出以下结论：

（一）西部地区城乡特殊教育资源失衡显著

西部地区城乡特殊教育资源失衡显著（Index = 0.32），市区级特校特殊教育资源相对丰富，县级特校资源相对贫乏。与普通教育同类研究中测算的基础教育均衡发展指数 0.8723[1] 相比有天壤之别，表明特殊教育资源的城乡差异突出，与义务教育相比，无论是整体水平还是均衡程度，都有很大差距。

市区级特殊教育学校基于其地理位置的优越性，在资源分配方面有一定优势，因此在经费来源、教学资源、特殊教育专用设施等多方面是区县特殊教育学校无可比拟的。从师资人才流动的角度看，高水平师资拥有更大的选择权，在竞争中占优势，使优势师资资源聚焦于优势地区。因此市区级特校师资的学科教师、学历结构、教师职称等均体现出一定的优势，尤其是在特殊教育相关服务人员方面优势明显。

从政府资源配置的角度看，政府作为资源调控的主体，对于有限优

---

[1] 翟博：《教育均衡论：中国基础教育均衡发展实证分析》，人民教育出版社 2008 年版，第 183 页。

势资源的配置势必优先考虑综合实力强、可以充分发挥资源优势的对象以提高资源的利用率。因此发展水平好的市区级特校竞争力凸显，其实验室、专用教室、视听阅览室的建设、康复器械等方面的建设优于县级特校。从市场经济运行的角度看，市场机制运行中存在"马太效应"。市场主体是经济理性的，企业、学校在选择投资方向时首先考虑如何实现自身效用的最大化，因此在校办企业经费、社会收入和其他收入方面城乡相差甚远，市区级特校的优势相对成为县级特校的劣势。

（二）西部地区城乡特殊教育资源各个维度失衡显著

研究发现，西部地区城乡师资力量的均衡发展水平最高（Index = 0.47），而教学资源（Index = 0.08）、特殊教育专用设施（Index = 0.06）和教育经费（Index = 0.05）的均衡发展水平均非常低。

其一，就特殊教育师资而言，均衡发展指数高并不代表其师资队伍好。研究可知，特校的师资学历较低，非专业背景以及特殊教育相关服务人员严重不足。目前，西部地区师资的主要问题一方面是师资编制问题突出，特校师资满足不了实际工作需求；另一方面是西部经济落后地区对优秀师资没有吸引力，大量的特教毕业生流向沿海等经济发达地区。2015 年招收特殊教育本科专业的学校共计 43 所，相对其他教育专业而言，特殊教育教师报考热度较低，招生人数偏少，加上地域因素会极大地影响教师的流向，越是贫困的地区和学校，特殊教育的师资缺口越大。目前已经毕业的几届特殊教育免费师范生，越来越多地选择赔偿高额违约金，去往沿海等发达城市。以近年西南大学已毕业特殊教育本科学生为例，去向沿海地区城市的占 18.18%，去向直辖市和省会城市的占 72.72%，去向中等城市的占 9.09%，几乎没有流向县乡镇的学生。

其二，就教学资源、特殊教育专用设施和教育经费而言，其均衡发展离不开经费的支持和保障。研究可知，西部地区特校发展的经费主要来源于国家的财政支出，我国在吸纳社会力量捐资和集资开展特殊教育方面不尽如人意，社会资源没有能得到充分挖掘和利用。社会捐资和集资办学经费占特殊教育经费总数一直偏低，约占经费总收入 3% 左右。2014 年全国教育经费执行情况统计公告显示，2014 年国家财政性教育经费占国内生产总值（GDP）比例为 4.15%，比 2013 年的 4.16% 降低了 0.01 个百分点，2012 年占 GDP 比例为 4.28%。近三年的比例不仅低于世界发达国家 5%—6% 的水平，也低于发展中国家 4.4% 的平均水平[1]。西部地区发展相对落后，其实际的教育经费投入只会次之。换言之，当地国民生产总值的实际水平决定特殊教育的经费投入。西南、西北地区以及西部各个省份之间经济发展水平千差万别，其中四川、云南、重庆等省份的经济发展水平相对较高，而贵州、甘肃、宁夏、青海、西藏等省份的经济较落后，这从根本上决定了其发展的不均衡。[2]

（三）西部地区各省市内部特殊教育学校的城乡差异明显

根据云南省、贵州省、重庆市、四川省四个省市的指标数据分析，西部地区之西南四省（市）特殊教育学校城乡差异颇为明显，且校际间的城乡差距较大，参差不齐的状况明显。

西部地区之西南四省（市）处于市区的特殊教育学校由于地理位置原因且建校时间久，办学条件相对较成熟，而处于乡镇的特殊教育学校由于是为了呼应政策而纷纷建立，硬件设施都处于新的状态，不仅使得市区与乡镇的差距扩大，乡镇间的特殊教育学校也变得参差不齐。许多特殊教育学校追求面积大的校园，数量多的教室，而特教师资却跟不上，造成硬件设施条件的离散程度过高现象。

通过西南地区特殊教育学校城乡办学条件各个指标数据，结合西南地区的硬件设施条件可知，云南省、贵州省农村特殊教育学校各个指标

---

① 翟博：《教育均衡论：中国基础教育均衡发展实证分析》，人民教育出版社 2008 年版，第 258 页。

② 中共中央委员会：《中共十八届五中全会公报（全文）》，2015 年 10 月 29 日，见 http://www.moe.edu.cn/s78/A21/A21_ ztzl/ztzl_ sbjwz/201511/t20151102_ 217013.html.

均值都相对高于市区特殊教育学校，但离散程度偏高，校际间差距过大，而重庆市、四川省市区特殊教育学校硬件条件指标均值总体上高于农村特殊教育学校相应指标均值，且离散程度市区与农村都基本一致。在软件条件方面，云南省、贵州省、重庆市、四川省四个地区的市区特殊教育学校软件条件指标总体都优于农村特殊教育学校软件条件。总体上来说，重庆市、四川省城乡的差距最小，其次为云南省，贵州省的城乡差距最大且城乡办学条件都普遍偏低。

二、西部地区区域间特殊教育均衡现状分析

本书通过深入分析西部地区特殊教育均衡发展的省际间差异，选取西部地区的西南五省（区）为例进行深入研究，对特殊教育学校办学条件进行评价及差异分析，不仅系统地分析区域性特殊教育学校办学条件现状，而且通过差异评价来进行省际间的对比分析，并得出以下两点结论：

（一）西部地区特殊教育学校办学条件总体呈金字塔分布

总体而言，西部地区特殊教育学校办学条件呈金字塔状分布，最顶尖的是省会或者少数大型地级市的特殊教育学校，中间的为大部分的地级市特殊教育学校和少部分建校较悠久的县级特殊教育学校，最底层的为少部分地级市新建特殊教育学校和大部分县级新建特殊教育学校。仅有的省会或者大城市的特殊教育学校办学条件无论硬件条件、软件条件都非常齐全和完善且办学年份久远、有自己独特的教学方法和管理模式而闻名于西南地区甚至在国内都有名。大部分的地级市特殊教育学校和小部分县级特殊教育学校建校时间也有十来年，硬件条件相对较完善，但软件条件方面，学历主要以大专为主，其次为本科和中专，而专业背景非特教专业背景远远大于特教专业背景的人数，大部分是由普校抽调过来的老师，甚至有些学校几乎没有特教专业背景的老师。大部分的县级特殊教育学校为新建，各项硬件设施都追求"齐"、"全"，比如专用

教室基本每所学校都建有好几所，实际上很多的专用教室因为没有专业的老师而成为一种摆设的大有存在。

（二）西部地区特殊教育学校办学条件省际差距较大

西部地区既是我国经济发展欠发达地区，也是我国特殊教育发展的短板。尽管西部大开发给西部特殊教育的发展带来了前所未有的良好机遇，但由于西部地区长期以来经济条件落后、文化水平低、观念落后、人口素质不高以及受历史传统的影响，其特殊教育事业的发展受到社会经济文化条件的制约，总体水平不高。在以上研究中我们以西部地区的西南五省（区）——云南省、贵州省、重庆市、四川省和西藏自治区为例，讨论西部地区区域间的特殊教育均衡度。研究结果发现，各省市间特殊教育办学条件的差异非常大。

硬件条件方面，云南省特殊教育学校在生均校舍面积、生均计算机台数、生均特殊教育专用教室数和生均特殊教育康复器械这 4 项指标上，都优于其他四个省（市），但离散程度也较高。四川省特殊教育学校的生均特殊册数这项指标最高，但离散程度也相对较高。软件条件方面，四川省的特殊教育学校师生比为 0.27，高于其他四个省（市）及西南地区的总体水平，且离散程度相对较低。西藏自治区特殊教育学校教师持有本科学历的比例最高，高达 64.41%，而四川省持有研究生学历的特殊教育学校教师最多，比例达 6.15%，远高于其他四省（市）。专业背景中，贵州省特殊教育专业教师所占比例最高，达 51.06%。教师职称中，四川省拥有中级职称的特殊教育学校教师比例最高（52.70%），而贵州省拥有高级职称的特殊教育学校教师比例最高（11.35%）。

2010 年以前，云南省和贵州省特殊教育学校主要分布在省会和少数的地级城市，2010 年以后，由于《教育规划纲要》中规定，到 2020 年，基本实现市（地）和 30 万人口以上、残疾儿童少年较多的县（市）都有一所特殊教育学校。因此各个县级城市普遍开始兴建特殊教育学校且基本在 2012 年左右投入使用。

云南省特殊教育学校过多追求宏观上的硬件设施，使得诸如校舍面积、专用教室等静态硬件设施指标的校均值都普遍高于西南地区的平均水平，但在计算机台数和图书册数等动态的硬件设施指标的校均值则偏低于西南地区平均水平。软件条件方面，大专学历占绝大部分，本科学历仅占三成多，教师专业背景方面非特教专业背景的老师占了七成多，可以了解到在 2013 年前，云南省内没有一所专门化培养特殊教育师资的高等院校，仅在 2013 年秋季，昆明学院开设了省内第一届特殊教育专业，本科生 45 名。此外，云南省特殊教育学校师生比也低于西南地区平均师生比水平。

贵州省特殊教育学校办学条件总体上远远落后于西南地区水平。贵州省特殊教育学校办学条件硬件设施条件方面与西南地区平均水平相差甚远，各指标离散程度也相对比较低。软件条件方面学历与以大专和本科学历为主，且这两个学历所占的比重相当，但专业背景中特教专业均值高于非特教专业，教师职称指标以中级和初级职称为主，而师生比偏低于西南地区水平。总的来说，贵州省特殊教育学校无论是硬件设施条件还是软件条件，都与西南地区水平存在很大的差距。

重庆市特殊教育学校办学条件水平相对优于西南地区水平。在硬件设施方面一些指标虽然相对稍低于西南地区水平，但离散程度除了生均康复器械价值稍高外其余都相应偏低，说明重庆市特殊教育学校校际间的差距不是太明显。软件条件方面无论是学历情况，还是专业背景，各个数值都与西南地区相应数值所占比例相当，而教师职称情况中，与西南地区一样，也是以初级职称为主，其次为中级职称，只是中级职称所占比例较低，而高级职称与西南地区相应比例相当，师生比指标上稍高于西南地区水平，且离散程度相对偏低。因此，总的来说，重庆市特殊教育学校硬件设施条件总体及离散程度均偏低于西南地区水平，说明校际间的各个指标差距不是太大；而软件设施方面与西南地区水平相当甚至可以说优于西南地区水平。

四川省特殊教育学校办学条件无论在硬件条件还是软件条件方面都显得相当娴熟与完善，横向上很多指标都优于西南地区相应水平，纵向上省内特殊教育学校大部分的指标离散程度低，校际间的差距较小。因此，四川省特殊教育学校办学条件在西南地区属于上游水平。

由于西藏自治区目前仅有 2 所特殊教育学校开学正式招生，而且都位于西藏主要城市，因此相应的指标都与西南地区水平相当。

三、西部地区学校间特殊教育均衡现状分析

本书在分析西部地区学校间特殊教育均衡现状时，通过各指标的差异系数、均衡指数和均衡发展指数，分析西部地区特殊教育资源在师资力量、教学资源、特殊教育专用设施和经费投入方面的校际均衡发展水平。同时，以西部地区的西南五省（区）——云南省、贵州省、重庆市、四川省和西藏自治区为例，根据其特殊教育学校硬件设施和软件条件等数据，对 2010 年《教育规划纲要》实施前后西南地区特殊教育学校新旧特殊教育学校总体情况进行分析研究，并得出以下结论：

（一）西部地区新老特殊教育学校校际特殊教育资源失衡明显

西部地区新老特殊教育学校校际特殊教育资源失衡明显（Index = 0.38），特殊教育学校中新校内部（Index = 0.49）的均衡程度在一定程度上优于老校（Index = 0.35），但老校内部和新校内部均衡程度均较低。就新老校际总体而言，西部地区新老特校的软件设施发展相对均衡，而硬件设施失衡显著。与普通教育同类研究中测算的基础教育资源配置均衡发展指数 0.674[1] 相比相距甚远，特殊教育资源的新旧特校校际差异突出，相比义务教育差距很大。

就新校和老校各内部而言，由于新建校各方面起步较晚，因此其发

---

[1] 翟博：《教育均衡论：中国基础教育均衡发展实证分析》，人民教育出版社 2008 年版，第 183 页。

展水平与老校相比还有很大的差距。同样，新校内部师资水平虽比较均衡，但整体水平较低，尤其是特殊教育相关服务人员极其缺乏。师资建设是一个逐渐发展不断提升内部素养、优化内部结构的缓慢过程，需要时间的积淀。自 2007 年，印发《"十一五"期间中西部地区特殊教育学校建设规划（2008—2010 年)》，提出"将在中西部地区分三阶段建设完成 1150 所左右特教学校，明显改善现有特殊教育学校的办学条件"① 以来，国家便按照统一标准对新建校进行规划，因此新校教学资源和教育经经费相对均衡。此外，随着《特殊教育提升计划（2014—2016 年)》的颁布，"医教结合""教康结合"的理念在实践中践行，新校的建设融入了更多"潜能开发和缺陷补偿"的理念和元素，因此新校专用设施相对均衡，但发展水平仍比较落后。

（二）西部地区新老特校教育资源各维度的发展存在一定的失衡

西部地区新老特校教育资源各维度的发展存在一定的失衡，具体体现在师资力量、教学资源、特殊教育专用设施和教育经费四个方面。无论从新老校总体，还是新校和老校自身来看，师资力量的均衡发展水平均显著高于其他三个维度的均衡发展水平。其中，新老特校师资力量的均衡发展水平最高（Index = 0.56)，而教学资源（Index = 0.11)、特殊教育专用设施（Index = 0.06)和教育经费（Index = 0.07)的均衡发展水平均较低。从各维度内部来看，在师资力量、教学资源、特殊教育专用设施三方面，新校和老校的均衡发展指数差异不大，但是在教育经费方面，新校（Index = 0.59)的均衡度明显高于老校（Index = 0.08)。财政经费是特殊教育学校经费的主要来源。特殊教育学校国家财政性教育经费投入占 CDP 的比重、占全国财政支出的比重，以及占全国各级

---

① 教育部、国家发展改革委：《关于印发〈"十一五"期间中西部地区特殊教育学校建设规划（2008—2010 年)〉的通知》，2007 年 9 月 24 日，见 http://www.moe.edu.cn/Puhlicfiles/husiness/html.files/moe/moe.

各类教育机构教育经费合计支出的比重不稳定①。其一是国家财政。
2010 年，《国家中长期教育改革和发展规划纲要（2010—2020 年）》
（以下简称《纲要》）颁布，明确提出"完善特殊教育体系；到 2020
年，基本实现地市和 30 万人口以上、残疾儿童较多的县都有一所特殊
教育学校"。② 国家组织实施了新中国成立以来规模最大的特殊教育学
校建设项目，中央累计投入近 72 亿元，重点支持中西部地区新建、改
扩建 1182 所特教学校。③ 同时，《纲要》进一步规定，"健全特殊教育
保障机制。国家制定特殊教育学校基本办学标准、地方政府制定生均公
用经费标准。加大对特殊教育的投入力度。"④中央特殊教育补助经费从
每年 1500 万元提高到 4.1 亿元，生均公用经费标准从平均 2000 元提高
到 5000 元以上。⑤ 这一系列规定使特殊教育学校办学条件和特殊儿童的
学习环境得到改善，保障了学校教育教学的特殊需要，为新建特殊教育
学校的经费来源提供了一定的支持。其二是地方财政。但是由于新建校
多分布于县级行政单位，因此新建特校与多分布于市级行政单位且有多
年建校经验的老校相比，在资金方面并不占优势，新校内部的相对均衡

---

① 赵小红、王丽丽、王雁：《特殊教育学校经费投入与支出状况分析及政策建
   议》，《中国特殊教育》2014 年第 10 期。
② 教育部：《国家中长期教育改革和发展规划纲要（2010 – 2020 年）》，2010 年 7
   月 29 日，见 http://www. moe. edu. cn/publicfiles/business/html. files/moe/
   moe838/201008/93704. html.
③ 教育部基础教育二司：《未来五年，特殊教育发展重点做 3 件事》，2015 年 11
   月 30 日，见 http://mp. weixin. qq. com/s?_ _ biz = MjM5NTA1NjE3NQ = = &mid
   = 400620848&idx = 3&sn = 997d7d2840fcea025ba2f79608591845&scene = 23&srcid
   = 1130XycsbHpgcgPV1WSScWtp#rd.
④ 教育部：《国家中长期教育改革和发展规划纲要（2010 – 2020 年）》，2010 年 7
   月 29 日，见 http://www. moe. edu. cn/publicfiles/business/html. files/moe/
   moe838/201008/93704. html.
⑤ 教育部基础教育二司：《未来五年，特殊教育发展重点做 3 件事》，2015 年 11
   月 30 日，见 http://mp. weixin. qq. com/s?_ _ biz = MjM5NTA1NjE3NQ = = &mid
   = 400620848&idx = 3&sn = 997d7d2840fcea025ba2f79608591845&scene = 23&srcid
   = 1130XycsbHpgcgPV1WSScWtp#rd.

也仅仅是低水平的均衡。据调查，当前县乡财政收入占全国总收入的22%，却负担着87%的义务教育投入，因此贫困地区县级财政对特殊教育支持力度就显得力不从心。此外，新校的社会收入和其他收入等经费来源少，相对均衡；尤其是校办企业经费来源几乎为零，处于绝对均衡。

第六章

案例分析篇

第一节　背景与意义

一、研究背景

在国际倡导回归主流和融合教育理念不断深入的背景下，我国特殊教育也摆脱了隔离教育的状况，积极探索并发展特殊教育新形式、新方法，完善已有特殊教育安置形式。2017 年 1 月 11 日国务院第 161 次常务会议审议并通过了《残疾人教育条例（修订草案）》（以下简称《条例》），这是我国在迈向特殊教育制度化进程中的又一重要里程碑。《条例》明确规定"残疾人教育应当根据残疾人的残疾类别和接受能力，采取普通教育方式或者特殊教育方式，充分发挥普通教育机构在实施残疾人教育中的作用"[1]以及"普通学校应当按照国家有关规定招收能适应普通班学习的适龄残疾儿童、少年就读，并根据其学习、康复的特殊需要对其提供帮助。有条件的学校，可以设立专门辅导教室"。[2] 由此可见，新修改后的《条例》根据特殊教育发展形势变化和实际需求，

---

[1] 教育部：《国务院法制办、教育部就〈残疾人教育条例〉修订答记者问》，2017年 2 月 23 日，见 http://www.moe.edu.cn/jyb_ xwfb/s6052/moe_ 838/201701/t20170112_ 294665.html.

[2] 教育部：《国务院法制办、教育部就〈残疾人教育条例〉修订答记者问》，2017年 2 月 23 日，见 http://www.moe.edu.cn/jyb_ xwfb/s6052/moe_ 838/201701/t20170112_ 294665.html.

就我国特殊教育的目标和理念进行了调整与更新，保障每一个特殊儿童的受教育权利，为其提供有质量的教育服务；积极推进融合教育，优先采取普通教育方式，尤其保证了有能力的特殊学生在普通学校随班就读的权利。从制度层面保障随班就读是中国特殊教育的普及和发展的必然要求，同时也是建设具有中国特色的特殊教育发展体系的现实需要。[①]

　　纵观我国随班就读的发展历程，自 1987 年始，我国政府在全国范围内有计划、有组织地开展了随班就读的实验研究。1988 年的全国特殊教育工作会议以后，我国开始了以特殊教育学校为骨干、普通教育学校附设特殊教育班与随班就读为主体的特殊教育发展格局。[②] 经过近三十年的实践，我国特殊教育学校和随班就读体系同步发展，对特殊儿童义务教育的普及做出了极大贡献。2014 年《特殊教育提升计划（2014—2016 年）》将"扩大残疾儿童少年义务教育规模"作为提升特殊教育质量的主要措施之一。[③] 2015 年 1 月，教育部公布了 37 个市（州）、县（区）为国家特殊教育改革试验区，针对我国特殊教育发展进程中的众多难题，开展有关随班就读、医教结合等方面的实验区建设。[④] 随着实验区随班就读改革的不断深入，与之匹配的随班就读支持保障体系也不断得到完善。2016 年底《第二期特殊教育提升计划（2017—2020）》（征求意见稿）再次提出"优先采用普通学校随班就读的方式，就近安排适龄残疾儿童少年接受义务教育"。[⑤] 据 2015 年全国教育事业统计公报显示：全国共招收特殊教育学生 8.33 万人，比上年

[①]　肖非：《中国的随班就读：历史，现状，展望》，《中国特殊教育》2005 年第 3 期。

[②]　朴永馨：《特殊教育学》，福建教育出版社 2014 年版，第 93 页。

[③]　教育部：《特殊教育提升计划》，2014 年 1 月 8 日，见 http://www.edu.cn/xin_wen_ dong_ tai_ 890/20140121/t20140121_ 1066689. shtml.

[④]　方俊明：《随班就读支持保障体系的构建与完善》，《现代特殊教育》2017 年第 3 期。

[⑤]　特教网：《第二期特殊教育提升计划（2017—2020 年）》，2016 年 12 月 7 日，见 http://www.tejiaowang.com/2016/zx_ 1207/16334. html.

增加1.26万人；在校生44.22万人，比上年增加4.74万人。普通小学、初中随班就读和附设特教班招收的学生4.48万人，在校生23.96万人，分别占特殊教育招生总数和在校生总数的53.7%和54.2%。[①] 因此可见，随班就读已经成为我国特殊儿童接受义务教育的主要形式之一。然而，随班就读质量堪忧：为了完成九年义务教育指标和达成入学率，部分地区一味追求形式上接纳特殊儿童，而在教育教学上完全采用普通教育的模式，毫不考虑随班就读学生的差异性，满足不了特殊儿童的教育需要，[②] 随班就读工作停滞不前甚至在"开倒车"，"普通学生家长联名要求学校拒绝特殊儿童随班就读"等新闻屡见不鲜；教师对随班就读学生视而不见或者过度保护，听障儿童回流严重；[③] "随班就坐"、"随班混读"等现象频出，整体情况实难令人满意。

二、研究意义

在城市的随班就读情况尚且不容乐观，考虑到我国农村与城市的巨大的经济、文化等方面的差异，超过80％的残疾儿童分布于农村，那么在特殊教育水平发展滞后的广大农村地区的情况究竟如何？笔者采用质性研究的方法深入探讨城乡随班就读环境中教师教学策略的差异。重点研究目前城乡随班就读面临的突出问题，城乡随班就读的支持和阻碍因素，以及城乡随班就读教师教学策略的选择及其影响因素。因此本书的意义主要体现在理论意义和实践意义两个方面。

[①] 中华人民共和国教育部：《2015年全国教育事业发展统计公报》，2016年7月6日，见 http://www.moe.edu.cn/srcsite/A03/s180/moe_633/201607/t20160706_270976.html.

[②] 赵婕：《小学初段随班就读学生语、数课程的调整》，硕士学位论文，重庆师范大学特殊教育系2011年，第3页。

[③] 朋文媛、雷江华：《随班就读听障儿童"回流"的原因与对策》，《中国听力语言康复科学杂志》2014年第3期。

（一）理论意义

1. 丰富随班就读教师教学策略的研究

我国目前已有的针对随班就读的大量研究中，研究热点主要集中在随班就读政策的发展、取得的成就及面临的挑战、中西方模式的比较、随班就读教师的素养与培养等方面，与随班就读教师教学策略相关的研究相当有限。本书在随班就读已有研究基础上，重点分析教师使用教学策略的现状，进行城乡对比，丰富我国在随班就读教师教学策略的研究，为后续相关的质性研究提供一定的参考。

2. 丰富教育均衡的内涵

教育均衡是我国义务教育法方向性的要求，也是实现教育公平的必要条件。但是由于国家公共教育经费投入总体不足，教育资源配置与监管机制不完善，城乡间、区域间、学校间还存在巨大的教育发展差距。本书中的教育均衡研究主要体现在随班就读的城乡两种环境教师使用策略的对比，以及普通学生与特殊学生在普通学校获得的教育服务这两个方面，从中观和微观两个层面丰富教育均衡的内涵。

（二）实践意义

1. 了解城乡随班就读教师教学策略使用现状

本书使用访谈法和观察法，从随班就读教师对特殊学生的接纳度、教学方法选择、教学策略使用以及面临的挑战等方面研究，探明城乡随班就读教师教学策略的使用现状及其差异。

2. 为随班就读教师改善教学策略提供方向，促进随班就读教学质量提升

通过对现状的分析，从政策、学校、家长等方面提出意见与建议，以期为随班就读教师改善教学策略提供方向，为提高我国特殊儿童随班就读教学质量提供些许参考。

第二节 相关文献研究

一、随班就读

(一) 随班就读的概念

随班就读 (Learning in Regular Class) 是我国吸纳西方 "融合教育"、"回归主流" 等教育理念而开展的一种特殊教育安置形式, 随班就读的正式提出最早见于 1988 年公布的《中国残疾人事业五年工作纲要 (1988—1992 年)》, 在一定程度上也可以说是我国特殊教育界特有的一个术语。1988 年国务院《关于发展特殊教育的若干意见》中提出: "各地要充分利用现有小学, 积极招收虽有一定残疾, 但可以在普通班级学习的残疾儿童入学。" 1994 年国家教委发布《关于开展残疾儿童少年随班就读工作的试行办法》中明确规定了随班就读的对象、入学、教学要求、师资培训、家长工作、教育管理等工作的基本要求。我国随班就读的工作逐渐走上正轨。

本书中随班就读是指让部分肢残、轻度弱智、弱视和重听等残障孩子进入普通班就读进行教育的一种方式, 其目的是要让特殊学生在与普通学生一起活动、相互交往的同时, 获得必要的有针对性的特殊教育和服务, 以及必要的康复和补偿训练, 以便使这些孩子能够更好地融入社会, 开发潜能, 今后能自主、平等地参与社会生活。简而言之, 即指在普通学校的普通班级里容纳残疾学生与普通学生一起接受教育的一种特殊教育安置形式。[①]

(二) 随班就读教师

学界目前对 "随班就读教师" 尚无统一的定义。一般来说, 广义

[①] 雷江华、方俊明:《特殊教育学》, 北京大学出版社 2011 年版, 第 144 页。

的随班就读教师泛指在随班就读过程中从事教育与教学的专业教师，包
括担任随班就读的课堂教学教师、资源教师和巡回指导教师。狭义的随
班就读教师指在有特殊儿童随班就读的普通班级里担任教学任务的普通
中小学教师。① 本文指的是狭义上的随班就读教师。

（三）随班就读研究现状

1. 国外研究现状

我国随班就读安置形式的提出是在西方国家回归主流教育思想的影
响下，结合我国特殊教育实际情况而发展出的一种安置方式。因此在
Elsevier（ScienceDirect）数据库进行外文文献检索时，笔者将检索关键
词切换为"回归主流"（Mainstreaming）、"全纳教育"（Inclusive Educa-
tion）、"教学策略"（Instructional Strategies）以及特殊教育资源教师
（Special Education Resources Teachers）。

笔者在梳理文献时发现，当融合教育的理念在特殊教育界达成共识
之后，便少有学者再对融合教育是否可行而争论不休，在国际研究领
域，研究者们更多的是从不同视角，不同层面对本国的融合教育进行研
究。美国学者 Hick、Kershner 和 Farrell 提出融合教育相关研究的挑战和
可能性在于如何处理教育系统中差异所造成的两难，并将研究焦点放在
融合教育系统化过程和教学方法，以及跨专业的生物心理社会模式或典
范建立。②

在融合教育研究方面，目前国外研究多以融合教育观念发展如社会
态度、教师知识与能力、信念等作为变量来探讨其对融合程度、教学效
果、课程设计、专业发展以及学生的影响。不少研究结果显示这些变量
与融合教育发展呈正相关。Wood 在其研究中强调融合教育要重视学科

---

① 李拉：《专业化视野下的随班就读教师：困境与出路》，《教育理论与实践》
2012 年第 23 期。
② P. Hick, R. Kershner & P. T. Farrell, *Psychology for Inclusive Education: New Direc-
tions in Theory and Practice*, New York: Routedge, 2009, p. 35.

团队、环境对学生的影响以及教师和学生间的互动、学生间的合作学习。[①] Wade 为了让普通老师能更好地给特殊儿童提供教学服务，在接受和教育特殊儿童方面提供了系统的原则和可操作的指导方法，并谈及了学校在开展融合教育时遇到的困境。Hallahan 在回顾美国融合教育发展历程及其影响因素时指出，融合教育自身也应当与时俱进，主张教育对象不应该只局限于特殊儿童，应当将由于社会问题所导致的诸如社交障碍等都纳入融合教育范畴内。[②]

英国学者 Lindsay 总结目前国际上融合教育研究变迁主要有三大方向，第一个为专业用语上的改变，随时代以及国家不同而有差异，如融合（Inclusion）和统合（Integration）用法，以需求为导向，以权力为导向的用词也有差异，融合变成观念、思想和意识的名词；第二个是在研究方法和分析上，融合的介入和成效方面的研究，最理想方式为随机控制试验的研究，以及融合教育通常用的相关性研究、单一被试研究、质性研究等成为主流；第三个则是在研究内容上，探讨特殊需求形态、严重度、持续时间等，或是针对不同群体安置形式、融合方案的探讨，或是对融合教育质量、教师态度等的探讨。[③]

2. 国内研究现状

自 1994 年在西班牙萨拉曼卡召开的世界特殊需要教育大会提出融合教育理念以来，这种强调每一个儿童的受教育权利，所有儿童共同发展，考虑每个儿童差异的教育理念，在世界范围内迅速成为各国教育发展的一种趋势。由于国情的差异，我国在融合教育领域的探索要考虑我

---

① Judy W. Wood, *Mainstreaming: A Practical Approach for Teacher*, NY: Prentice Hall, 1992, p. 14.

② Deniel P. Hallahan & James M. Kuaffman, *Exceptional Learners: Introduction to Special Education*, N. Y: Prentice Hall, 2005, p. 261.

③ G. Lindsay, "Educational Psychology and the Effectiveness of Inclusive Education Mainstreaming", *British Journal of Educational Psychology*, Vol. 77, No. 1 (2007), pp. 1 –24.

国的国情和文化传统。随班就读理论是我国特殊教育工作者结合西方特殊教育的理念与做法，在本土实践过程中创造出的理论。[1] 在我国现有的特殊教育环境下，随班就读能够在教育经费较少的情况下极大地提高残疾儿童的入学率，在有限的条件下可以满足残疾儿童就学的需要，符合我国的国情，也符合国际上"正常化"教育原则，以及回归主流、一体化教育、全纳教育的发展趋势。因此，近年来我国特殊教育研究者对随班就读展开了广泛的研究。

在随班就读现状研究方面，我国学者普遍认为我国的随班就读已取得阶段性进展，但是同时也面临着巨大的挑战。学者肖非认为我国随班就读最大的成绩在于让学龄残疾儿童得到了更多的入学机会，提高了残疾儿童接受义务教育的入学率，同时改变了一刀切的教学模式，加强学生间的合作。[2] 华国栋认为目前我国随班就读取得进展的方面主要集中在形式不断完善、提高残疾儿童的入学率、改变特殊教育的封闭状态、提高社会对特殊教育的认识度、取得一批科研成果这几方面。但因为教学理念落后，随班就读师资难以保证，普通班级班额过大，支持系统不完善等原因限制了我国随班就读进一步发展。[3] 彭霞光认为现阶段我国随班就读存在特殊教育法规理念滞后、社会大众对残疾人和随班就读接纳程度不高、随班就读的工作机制体制不健全、随班就读经费短缺、随班就读教师特殊教育知识背景短缺且培训机制待完善、特殊学校资源未得到有效利用等问题。[4] 由此可见，我国对随班就读现状研究的关注点已由最初的探讨可行性、安置形式、解决入学问题等转到对教学质量、教师水平的现状研究以及对实施成就与发展困境等的研究。

---

[1] 邓猛、景时：《从随班就读到同班就读：关于全纳教育本土化理论的思考》，《中国特殊教育》2013 年第 9 期。

[2] 肖非：《中国的随班就读：历史，现状，展望》，《中国特殊教育》2005 年第 3 期。

[3] 华国栋：《残疾儿童随班就读现状及发展趋势》，《教育研究》2003 年第 2 期。

[4] 彭霞光：《中国全面推进随班就读工作面临的挑战和政策建议》，《中国特殊教育》2011 年第 11 期。

随着我国随班就读实践的深入发展，近年来国内有许多研究者将研究重点聚焦于随班就读教师方面，以一定区域的随班就读教师作为样本进行分析，并取得了一定的研究结果。其中马红英、谭和平于 2010 年对上海随班就读教师的研究最为系统，最具有代表性，从随班就读教师基本情况、随班就读教师对随班就读的总体认识、针对随班就读学生展开的教育训练内容、特殊教育专业知识培训状况、随班就读教师对随班就读工作的态度、随班就读教师对不同类型特殊学生的态度等方面展开研究。[①] 李拉认为从专业化的视角而言，随班就读教师并不是真正意义上的专业化教师，这主要表现在其身份不明确，专业素养较低与培训缺位三方面。[②] 此外，肖非也认为发达国家相比，我国随班就读还存在等教师学历偏低、专业水平不高，教师缺乏基本的特殊教育知识和技能等问题。[③]

二、教学策略

对于教学策略的界定，不同学者从不同的角度提出了不同见解，给出了很多定义。这些定义既呈现出一些共性，又表现出一些明显的分歧。各种定义可以分为三类：

第一类即教学策略是为实现教学目标而采用的方式方法。如"教学策略是指教师在课堂上为达到课程目标而采取的一套特定的方式或方法。教学策略要根据教学情境的要求和学生的需要随时发生变化。无论在国内还是在国外的教学理论与教学实践中，绝大多数教学策略都涉及

---

① 马红英、谭和平：《上海市随班就读教师现状调查》，《中国特殊教育》2010 年第 1 期。
② 李拉：《专业化视野下的随班就读教师：困境与出路》，《教育理论与实践》2012 年第 23 期。
③ 肖非：《中国的随班就读：历史，现状，展望》，《中国特殊教育》2005 年第 3 期。

到如何提炼或转化课程内容的问题。"①

第二类即教学策略是为实现教学目的采取的教学技术。如"教学策略,是在教学目标确定以后,根据已定的教学任务和学生的特征,有针对性地选择与组合相关的教学内容、教学组织形式、教学方法和技术,形成的具有效率意义的特定教学方案。教学策略具有综合性、可操作性和灵活性等基本特征。"②

第三类即教学策略是为实现教学目的对教学要素的整合和研究。如"教学策略是以一定的教学观念和教学理论为指导,为完成特定的教学目标或教学任务,充分关注学生的学习,对影响教学的各个要素进行系统化的总体研究,并最终形成可以具体操作的整体化实施方案。"③

尽管对教学策略的内涵存在不同的认识,但在通常意义上,人们将教学策略理解为:教学策略是指在不同的教学条件下,为达到不同的教学结果所采用的手段和谋略,它具体体现在教与学的交互活动中。

在课堂教学过程中,教学策略具有对教学行为的指向型、④ 结构功能的整合性、教学的可操作性、实施的灵活性、策略的调控性、制定的层次性等特点。

三、随班就读的教学策略

(一) 国外研究现状

在融合教育教学策略方面,国外普遍主张普通教育与特殊教育的协同教学。Buckley 指出协同教学涉及到一群教学者,以经常性、目的性,并且通力合作的方式工作,以帮助学生的学习,团队中的教师共同制定

---

① 施良方、崔允漷:《教学理论:课堂教学的原理、策略与研究》,华东师范大学出版社 2009 年版,第 28 页。
② 袁振国:《当代教育学》,教育科学出版社 2004 年版,第 189 页。
③ 石剑、李芒:《开展教学策略研究,实现素质教育的教学课堂》,《教育科学研究》2000 年第 6 期。
④ 梁惠燕:《策略本质教学新探》,《教育导刊》2004 年第 1 期。

课程目标、设计课程、准备个别教学计划并共同参与教学和进行评量。① Norman 根据其对融合教育班级科学课堂的观察，总结出科学学科的教师能够针对特殊学生需要在教学方面进行调整，但是其调整的效果缺少实证检验，并且教师习惯用固有思维衡量学生的能力，但值得肯定的是，融合班级的教师都接受了一定程度的特殊教育教学培训。② Pomplum 指出异质小组会显著提升学习小组的积极互动和学习，普通学生在帮助指导特殊学生过程中通过操作材料与仪器实现支持者角色，这种教学策略能在一定程度上提高融合教育教学质量。③

（二）国内研究现状

在随班就读教师教学策略研究方面，曾雅茹对厦门市思明区随班就读教师从态度、教学策略与所需支持方面进行研究，结果发现随班就读教师的态度总体上是正向的，但是正处于形成的初级阶段。教师选取的教学策略大多是比较容易、偏重情意层面的，费时且需要教学技巧的教学策略使用较少。④ 邓猛在对普通小学随班就读教师对教学调整策略调查研究中发现，教师教学调整策略包含教学的针对性、计划性和弹性。城市和农村地区教师在教学调整策略方面总体上差异不显著，但农村教师比城市教师更加注意对随班就读学生的教学调整，城乡的随班就读教师均没有受过针对特殊学生教学调整的培训。⑤ 此外，部分研究者针对

---

① F. J. Buckley, *Team Teaching: What, Why, and How?*, Thousand Oaks, CA: Sage, 2000, pp. 11 – 14.

② K. Norman, D. Caseau, & G. P. Stefanick, "Teaching Student with Disabilities in Inclusive Science Classrooms: Survey Results", *Science Education*, Vol. 82, No. 2, 1998, pp. 127 – 146.

③ M. Pomplum, "When Student with Disabilities Participate in Cooperative Groups", *Exceptional Children*, Vol. 64, No. 1, 1997, pp. 49 – 58.

④ 曾雅茹：《普通小学教师对随班就读的态度、教学策略与所需支持的研究》，《中国特殊教育》2007 年第 12 期。

⑤ 邓猛：《普通小学随班就读教师教学调整策略的城乡比较研究》，《中国特殊教育》2005 年第 4 期。

某一类特殊学生的某一门学科的教学策略调整进行了研究，宋佩涵研究发现，随班就读教师利用辅助手段改变知识呈现的方式对智力障碍儿童的数学学习效果有较大影响，学生的学习动机也有所增强。[①]

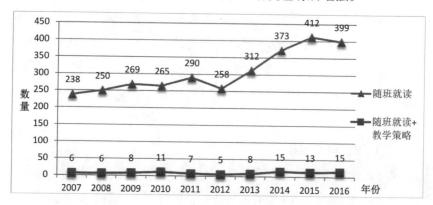

图 6.2.1　近十年 CNKI 中随班就读研究的数量图

综合此类研究不难发现，随班就读教师对随班就读持理性认识，对残疾学生对接纳度较高，并且为了达到教学质量，愿意接受特殊教育相关培训。但是总体上随班就读教师对特殊学生的学习方式和特殊教育需求了解不足，缺乏相关特殊教育培训。在对特殊学生的接纳度方面，与脑瘫学生和自闭症学生相比，随班就读教师更愿意接纳肢体残疾、智力障碍和学习障碍的学生随班就读。

此外，笔者在 CNKI 上以"随班就读"和"随班就读 + 教学策略"分别为主题进行文献检索发现，近十年来有关我国随班就读研究的数量稳中有升，随班就读的横向研究和纵向研究都不断发展，并且取得了一定的成果。但是相比较而言，关于随班就读教学策略的研究相当有限，仅占每年研究总量的 2% —4%。与此同时，针对随班就读教师的研究范围主要集中在不同的地区，且主要是在上海、北京等经济或文化高度

---

① 宋佩涵：《轻度智障随生数学多感觉教学模式的建构及评价研究》，硕士学位论文，华东师范大学特殊教育系 2014 年，第 3 页。

发达的地区，针对大范围甚至全国范围的随班就读教师情况研究较少。

四、质性研究

质性研究是在自然的情境下采用多种资料收集方法，从整体的高度对社会现象进行深度探究和诠释的过程。[①] 它要求研究者在研究过程中要融入被研究对象的经验世界中，从被研究者的立场来诠释这些经验和现象的意义。美国学者 Vincent 等人对质性研究的优点进行了总结，归纳为以下四点：[②]

（1）质性研究为深入了解数量较小的群体提供了途径；

（2）质性研究能帮助识别并鉴定研究中出现的新变量；

（3）质性研究能够识别一些研究不能准确识别的不同变量间新的关系；

（4）质性研究丰富了对评价结果意义的理解，并在实际应用方面取得成功。

第三节 研究设计

一、研究对象

根据本书的研究目的和研究内容，入选研究对象需符合以下几个必备标准：（1）已获得中华人民共和国教师资格证书；（2）在小学阶段一年级任教；（3）任教班级至少有一名残疾儿童随班就读；（4）学校及本人均愿意参与本书的研究。此外，根据目的性抽样的原则，为了获

---

① 文军：《质性研究概论》，北京大学出版社 2010 年版，第 144 页。

② Vincent T. Francisco, Frances D. Butterfoss, Ellen M. Capwell, "Key Issues in Evaluation: Quantitative and Qualitative Methods and Research Design", *Health Promotion Practice*, Vol. 2, No. 2 , 2001, pp. 20 – 23.

得更多的有效信息，[1] 本书还提出以下优先入选条件：（1）班主任；（2）语文、数学等课时数比较多的任课教师。最终，本书选取 C 市 16 所普通小学的 16 名普通小学随班就读教师为主要研究对象，在所有研究对象中，均无特殊教育专业背景，其中来自主城区普通小学教师和乡镇中心小学教师各 8 名，且 16 名教师均为女性，基本情况如表 6.3.1。

表 6.3.1　研究对象的基本情况

主城区小学教师					乡镇中心小学教师				
序号	教龄	年级	最终学历	任教科目	序号	教龄	年级	最终学历	任教科目
1	20	3	硕士	语文	9	12	3	大专	语文、美术
2	24	4	大专	数学	10	1	1	本科	语文
3	3	3	本科	英语	11	2	3	本科	语文
4	7	1	本科	语文	12	11	2	大专	数学、体育
5	11	4	研究生	数学	13	8	4	大专	语文
6	5	3	本科	品德	14	15	2	中专	语文
7	6	2	本科	语文	15	7	3	大专	语文
8	13	3	研究生	语文	16	10	3	大专	数学

二、研究程序

本书通过电话形式征求小学主管领导的同意，然后进入学校，每校选择 1 名愿意参与研究的随班就读教师进行面对面的半结构化访谈。为了更深入了解情况，每人访谈两次，每次 30—60 分钟，第一次访谈结束后，进入班级进行课堂观摩，课后进行第二次补充性访谈。经过本人

---

[1]　M. Q. Patton, *Qualitative Evaluation and Research Methods*, Newbury Park, CA: Sage Publications, 1990, p. 39.

同意，在单人办公室进行访谈，并录音，课堂观摩情况进行书面记录。

三、资料收集

本书采用访谈法、观察法以及文本资料收集等方法获得研究资料。

（一）访谈法

访谈作为社会科学研究中最常用的方法之一，可以直接了解到受访者的思想、心理、观念等深层内容。[1] 本书采用面对面的半结构化访谈获取资料。半结构化访谈又称为非定向访谈，是指运用访谈提纲，但是对访谈过程没有严格规定的访谈调查。[2] 谈话的时间，提问的顺序、方式、提问的多少均不作明确规定。与其他的研究方法相比，半结构访谈最明显的优点在于其具有较强的灵活性。在访谈过程中，研究者可以根据访谈过程中的具体情况，对相关问题进行解释，使受访者了解问题的实质，便于更全面深入地收集资料，研究者的创造性较大。本书的访谈主要围绕五个方面展开。

第一，深入挖掘当班级里面出现特殊学生时，从随班就读教师内心来讲，他们能否接受这些或这位特殊孩子，以及随班就读教师面对特殊学生采取的主要应对方式。

第二，随班就读教师在为特殊学生进行教学设计时的思路及规划。

第三，随班就读教师为满足特殊学生随班就读的需要主要使用的教学策略。随班就读教师为评价其教学策略对特殊学生的教学效果使用的主要教学评价方式。

第四，随班就读教师在为特殊学生进行教学的过程中得到的支持以及遇到的障碍。

第五，比较分析以上四个方面的问题是否在农村和城市存在明显差异。

---

[1]　文军：《质性研究概论》，北京大学出版社2010年版，第144页。
[2]　杨晓萍：《教育科学研究方法》，西南师范大学出版社2006年版，第140页。

（二）观察法

观察法是教育科研中最基本最普遍的方法，它不仅是收集材料的基本途径，也是其他研究方法的基础。英国社会学家摩瑟（Moser CA）说："观察可称为科学研究的第一方法。"①为了深入了解随班就读教师的教学方法，以及其教学策略对特殊学生的教学效果，笔者直接进入课堂观察教师授课情况，进行书面记录，并观察学生回答问题、互动、教师提问与反馈等情况。

（三）文本资料收集

特殊学生的文本资料是随班就读教师了解学生总体情况的基本材料，也是考察随班就读教师教学策略于特殊学生而言是否得当的重要参考。因此，本书所收集的文本资料包括学生的障碍诊断书（部分学生没有）、随班就读学生的个别化教育计划、学生作业、教师的工作日志等。

四、研究工具

本书采用澳大利亚 QSR 公司（Qualitative Solutions and Research International Pty. Ltd.）所开发的 NVivo 软件进行资料处理。NVivo 由 Nudist 和 Vivo（自由自在）两个词组成，Nudist 全称为非数值技术非结构化数据的检索和理论化（Non – numerical Unstructured Data by Techniques of Indexing Searching and Theorizing）。窗口接口版的 Nudsit 称为 Nvivo。该软件以编码为理论建构基础，能够处理包含中文在内的几十种语言资料，还可以分析音频、视频、图片、电子表格和数据库中的数据②。其对质性资料的分析包括准备、编码、分析和整合四个阶段，该软件数据输入输出方便快捷，提供了导入（Internal）、编码（Node）、群组

---

①　Moser CA, *survey Methods in Social Investigation*, London: Heinemann, 1965, p. 55.

②　杨延宁：《应用语言学研究的质性研究方法》，商务印书馆 2014 年版，第 188 页。

（Set）、查询（Queries）、建模（Models）、分类（Classifications）等功能①，提高了质性资料的分析整合效率。

NVivo 因其具有强大的组织和分析无序信息的能力而得到广泛应用。在 CNKI 以及 Elsevier（ScienceDirect）以"NVivo"为关键词进行检索发现，该软件现已在教育学、心理学、临床医学、文学、人类学等学科方面得到应用。在一次检索的基础上运用布尔逻辑将检索范围限定在教育学领域进行二次检索，结果发现，目前该软件在教育学领域的使用主要集中在教育理论、教育管理以及高等教育领域，其中在课堂教学行为、多媒体教学等研究方面运用较多，运用至特殊教育相关领域的研究比较有限。

五、资料处理

面对质性研究的大量原始资料，资料的浓缩在整个质性研究过程中非常重要。本书采取质性研究著名学者 Marshall 和 Rossman 提出的七步资料处理法，将各种资料进行以下处理：组织资料（Organizing）、浸透资料（Immersion）、归类（Categories）、形成主题（Themes）、编码（Coding）、解释（Interpretations through Analytic Memos）、其他意义建构（Alternative Understandings）。个中的每一步骤几乎都包含着研究资料浓缩的过程。

在组织资料阶段，笔者再次阅读所收集的资料，在阅读过程中，将资料涉及的人、事件、反映的突出内容等反复过滤，在卡片及 NVivo 软件上记录下有用的信息，对原始资料进行初步剪辑。在浸透资料时，笔者再次阅读整理材料，使用图表记录资料，使资料变得整齐、逻辑清晰，方便查找也防止遗漏。

在归类和形成主题阶段，笔者先分出类属，为了分出类属，笔者在

---

① 安艳芳：《定性资料计算机分析软件 NVivo 应用解析》，《中国科技信息》2012年第5期。

访谈和课堂观察过程中将研究现场的明显特征和受访者的表达模式记录清楚，然后将含有不同文本的类属合并成为类群，以此归类。在此基础上对每一类别进行整理概括，分别形成主题。Patton 认为在归纳分析过程中，研究者可以使用"本土化概念"（Indigenous Typologies）或"分析建构概念"（Analyst - constructed Typologies）。[①] 因此，笔者在形成主题阶段也主要使用这两种方式，一是使用受访者在访谈时自身的表达和创造的概念，二是笔者根据资料分析生成的概念。

给资料进行编码是研究正式开始分析资料的标志，笔者在原始资料中对类别和主题编码做记号。编码有几种形式：关键词缩写、带颜色标记、数字等，[②] 同时利用 NVivo 软件将关键词输入后进行资料分析。在确定了资料的类别和主题后，对过于突出的主题提出疑问，寻求这些资料以及它们之间联系的其他可能的解释方式。在已有资料中寻找和比较，说明哪种解释更合理，有什么证据能证明等。

其他意义建构是基于美国学者德尔文的意义构建理论（Sense - Making Theory），认为信息查询的实质是一种主观建构行为。知识是由个人建构而成的主观产物。从人的角度看，现实是不完整、不确定的，信息不能独立于人类而存在。人只有通过观察才能理解信息的意义，并实现与他人的信息共享。在意义建构的过程中能更加深入分析受访者的行为本质和意义。

按照以上步骤，本书首先将录音资料逐字逐句转录成文字资料；然后至少三次阅读访谈资料，熟悉并深入理解访谈内容；并借鉴相关文献和理论支撑资料。

① M. Q. Patton, *Qualitative Evaluation and Research Methods*, Newbury Park, CA: Sage Publications, 1990, p. 39.

② C. Marshall, & G. Rossman, *Designing Qualitative Research(3rd ed.)*, Oaks: Sage Publications, 1999, p. 125.

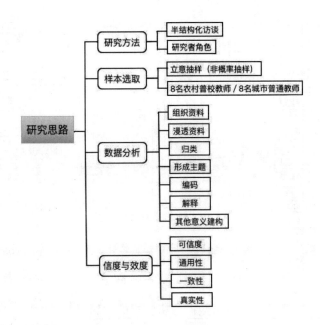

图 6.3.1　城乡随班就读教师教学策略比较研究思路图示

第四节　研究结果与分析

经过七轮数据分析及数据缩减，研究的主要结果如图 6.4.1 所示，同时具体的研究结果如表 6.4.1 所示。

一、主题建构

通过对访谈数据的整理和分析，将不同的主题编码输入 NVivo，按照受访教师提及问题的频数降序排列生成了 10 个主题，如下表：

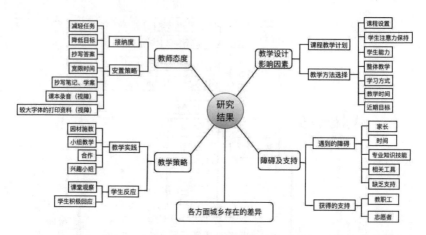

图 6.4.1　城乡随班就读教师教学策略比较研究主要结果图示

表 6.4.1　由数据分析生成的主题 （>10）

主题	总计	城市	乡镇
1. 随班就读的特殊学生在学习中遇到诸多障碍	82	38	44
2. 教师缺乏专业的知识和技能	72	31	41
3. 教师接受学生的差异，并且通过一定的安置调整为特殊学生提供支持	62	35	27
4. 教师尝试优化教学方法以适应随班就读班级教学	62	36	26
5. 随班就读的班级迫切需要各方面的支持	52	25	27
6. 随班就读教师教学方法的选择受到诸多因素的影响	34	16	18
7. 特殊学生在随班就读的班级里能够获得积极正向的经历	27	8	19
8. 特殊学生在随班就读的班级里获得了消极负面的经历	23	12	11
9. 学生教学计划由科任教师单独制定，几乎没有 IEP 小组制定	15	1	14
10. 志愿者为随班就读的特殊教育学生提供了最多的支持	11	10	1

1. 总体特征

无论是在城市随班就读环境中，还是在乡镇随班就读环境中，表现最为突出的问题均为特殊学生在学习中遇到诸多的障碍。其次，从心理准备及情感态度方面，大多数受访教师都能接受特殊学生随班就读，但是由于受访教师缺乏相应的特殊教育专业知识和技能，教师只能依据其普通教育的知识，在能力范围内为随班就读的特殊学生提供支持，如为学生提供教学安置、适当地调整教学方法。因此，城乡随班就读环境均表现出迫切需要各方面支持的状态。此外，与前人研究中"随班就坐""随班就混"的经历相比，本书中随班就读教师认为特殊学生在随班就读班级里获得的积极正向的经历要高于消极的负面的经历。

2. 城乡比较分析

城市随班就读环境在特殊学生学习遇到诸多障碍、教师对学生接纳度、教师进行教学方法调整方面表现最为突出，而乡镇随班就读环境则在特殊学生学习遇到诸多障碍、教师缺乏相应专业知识技能、教师进行教学方法调整方面表现突出。

除去二者共同存在的特殊学生学习遇到诸多障碍、教师进行教学方法调整这两个突出主题，比较而言，城市教师在教学安置和教学方法调整方面相对于乡镇老师更为明显，乡镇教师的专业知识和技能缺乏表现更为突出。此外，由于普通学校对于特殊学生的安置政策和要求理解不深入，在学校内教师的协作和领导的重视不足，特殊学生的教学计划大多直接由相应随班就读教师一人制定，没有特殊教育专业人员、家长或是学校领导参与，很少组成 IEP（Individual Education Plans）制定小组对学生的教学计划进行科学全面的设计，这一点在乡镇随班就读环境表现更为突出。值得一提的是，所有受访教师均不知道 IEP 的概念及其制定。

在访谈中，有城市随班就读教师提到其学校教学期间均有附近大学生志愿者参与教学服务，虽然志愿者的专业水平不高，但是在提升随班就读学生的融入感方面起到了明显的作用。但由于乡镇学校受地理位置、经济发展程度、学校教学质量等方面的影响，获得社会支持的渠道也相当受限，在乡镇随班就读环境中社会志愿者能提供的支持匮乏，缺乏社会支持表现也更为明显。此外，随班就读教师教学方法的选择受到诸多方面因素的影响更为突出。

在学生学习体验方面，总体而言，学生获得积极经历与消极经历的比例差别不大，但是在城市随班就读学生获得的积极经历明显低于消极经历，在乡镇随班就读学生获得的积极经历反而高于消极经历。笔者认为，在城乡随班就读环境中学生学习体验存在差距与其学生构成成分、教师绩效考核有关。在乡镇学校，学生大多属于处境不利儿童，例如在调查研究过程中，一所乡镇学校的学生组成特点尤为突出，该校的学生基本属于留守儿童或是处于经济状况不利学生，在这种背景下，特殊学生的标签反而被弱化，不同类别的处境不利儿童相处更为和谐，彼此接纳度更高，增加了随班就读儿童学习的积极经历。而在城市学校，处境不利儿童数量远不及乡镇学校，总体而言学生的家庭经济状况相比乡镇学生家庭经济状况更好，作为学生中的少数群体，随班就读学生的"特殊学生"标签在无形中被放大，在一定程度上这也会影响普通学生对随班就读学生的接纳度。其次，教师的绩效考核也与随班就读学生的学习体验存在关系。在普通学校中，绩效考核明确了教师岗位职责，采取多方位、经常化的监督评价，并将结果运用于个人的切身利益①。当前中小学主要以教师教学质量的高低来评价教师，而教学质量被狭隘地理解为学生的学习成绩。教师绩效考核的内容被窄化为一种单项评价，评价的终极表中落在教学成绩上，而教学成绩的唯一标准就是学生的分数，

---

① 夏茂林、冯文全：《城乡教师资源均衡配置问题探讨》，《教育科学》2010 年第 1 期。

其他评价指标俨然成为鸡肋。[1] 在这样的考核标准下，城市随班就读教师的工作面临着比农村随班就读教师更大的教学压力，城市随班就读教师自然而然地将教学重心放在了会影响自身绩效考核的普通学生身上，而忽略了对随班就读学生的教学效果。

二、城乡随班就读教师接纳方式的比较分析

表6.4.2　受访教师对于随班就读的特殊学生接纳方式

受访教师接纳方式	1	2	3	4	5	6	7	8	9	10	11	12	13	14	15	16	总计	城市	乡镇
接纳度	√	√	√	√	√	√	√	√	√	√	√	√	√	√	√	√	16	8	8
安置策略																	46	27	19
减轻任务	√	√	√	√	√	√	√		√		√		√		√	16	8	8	
降低目标	√	√	√	√	√	√	√		√		√		√		√	16	8	8	
抄写答案		√	√		√												3	3	0
宽限时间	√	√	√											√			4	3	1
抄写笔记、学案	√		√			√					√						4	3	1
课本录音（视障）						√			√								2	1	1
较大字体的打印资料（视障）						√											1	1	0
总计																	62	35	27

1. 总体特征

当班级出现特殊学生时，受访的随班就读教师均表现出很高的接纳

---

[1]　傅艳艳：《中小学教师绩效评价探析》，硕士学位论文，山东师范大学教育学原理专业2012年，第3页。

度，并在自身有限的特殊教育专业知识和技能范围内为学生提供具体的教学安置策略。在访谈提及的教学策略中，考虑到特殊学生的学习水平和学习能力与普通学生相比存在着不可忽视的差异，所有受访教师均使用了"减轻任务"和"降低目标"这两项教学策略，这两项策略也是乡镇随班就读环境中最主要的教学策略。究其背后的原因不难发现，这与随班就读学生的教学评估与评价有着不可分割的联系。随班就读学生在学习成绩上与普通学生存在一定差距，但随班就读学生成绩在教学考核中不纳入班级总成绩考核范围，也不影响随班就读教师绩效考核。因此教师在使用"降低目标"接纳方式时，往往没有明确的调整标准，即没有根据随班就读学生的学习能力进行教学目标的调整。大多数随班就读教师对随班就读学生的学习效果不作过多要求，在课堂教学中也主要采取普通教育的教学方式，随班就读学生在自身能力的基础上只能学习到相当有限的教学内容。这也极大地影响了随班就读教学质量。在强调教育机会、教育过程、教育资源均衡的同时，教育结果均衡也不容忽视。教育结果均衡是指学生在接受完教育后获得均等的学业成绩与发展机会，突出强调个性发展，是自我实现的平等论。有学者在研究中将教育结果均衡指标分为城乡学生学习成绩差异、学生升学率差异两个方面对其加以评定。在评估随班就读学生教育结果时也可以借鉴这两个方面，一是考查学生在接受随班就读服务后其学习的显著变化，二是在其升学率方面酌情考察。

2. 城乡比较分析

从内心情感方面，每个随班就读教师都能够接纳随班就读学生；但在行动力方面，随班就读教师又表现出明显的接纳无能。除上文提及的两种主要接纳方式外，只有极少数城市随班就读教师使用了相应的教学策略，乡镇随班就读教师几乎没有使用其他的教学策略。甚至有乡镇随班就读教师在访谈中明确提到自己想要帮助随班就读学生但爱莫能助。因为班上还存在留守儿童、问题儿童等其他难以应对的学生，只要随班就读学生不参与、不制造问题随班就读教师便认为已达到了对其的教育要求。相比较而言，城市随班就读环境中教师使用的教学策略数量更多，方式也更为多元。针对学习能力较弱的随班就读学生，教师还使用了"抄写答案"、"宽限时间"、"抄写笔记、学案"等策略降低学习的难度，让特殊学生不因学习任务难度大而失去对学习的兴趣和信心，但是此教学策略也从一定程度上降低了教师对特殊学生学习情况评价的准确性。针对由于生理缺陷对学习造成影响的学生，如低视力学生，教师还使用了较大字体的打印资料以及课本录音作为教学的辅助工具，为学生提供有针对性的教学服务。而乡镇随班就读环境中教师使用的教学策略较为笼统且缺乏针对性。

三、城乡随班就读教师教学设计影响因素的比较分析

表 6.4.3　影响受访教师教学设计的因素（教学方法的选择）

影响因素	1	2	3	4	5	6	7	8	9	10	11	12	13	14	15	16	总计	城市	乡镇
课程设置				√	√			√	√	√	√	√	√	√			9	2	7
保持学生注意	√	√				√					√	√				√	6	4	2
学生能力	√		√				√	√	√						√	√	7	4	3
整体教学		√	√			√						√					4	3	1
学习方式						√				√		√	√				4	1	3
教学时间				√								√			√		3	1	2
近期目标				√													1	1	0
总计	2	2	2	3	1	3	1	2	2	2	2	5	2	1	2	2	34	16	18

1. 总体特征

通过与受访教师交谈，得出影响受访教师教学设计的因素主要有课程设置、保持学生注意力、学生学习能力、整体教学、学习方式、教学

时间、近期目标这七个方面。其中课程设置及学生能力对教学设计的影响最为明显。

通过分析对教学设计影响最为突出的两个因素可以明显看出普通教育与特殊教育在教学理念上的差异。随班就读教师教学设计受课程设置影响频数为9，而受学生能力影响频数为7，这说明随班就读教师与其他普通教育教师一样在教学中仍然采用课程本位，以课程大纲为主导，以教学内容和教学目标为导向安排教学这在一定程度上能够契合普通学生的学习需要。而在特殊教育领域强调的是根据学生的特殊教育需要提供个别化教学服务支持，从特殊学生教学目标的制定，到教学策略、方法的选择，甚至教学效果的评估都是以学生为中心的。因此随班就读的特殊学生的个别化教学需求得不到满足。

2. 城乡比较分析

影响乡镇随班就读环境教师教学设计的因素较城市随班就读环境而言更多。值得注意的是，综合城市和乡镇随班就读教师教学设计的影响因素，学生学习能力不是影响教师教学设计的首要因素，而是课程设置在教学设计中起到了主要影响作用，这一点在乡镇随班就读环境中表现尤为明显。由此可见，多数乡镇随班就读教师在教学中仍然采用课程本位，以教学任务为主要导向安排教学，这在一定程度上能够契合普通学生的学习需要，但是随班就读的特殊学生的个别化教学需求却得不到满足。

另外，由于随班就读特殊学生自身的特殊性与差异性，教师在进行教学设计时会更加注重考虑学生学习能力水平因素，并在此基础上使用适当的教学方法以保持学生的注意力水平。与乡镇随班就读教师相比，城市随班就读班级教师会更加注意学生学习能力因素。加之特殊学生在随班就读环境中是与普通学生同步学习的，因此教师的教学设计在一定程度上也会受到整体教学的影响，诸如班级其他普通学生的能力水平和学习目标。

四、城乡随班就读教师教学策略的比较分析

表 6.4.4　受访教师使用的教学策略

教学策略	1	2	3	4	5	6	7	8	9	10	11	12	13	14	15	16	总计	城市	乡镇
因材施教																	29	18	11
体验法	√	√	√		√	√	√	√			√	√	√	√	√		13	7	6
可视化支持（视障）	√			√		√	√					√				√	8	5	3
主题教学法		√	√	√	√		√					√		√			8	6	2
小组教学	√	√	√	√	√	√	√		√		√	√	√	√	√	√	16	8	8
合作																	11	7	4
同伴辅导	√	√		√		√				√		√			√		7	4	3
合作学习		√	√				√			√			√				4	3	1
兴趣小组				√	√					√			√		√	√	6	3	3
总计	5	6	5	5	4	6	3	6	3	3	3	6	3	4	3	3	62	36	26

1. 总体特征

为了帮助特殊学生达到在随班就读环境中的学习目标，随班就读班级的教师还使用了其他的教学策略为特殊学生提供有效的辅助学习措施。总体而言，随班就读教师大体上能做到因材施教，即根据特殊学生的特殊需要选择适当的教学策略。但是因材施教大多是针对于视力障碍特殊学生，因为学生认知水平正常，随班就读教师面临的教育难度相对较低，因此随班就读教师给予视障学生的关注较其他类别特殊学生要多。针对智力障碍的学生，教师采用的教学策略主要是以降低题目难度、降低期望为主。同时，随班就读班级的教师也能够使用体验法这一策略，创设相应的条件，让特殊学生通过与环境、与教学材料等的直接

互动或实际操作，在此过程中帮助特殊学生深入体会、理解教学内容。除此以外，合作学习也是受访教师在教学过程中常用的教学策略。在合作学习中，特殊学生既能得到学习能力较强学习效果较好同学的辅导，也能作为小组学习的参与者加入互动学习的过程，发挥自己的作用。在此过程中，也能够加深普通学生对特殊学生的认识和理解，这有助于构建更为和谐的随班就读班级氛围，重塑特殊学生在随班就读过程中的自信心。在此基础上，教师结合使用小组教学策略，兼顾了特殊学生与普通学生的共性与差异性。

值得一提的是，目前随班就读教师选择的教学策略也以普校常用的策略为主，诸如主题教学法、合作教学法、兴趣小组等。为降低学习难度，提高学生自主学习能力，随班就读教师有意识地将学习内容划分为不同的小主题、小课题，在访谈中发现该策略在语文教学时使用较多。为顺应普通学校变教案为学案的趋势，在随班就读班级中，教师积极采用合作学习的教学策略，通过同伴辅导以及小组合作提高特殊学生与普通学生的学习互动性。部分教师采用组建兴趣小组的方式将班级学生分到不同小组，如视障的学生参与音乐组，听力障碍学生参与数学或美术组，让学生在学习课本知识的同时也能参加积极参与课外活动。

由此可见，随班就读教师虽能使用一定数量的教学策略并取得一些教学效果，但是教学策略以普通学校教学为主。分层教学、个别化教学等特殊教育领域倡导的教学策略或理念，受访教师的了解相当有限。

2. 城乡对比分析

在使用的教学策略数量方面，从总体上看，几乎每一项教学策略在城市随班就读环境中的使用频数都很高。其中，受访教师在教学策略上更多采用因材施教的方法，这一点在城市随班就读环境中体现更为突出，使用频数为18，而在乡镇随班就读环境使用频率仅为11。城市随班就读教师更注重按照学生需求提供支持，例如为视障学生提供更多的可视化支持。较乡镇随班就读环境而言，城市随班就读环境的教师在教学策略上更多采用主题教学法帮助特殊学生学习新内容。在合作教学方面，城市随班就读环境教师较乡镇环境随班就读教师更重视合作学习在随班就读过程中的作用，采取更加积极的态度和方法将特殊学生纳入教学过程当中。笔者认为，这与城乡随班就读教师的师资水平差异有所联系。通过前文数据分析不难发现，城乡随班就读教师在对特殊学生接纳度、关注度以及有意识地使用相关教学策略的差别并不显著，换言之，这三者并非是城乡随班就读教师使用教学策略的数量差异的主要原因，而其中的差异是由于城乡教师教学水平存在差异这一根本因素造成的。我国社会长期处于城乡二元结构状态，目前我国城乡中小学教师队伍存在差异也是不可否认的事实。普通教育领域对城乡教师资源配置失衡进行了深入的研究，大量研究说明我国农村地区教师总量不足，福利待遇有待提高，农村教师在年龄、学历等方面结构失衡，农村教师队伍与城市教师队伍在能力素质、专业发展等方面存有较大差距。此次受访的教师中，8 位乡镇随班就读教师学历构成以专科学历为主，本科学历的教师仅占 25%，无研究生学历教师。而城市随班就读教师的学历构成以本科学历为主，研究生学历教师占 37.5%，专科学历教师仅占12.5%。相比之下，城市随班就读教师的师资水平更高，教育教学基础知识更全面、牢固，这也就在一定程度形成了城市随班就读教师在教学中使用了更多教学策略这一现象。

五、城乡随班就读的障碍比较

表 6.4.5　随班就读面临的障碍

障碍因素	1	2	3	4	5	6	7	8	9	10	11	12	13	14	15	16	总计	城市	乡镇
家长																	36	14	22
缺乏支持	√	√	√		√	√		√	√	√		√	√		√	√	14	6	8
回避特殊教育	√	√	√		√	√		√	√		√	√		√	√	√	14	6	8

续表

障碍因素	1	2	3	4	5	6	7	8	9	10	11	12	13	14	15	16	总计	城市	乡镇
流动人口			√				√		√	√	√	√	√			√	8	2	6
时间	√	√	√			√						√		√			7	4	3
专业知识技能	√	√	√	√	√	√	√	√	√	√	√	√	√	√	√	√	16	8	8
相关工具			√			√		√	√			√		√			7	4	3
缺乏各方面支持	√	√	√	√	√	√	√	√	√	√	√	√	√	√	√	√	16	8	8
总计																	82	38	44

1. 总体特征

就目前城市随班就读环境和乡镇随班就读环境而言，其面临的障碍因素均远远大于获得的各方面的支持因素。根据受访教师反映的各种障碍因素，可将其归纳整理为家长、时间、专业知识技能、相关工具和缺乏各方面支持这5类。其中，由家长方面造成的障碍列居首位，在访谈中绝大多数受访教师都提及了随班就读缺少家长的支持，甚至部分家长以回避的态度对待特殊教育。一方面，普通家长出于对普通学生学习的顾虑，担心特殊学生的存在会影响班级教学进度、学习氛围等。近年来，自闭症学生被普通学生家长联名赶出普通学校的报道层出不穷，诸如"普通学生家长联名要求学校拒绝特殊儿童随班就读"等新闻屡见不鲜①。受社会发展程度和家长受教育程度影响，城市家长维权意识更强，因此这一点在城市随班就读环境中表现尤为明显。另一方面，部分特殊学生家长会避免提及自己的孩子是特殊学生，与教师教学的配合度不高，很少参与随班就读教育过程，加之乡镇随班就读学生大多为留守儿童，其实际监护人大多是爷爷奶奶，由于其受教育程度有限，严重阻

---

① 《多名家长联名劝退"熊孩子"女校长拒绝三度落泪》，澎湃新闻网 2016－06－15，http://news.163.com/16/0615/13/BPJRSGMO00014AED.html.

碍了家校沟通。大多数乡镇随班就读学生家长满足于随班就读给学生提供了一个教学安置环境，自身也并不追求随班就读带给学生的教学结果，与学校合作对随班就读学生进行辅导更加无从谈起。其次，教师缺乏特殊教育相关的知识技能和随班就读支持系统不完善也是阻碍随班就读进一步发展的重要因素。此次所有受访教师均无特殊教育专业背景，他们在工作中遇到很多困难，如特殊儿童行为习惯的控制与矫正、特殊儿童心理疏导等。尤其是对随班就读学生的行为问题矫正方面，由于随班就读学生的行为问题会严重影响课堂教学秩序，但是缺乏相应的特殊教育措施以及特殊教育相关人员的支持和帮助，这也导致了特殊学生在随班就读过程中遇到的问题得不到及时的解决。甚至在访谈乡镇随班就读教师的过程中，受访教师均表示学校没有特殊教育资源教师，此前也并未接触这一概念。此外，相当一部分随班就读教师反映在普通学校繁重的工作压力下，教师的教学时间有限，常常无暇顾及随班就读的特殊学生。在城市随班就读环境中具体表现为随班就读教师除需要完成日常教学工作外，还需参加各种校级评优评奖活动，在部分城市学校，随班就读教师甚至需要完成每月的主题活动、教学汇报等工作。在乡镇随班就读环境中则表现为随班就读教师面临着对更多行为问题学生的教学，学生间打架斗殴，甚至逃学的情况屡禁不止，随班就读教师分身乏术，对随班就读学生的教学时间和管理精力均不足。

2. 城乡对比分析

与城市随班就读环境相比，乡镇随班就读遇到更多障碍表现尤为突出，其面临的障碍频数高达44，而获得的支持因素频数仅为2（见表6.4.5）。在由家长造成的阻碍方面，乡镇随班就读环境中的家长更容易回避特殊教育也较少提供支持，另外，在乡镇随班就读环境中由于部分特殊儿童随父母工作变动等其他因素流动，对于为特殊儿童提供长期的、有计划的随班就读造成了不少阻碍，而城市随班就读环境较少受到流动人口因素的影响。有相关研究表明，流动人口子女在学校教育中存在学习基础参差不齐，使学校教学难度增大；行为规范未到位，使学校行为管理受到影响；家长教育缺乏配合，学校与家长沟通困难；学生流动性大，学籍管理困难等问题[1]，这也为本书提供一定的佐证。

　　在教学过程中，教师的教学进度以普通学生的接受消化知识的速度为重要参考，因此在同样的教学时间里，特殊学生与普通学生的学习效率和效果都存在明显差异，再加之教师能给予随班就读特殊学生的个别辅导时间少之又少，特殊学生随班就读的学习质量难以保证。在教学时间阻碍方面，城市随班就读环境在访谈中出现频率为4，而在乡镇随班就读环境中出现频率为3，因此由时间造成的阻碍在城市随班就读环境表现更明显。

六、城乡随班就读的支持因素比较分析

表6.4.6　随班就读的支持因素

支持因素	1	2	3	4	5	6	7	8	9	10	11	12	13	14	15	16	总计	城市	乡镇
学校教职工																	7	6	1
教师	√		√	√							√						4	3	1
行政人员	√		√				√										3	3	0
志愿者																	11	10	1
高年级学生				√			√										2	2	0
家长		√	√		√	√	√	√							√		7	6	1
专家				√			√										2	2	0
总计	2	1	3	1	3	2	2	2	0	0	1	0	0	0	1	0	18	16	2

① 王涤：《关于流动人口子女教育问题的调查》，《中国人口科学》2004年第4期。

1．总体特征

由表中数据不难得出，在随班就读可获得的支持方面，在城市和乡镇两种环境中无论是渠道还是数量都非常少，能为特殊儿童随班就读提供支持的人群以教师和学生家长为主。

2．城乡对比分析

比较而言，城市随班就读环境获得的支持远远大于乡镇随班就读环境，这使得本身面临诸多障碍的乡镇随班就读环境发展更加举步维艰。在城市随班就读环境中，相比学校其他教职工，社会志愿者为随班就读提供了更多的支持。但是在乡镇随班就读环境中，二者为其提供的支持都相当匮乏。本该在特殊学生随班就读的安置、个别化教育制定等过程中发挥重要作用的学校相关行政人员起到的作用却很小，随班就读缺乏以学校为背景的大环境支持，这在一定程度上也限制了随班就读教师能为学生提供的教学服务范围和服务质量。

横向比较城市与乡镇两种安置环境，乡镇随班就读环境的参与人员更少，相比之下，城市随班就读环境的参与人员更多，包含的范围更广。值得一提的是，城市随班就读环境能获取的相关专家的支持在乡镇随班就读环境却难以得到。

第五节　讨论与建议

研究发现，目前城市随班就读环境与乡镇随班就读环境均面临着诸多挑战，且集中体现在随班就读的师资质量有待提升、随班就读支持系统不完善、城乡特殊教育发展不均衡、特殊教育未能充分发挥指导作用等方面。在随班就读教师使用教学策略方面，教师使用的策略以普通教育教学策略为主，缺乏对特殊教育教学策略、理念的了解和运用，并且由于城乡随班就读教师存在固有的教学水平差异，城市随班就读教师较乡镇随班就读教师能使用更多的教学策略。但是，由于乡镇学校学生构成的特殊性，随班就读学生在乡镇随班就读环境反而获得了更多的积极学习经历。在此基础上，笔者根据我国城乡特殊教育发展现状从宏观、中观和微观三个层面提出以下建议：

一、完善以教育公平理念为核心的城乡特殊教育均衡发展政策保障

体现公平理念、科学有效的政策法规是推动城乡特殊教育均衡发展的基本保障。美国在制定教育发展规划和政策法规时，通常都会把推动教育公平发展作为前提，明确教育公平在不同历史时期的确切涵义。在政策法规表现形式上，更是制定了全面、详实的各类法案、修订案，为城乡基础教育改革实践做出明确的指导。我国城乡特殊教育均衡发展可以此作为借鉴。

1. 完善相关制度保障促进城乡随班就读均衡发展

目前我国特殊教育资源更多的流入城市，和发达城区相比，乡镇的教师资源、经费投入以及办学条件长期处于短缺状态。有研究表明农村学校优秀教师流失严重，并呈现逐级向上的流动趋势——乡镇向县城、县城向省城、薄弱学校向重点学校流动。很多乡镇学校教师在达到一定教学水平后，便想方设法调到城市学校任教。同时与城市教师相比，乡镇教师这一职业更缺乏吸引力。[1]

一般来说，教师自愿流动到一个新学校最起码前提不仅要同工同酬，有流动成本补偿，而且新旧环境到各项条件也应大致相当。[2] 鉴于此，在统筹城乡随班就读教师均衡发展时，首先应重点解决乡镇随班就读教师特殊教育津贴问题，同时采用有效的激励政策，鼓励随班就读教师到农村落后地区、薄弱学校任教或支教。在薪资待遇方面向乡镇随班

---

[1] 王宪平：《我国城乡中小学教师资源配置失衡问题及对策》，《浙江师范大学学报（社会科学版）》2011 年第 5 期。

[2] 夏茂林、冯文全：《城乡教师资源均衡配置问题探讨》，《教育科学》2010 年第 1 期。

就读教师，尤其重点向落后地区或薄弱学校进行倾斜。例如 2009 年，美国教育部计划投入 1 亿 4300 万美元支持"教师质量伙伴合作项目"（Teacher Quality Partnership Program），通过联邦政府投入经费支持各州开展各类提升教师质量的政策性研究。[①] 该项目资助计划显示，对于有针对性的培养农村地区跨学科教学教师、特殊教育教师等申请将获得优先资助。

其次，在特殊教育政策制定过程中，不应忽视目前我国城乡随班就读环境中存在的差距，从政策方面为城乡特殊教育均衡提供保障。拓宽公众参与教育决策的范围，保障所有特殊教育利益相关者能够公平地参与到政策的制定中，尤其是要保障农村偏远地区一线教师参与政策制定的权利，加强信息沟通与服务机制建设，为乡镇特殊教育教师提供专家咨询渠道，引领其有质量、有效率地参与教育政策制定。

除政策支持以外，教育财政支持在促进城乡随班就读均衡发展过程中的力量也不容小觑。为保障农村地区及薄弱学校获得更多的教育支持，加拿大联邦政府及省政府设立了各类目标专款（Target Grants），向特殊教育、贫困人口、边远地区重点倾斜。这类目标专款具有明显的方向性特点。因此，我国在进行财政拨款时应有意识地向乡镇等特殊教育薄弱的地区倾斜。

2. 加强对政策执行度的监管

教育政策的正确贯彻执行，是使政策达到预期目标的重要保证。分析我国特殊教育领域的相关政策文件不难发现，目前我国特殊教育政策制定与政策落实存在一定的差距，由于政策缺乏执行力度，让政策的实施效果大打折扣。甚至有学者专门研究特殊教育政策法规在一定区域内的执行力度，结果发现相关政策在生均公用经费、特殊教育津贴、随班

---

① Rennie Center for Education Research & Policy, *Preparing Tomorrow's Teachers: The Role of Practice – based Teacher Preparation Programs in Massachusetts*, Cambridge, MA: Rennie Center for Education Research & Policy, (Fall 2009), pp. 11 – 28.

就读教师工作量等考核与待遇等方面落实情况堪忧①。由于目前我国相关部门及人员对特殊教育政策法规认识不到位；特殊教育教育政策法规中描述性语言过多，而定量化的规范偏少；制定政策的期望值与实际状况差距较大，因此政策执行度较低。在此背景下，政策制定后的执行监管更不容轻视。

3. 建立并完善政策落实问责机制

近年来，由于"劝退"随班就读自闭症学生的新闻频出，随班就读也逐渐走进了大众视野，各省市都在积极完善随班就读管理机制，例如北京、上海、重庆等城市相继出台了加强义务教育阶段特殊儿童随班就读的相关文件。但是，从政策的制定到政策的落实，再到问责机制，三个本应环环相扣的部分，在政策执行的过程中却存在着落差。因此，相关教育部门在出台相关提升措施时，不仅要落实到位，还需监管有力。建立特殊教育教育问责机制，不仅能够保障了特殊教育教育经费的有效使用，更重要的是，它能让文件中的构想和措施落到实处，也让每个特殊学生都能获得公平及充足的教育资源，确保了城乡教育从"机会公平"走向"结果公平"。

二、特殊教育学校中心职能转变提高随班就读教学质量

在融合教育背景下，随班就读不断发展，特殊学校中心职能将面临着必然的转变，特殊学校作为特殊教育资源中心的功能将更为突出，调整的趋势主要是由单一教学服务转变为多元技术支持。职能的转变主要体现在为特殊儿童提供评估服务，承担资源教室功能，融合教育学校教师及家长培训中心，发挥巡回指导作用。②

---

① 马金玲：《甘肃省特殊教育政策法规执行力度情况分析与建议》，《中国特殊教育》2014 年第 8 期。

② 朱楠、王雁：《融合教育背景下特殊教育学校职能的转变》，《中国特殊教育》2011 年第 12 期。

在特殊学校与普通学校合作方面，特殊教育学校应积极发挥特殊教育资源中心的作用，为普通学校提供特殊教育资源支持和技术支持。首先在资源支持方面，特殊教育教师的工作环境不应局限在特殊教育学校中，特殊学校应鼓励并支持特殊教育教师走进普通学校，提供专业的特殊教育支持，协助随班就读教师进行教学；并且与特殊学校分享特殊教育相关工具，以缓解随班就读教师在教学工程中缺乏相关工具的问题。另外，特殊学校可以为普通学校提供特殊学生的相关评估材料，帮助随班就读教师挖掘评估材料，分析特殊学生存在的主要障碍及发展潜力，以采用适当教学方法促进特殊学生发展。在技术支持方面，特殊学校应积极配合，参与到针对普通教师的相关培训过程中，例如邀请随班就读教师进行教学参观、特殊教育教师进行教学展示、举办相关职后培训讲座等等。

其次，特殊教育学校应发挥其评估职能。从特殊学生教育需要的发现和确认，到个别化教育计划的制定与调整，再到随班就读教学过程的评估。特殊学生的随班就读并非全程由普通学校随班就读教师负责，特殊学校应对学生的教育状况进行追踪，弥补随班就读教师在学生 IEP 制定方面的不足，确保为随班就读学生提供适宜的教学支持。

此外，特殊学校也应发挥巡回指导功能。由于随班就读教师面临着普通教育和特殊教育的双重压力，在教学时往往表现出心有余而力不足状态，而又无法及时获得特殊教育支持，在这种现状下，建立和完善特殊教育巡回教师制度尤为重要。巡回教师定期到辖区内的随班就读班级进行实质性的教育指导，提供专业的特殊教育服务，与随班就读教师协同工作，既保证学生能参与普通教育，又能获得有针对性的教学服务。

三、职前职后一体化加强城乡随班就读师资队伍质量建设

不断提升教师教育质量、促进教师流动、合理配置教师资源是实现城乡教育公平的重要举措。从 20 世纪 50 年代开始，美国基础教育领域

的几次重大改革都推动着教师教育的不断发展，一方面提高职前教师任职标准，另一方面也注重构建多样化、阶梯式的教师任职体系，各种教师培养项目在不断提升教师质量的同时，也开始关注特殊群体的需求。

尽管我国已经建立了以师范院校为主体、综合大学参与的职前教育体系，加大了教师培养力度，并通过免费师范生培养计划、中小学教师国家级培训计划等专项计划提高中西部地区教师质量，同时，制定了教师流动政策，引导骨干教师和校长向农村学校、薄弱学校流动。但由于普通教师在培养时缺乏相对全面的特殊教育知识背景，随班就读教师在针对随班就读学生的教育教学过程中的特殊教育能力显得捉襟见肘。因此，我国首先应加大中小学教师培养的全面性，意识到特殊教育是义务教育不可忽视的重要部分，加强对普通学校教师进行特殊教育相关知识和技能的培训。

一是在职前教育中，通过整合不同学科的普通教育和特殊教育，增强随班就读教师的专业教学水平以及特殊教育知识背景，既强调特殊教育与普通教育合作的重要性，又区分不同的课程及其适当的特殊教育教学策略、方法。二是在职后培训中，加强对普通教师进行最新特殊教育理念、特殊教育方法等方面的培训，及时进行特殊教育相关理论知识和专业技能的更新，保证随班就读教学质量。政府应积极倡导为缩小城乡特殊教育随班就读质量的差距而举行的相关培训项目，在进行国家培训、省级培训等层次的培训时向乡镇随班就读教师倾斜。例如 1987 年印第安纳大学与当地农村小学一起合作实施了一项农村教师培养计划，名为"合作教师培养计划"（Collaborative Teacher Education）。[1] 该计划

---

[1] D. Knapczyk, H. Chung, "Designing Effective Learning Environments for Distance Education: Integrating Technologies to Promote Learner Ownership and Collaborative Problem Solving", In B. Collis & R. Oliver (Eds.), Proceedings of EdMedia: World Conference on Educational Media and Technology 1999 (pp. 742 – 746). Association for the Advancement of Computing in Education (AACE). Retrieved August 17, 2015 from http://www.editlib.org/p/6639.

主要采取远程教育模式，为印第安纳州的 8 个农村社区培养特殊教育的专门教师，通过特殊教师教育使那些在职的农村教育工作者获取使残疾学生成功地参与到普通教育中来的教育理论和基本技能，从而更好地促进农村地区所有儿童的发展。

四、发挥社会各方面支持力量，凝聚多元教育合力

重视家长在随班就读过程中的重要作用，使用家长参与策略加强家校合作，鼓励引导家长参与教学过程。在目前随班就读教学过程中，家长成为阻碍随班就读进一步发展的重要因素。一方面，部分特殊学生的家长不能正视孩子的特殊教学需要，有意规避特殊教育，阻碍了特殊学生及时获得适当的教育。再加上乡镇环境中特殊学生随父母工作等原因流动，其能获得的随班就读教学质量更加难以保障；另一方面，由于缺乏相关意识，社会对于特殊教育认识度有待提升，普通学生家长对于特殊学生的接纳度不足，也为随班就读发展造成了一定阻碍。因此，在城市随班就读学校以及城市随班就读班级的行政人员、教师等应积极做好家长沟通工作，可适当要求特殊教育相关人士介入，让家长更加深入了解特殊儿童身心发展特征及其障碍，改变家长观念，科学处理各方面矛盾，发挥家长在随班就读过程中的支持作用。而在乡镇随班就读学校，由于学生大多兼有特殊学生和留守学生双重身份，教师在进行家校联系时面临着更大阻碍。首先对家长及监护人、托管照顾人开展特殊教育知识普及，让家长树立正确的特殊孩子教养观念，树立信心，增强教育动力和合作意愿；改变特殊孩子家人的"消极"、"无为"状态。另一方面，随班就读教师可以尝试使用便捷的远程通讯方式，进行远程的交流沟通，实现家长对孩子的学习情况的了解。

其次发挥同伴辅导，增加对特殊学生辅导时间也能起到提高随班就读质量的效果。随班就读教师除需完成普通学校的教学任务外，还肩负着对特殊学生的教学服务，所以随班就读教师工作压力大且工作时间有

限，对随班就读的学生关注度和辅导时间也存在不足，因此支持和发展同伴辅导等教学策略在随班就读环境中的使用显得尤为重要。美国相关循证研究也表明同伴辅导在教学过程中能取得良好的教学效果，普通学生和特殊学生均是同伴辅导的受益者[1]。罗杰斯·约翰逊（Roger Johnson）将同伴辅导的总结为四点：同伴辅导能够弥补成人辅导的不足；同伴辅导有利于建立朋友关系，有助于融合学习进步较慢的学生参与学习；同伴辅导能给予学习进步慢的学生以其所需的特别关注；辅导者也能在此过程中自我提升。[2] 在随班就读环境中，这些优势具体体现在：一是能够提升普通学生对特殊学生的接纳度，建立更为和谐的班级环境；二是在一定程度上能帮助随班就读学生获得更多的课外学习时间，弥补特殊学生课堂学习效果的不足。

目前为随班就读提供支持的人群数量和构成都相当有限，因此鼓励更多人群参与到志愿服务体系当中，助力随班就读发展显得尤为必要。在学校环境中，要鼓励其他普通教师、学校行政人员参与其中。除此以外，还应鼓励社会其他人员参与，形成多元教育合力。诸如特殊教育专业学生的实习和见习安排，除了到当地特殊学校外，还可以尝试到普通学校的资源教室进行实习。

五、引导随班就读教师积极使用特殊教育相关教学策略

对学生学习基本情况的了解是教师展开适当教学的基础。在每学期开始前，随班就读教师可在特殊教育教师的支持下进行教学调整，制定适合随班就读学生的学期教学目标及短期教学目标。

在教学理念方面，随班就读教师应关注普通教育与特殊教育的差别，有意识地将教学理念由课程中心转为学生重心，改变教学是一个单

---

[1] Rebecca Bond, Elizabeth Castagnera, "Peer Supports and Inclusive Education: An Underutilized Resource", *Theory Into Practice* , Vol. 45, No. 3(2004) , pp. 224 – 229.

[2] 邓志伟：《中小学教学中的同伴辅导》，《外国中小学教育》1997 年第 5 期。

向传递的过程观念，认识到教学应该是一个师生平等、共同参与、自主探索的过程。尤其是在对随班就读学生的教学中，教学目标的制定、教学方法的选择以及评估方式的选择尽量以学生实际情况出发，承认随班就读学生是班集体的一部分，有责任感地对其进行教育教学。

在教学方法层面，应鼓励随班就读教师更多使用特殊教育相关教学策略，诸如分层教学，关注学生个体差异。使用分层教学以便更好地帮助教师根据学生的准备水平、兴趣所在以及学习方式进行教学设计。利用小组教学，提升学习积极体验，增强对教师利用小组教学能力的培训以期为特殊学生提供个别化教学指导。在课堂教学中，随班就读教师可根据学生的差异进行分组，将学习能力、认知水平相近的学生分在一组，并根据其能力水平有差异性、针对性地安排小组任务。同时指导学生进行一对一结学习帮扶对子，促进同伴辅导。

在教学设计方面，支持教师按照"小步子"教学策略分解教学目标，使用简化、减量、分解及替代的方式来调整各项能力指标，依据调整后的指标选定适当的教学内容。在处理教材内容时，随班就读教师可根据实际需要以文字、声音、图画、动画、影音与照片等不同方式呈现。随班就读教师在使用普通教育教学策略的基础上结合必要的特殊教育策略，以实现随班就读学生在班级里同其他学生一样共同发展。

第七章

反思提升篇

第一节　研究总结

教育公平是国际社会关注的焦点，各个国家都制定并实施了相关政策实现教育公平。在此背景下，我国义务教育均衡发展也是教育改革的一大重点，尽管自改革开放以来在教育均衡方面不断取得进步，但是其中出现的问题也不容忽视，尤其是特殊教育资源严重不均衡现象突出。本书通过理论探讨、实证调查以及典型案例等层面深入研究我国特殊教育均衡发展情况，对我国东部、中部、西部三区特殊教育均衡发展现状及趋势进行剖析，并对我国城市、县镇及农村三类特殊教育学校的均衡发展状况及趋势进行比较。本章对全书的基本理论观点和实践探索进行全面而系统的总结归纳、反思与提炼，阐述了特殊教育均衡发展观的基本工作思路。

一、理论内涵与指标体系建构

首先从大教育学的背景中，辨析教育均衡、教育公平、教育平等这三个密切相关的概念内涵与历史发展。在此基础上，从宏观、中观、微观三个层次深入论述特殊教育均衡内涵及发展阶段，并对特殊教育均衡发展的研究现状进行梳理。

其次，分析了教育均衡指标体系的内涵，以及国内外现有的各类教育均衡发展指标体系，并介绍了多种教育均衡常用测度方法。笔者基于弱转移与强转移、尺度无关、样本规模无关、加和可分解性这四大原则，通过构建指标选取及筛选、确定特殊教育均衡发展指标体系、权重的分配、数据收集与测算、特殊教育均衡发展指标的结构框架制定这五大步骤，将特殊教育均衡发展指标指定为 4 个层次 13 个要素。即第一层次特殊教育机会均衡指标，包含特殊教育学生入学率、特殊教育学校数量、特殊教育班级数量、特殊教育学校最大可容纳学生数量要素；第二层即特殊教育资源配置均衡指标，包含特殊教育投入水平的差异、特殊教育软件资源差异、教学资源硬件设施差异、特殊教育设施质量差异要素；第三层即特殊教育质量均衡指标，包含学生的主观满意度要素；第四个层次即特殊教育的结果指标，包含毕业率、升学率、辍学率和就业率要素。最后，将特殊教育均衡的四项一级指标，浓缩为一个特殊教育均衡发展指数（Special Education Equality Index, SEEI），由四个一级指标，即特殊教育机会均衡指数（INDEX1）、特殊教育资源均衡指数（INDEX2）、特殊教育质量均衡指数（INDEX3）、特殊教育结果均衡指数（INDEX4）进行计算，最后得出特殊教育均衡发展指数（SEEI）。SEEI 越大，即该地区特殊教育均衡程度越高；反之，均衡程度越低。

二、中国特殊教育均衡发展实证分析结果

笔者基于各类年鉴中的数据对中国特殊教育均衡发展进行实证分析，发现我国特殊教育均衡水平在宏观层面上的规模均衡水平不断提升。首先，从全国特殊教育机会均衡指标来分析，十年间我国特殊教育在校生数量、特殊教育学校数量均呈上升趋势，为适龄残疾儿童的受教育权利提供了有力保障。从全国特殊教育资源配置均衡指标来看，十年来我国特殊教育学校生均经费支出、生师比、专任教师比、专任教师本科及以上学历比、专任教师高级职称比、生均建筑面积、生均教辅用室面积和生均图书册数都呈现改善趋势，表明十年间我国特殊教育学校的办学条件得以明显提高。从全国特殊教育结果均衡指标来看，我国特殊

教育学校毕业率呈曲折缓慢增长趋势，总体上并无明显波动，这说明要真正提高特殊教育学生的培养质量还有很长一段路要走。

从东部、中部、西部地区的实证分析看，我国各地区之间特殊教育的差距总体呈缩小趋势，但区域间和区域内的差距依然明显。西部特殊教育是我国特殊教育事业的短板，其内部差异显著，除了入学率以外的各项指标的内部差异均高于中部以及东部地区，尤其是生均经费支出的差异最为明显，其内部特殊教育均衡发展面临巨大挑战。中部地区特殊教育质量落后于东部地区，发展速度落后于西部地区，呈现出塌陷的态势。中部地区虽然各项指标的均衡发展程度均较高，但是只是低水平的均衡。东部地区各项指标的均值均处于全国前列，东部地区的特殊教育已经处于较高水平的均衡发展。

从城乡的实证分析看，我国城区特殊教育学校毕业率已逐步趋于稳定，镇区和乡村的毕业率波动较大。此外，城区特殊教育学校高中生比的均值和差异系数都已趋于平稳，但镇区和乡村有很大的波动起伏，可见非义务教育阶段的城乡间特殊教育发展还很不均衡，存在很大的差异。就特殊教育学校数量标准化值而言，镇区的特殊教育学校数量快速上升，但乡村特殊教育学校数量与城市、镇区数量相差很大，亟需大力发展建设。就城乡特殊教育学校在校生数量来看，十年来城区和镇区特殊教育学校在校生总体呈现曲折增长，而乡村则处于下降趋势。结合城市、镇区、乡村特殊教育学校数量的标准化值和在校生人数相比，分布非常不协调，三类特殊学校的规模布局还需进一步改善。

基于以上现状，笔者认为提升特殊教育质量关键途径在于优化结构，促进特殊教育区域协调发展；加强监管，建立特殊教育均衡发展动态检测机制；强化过程，提升特殊教育办学质量。

三、西部特殊教育均衡发展现状调查结果

笔者对西部地区重庆、四川、云南、贵州、新疆、甘肃、宁夏、陕

西、内蒙古、青海等十余省市自治区的特殊教育学校进行调查发现，西部地区特殊教育教师资源严重匮乏，特殊教育师资力量在学历专业、学历结构、教师职称方面城乡差异较小。在教学资源方面，西部地区城乡特殊教育学校的教学资源在教育经费、生均校园面积、生均校舍面积、生均固定资产总额、实验室数量、多媒体室数、计算机数、生均图书数等方面均存在较大差异，城乡差异明显。在特殊教育专用设施方面，城乡特殊教育学校的专用教育设施差异明显，特殊教育专用设施是目前城乡特殊教育均衡发展的最大短板。

四、城乡随班就读教师教学策略案例分析结果

研究发现，目前城市随班就读环境与乡镇随班就读环境均面临着诸多挑战，且集中体现在随班就读的师资质量有待提升、随班就读支持系统不完善、城乡特殊教育发展不均衡、特殊教育未能充分发挥指导作用等方面。在随班就读教师使用教学策略方面，教师使用的策略以普通教育教学策略为主，缺乏对特殊教育教学策略、理念的了解和运用，并且由于城乡随班就读教师存在固有的教学水平差异，城市随班就读教师较乡镇随班就读教师能使用更多的教学策略。但是，由于乡镇学校学生构成的特殊性，随班就读学生在乡镇随班就读环境反而获得了更多的积极学习经历。

第二节　提升建议

一、完善特殊教育政策制定、执行与问责机制

（一）以教育均衡为理念，政策制定应着眼于促进特殊教育均衡发展

党的十八大报告指出，我国新时期基础教育改革要"大力促进教育公平，合理配置教育资源，重点向农村、边远、贫困、民族地区倾斜，

支持特殊教育，提高家庭经济困难学生资助水平，积极推动农民工子女平等接受教育，让每个孩子都能成为有用之才。"我国 2010 - 2020 年十年教育中长期教育规划纲要明确提出了我国城乡教育均衡发展的具体措施，在合理配置教育资源、缩小教育差距方面做出了明确规定。由此可见，我国目前在制定方针政策时，已经着眼于特殊教育外部环境的均衡，即特殊教育作为义务教育的一部分与普通教育间的均衡，但是对于特殊教育系统内部的均衡政策制定尚待完善。

特殊教育系统内部均衡作为教育均衡的一部分，其发展也不容忽视。尤其是在当前社会文化对特殊儿童的认识和接纳度尚待提升的阶段，以有效的方针政策来保证特殊教育发展尤为重要。

首先是在政策制定主体方面，应该改变以往由政府进行教育决策和管理的垄断模式，转而拓宽公众参与教育决策的范围，保障所有特殊教育利益相关者能够公平地参与到政策的制定中，尤其是要保障农村偏远地区教师参与政策制定的权利，加强信息沟通与服务机制建设，为相关教师提供专家咨询渠道，引领其有合法地参与教育政策制定，才能保障国家制定的教育政策在实施过程中得到广泛的理解与支持。

其次在政策制定内容方面，应随时代发展及时出台国家特殊教育政策。一个国家的社会、政治、经济、文化、科学的客观现实及其发展方向、发展前景与特殊教育事业的发展有着密切的联系。因此，制定相关教育方针政策时必须考虑结合国家社会政治、经济的具体情况，以及科学、文化、教育的发展实际水平。特殊教育相关政策是国家为实现一定历史阶段的特殊教育任务而制定的关于特殊教育事业的行动准则，是特殊教育发展历史性和客观性的体现。在政策制定的过程中，要紧密结合当前特殊教育水平，颁布可操作的特殊教育政策，并在此基础上采取行之有效的提升措施，避免政策期望及发展目标与实际情况脱节，造成政策实施困难、实施效果不明显甚至没有作用等情况。

（二）加强对政策落实的管控，提高相关政策执行度

在教育法规的实施过程中，更要警惕政策执行者主观意志对政策执

行的影响，制定切实有效的保障落实制度是当前我国特殊教育方针政策实施的前提。只有将方针政策真正落实到特殊教育工作的每一个环节中，才能真正起到惠及特殊学生、发展特殊教育的作用和效力。

以我国随班就读相关政策制定为例，目前我国北京、上海、深圳、重庆等市都积极出台了关于保障随班就读工作开展的相关政策，但是随着相关研究对随班就读具体情况的深入了解，其执行情况却与政策预期相去甚远。其中在随班就读课堂教学、随班就读教师职后培训两方面表现尤为突出。由于教师对特殊学生的学习特点了解不足，又缺乏定期的职后培训，随班就读质量难以保障①。

由此可见，虽然已有相关政策，但是实施效果却差强人意，政策的操作性有待提升是原因之一，但是更深层次的原因却是在执行力度和落实情况上出了问题。因此，政府相关部门除颁布方针政策外，更需加强对政策落实的管控。组建巡回考察小组，定期对辖区内的特殊学校、随班就读班级、特殊教育资源班等特殊教育安置环境进行视察；涉及到特殊教育财政支持方面的政策落实，上级教育部门应对下级教育部门有效监督，督促将财政拨款落到实处、用到实处；形成学校与学校间的流动监督制度，在校与校之间相互监督，共同提升。

（三）完善监督问责体系，建立动态预警机制

除制定可操作的特殊教育方针政策、提升政策执行力外，我国还应当进一步完善特殊教育督导制度，改善特殊教育评价及特殊教育问责制度，建立更加全面的信息公开制度，制定特殊教育均衡发展督导评估体系，实施督导评估工作，定期向社会发布监测报告，并基于此报告对政府相关部门工作进行问责。

2013 年，教育部发布《中小学教育质量综合评价指标框架（试行）》，标志着我国中小学教育质量综合评价改革正式启动。这一标准

---

① 马红英、谭和平：《上海市随班就读教师现状调查》，《中国特殊教育》2010 年第 1 期。

体系包括学生品德发展水平、学业发展水平、身心发展水平、兴趣特长养成、学业负担状况等5个方面20个关键性指标，将逐步扭转我国基础教育单纯以分数和升学率来评价学校教育质量的做法。在下一阶段发展中，我们可以借鉴中小学教育质量综合评价改革的经验，逐步建立在政府主导下，由社会组织和特殊教育专业机构实施的外部评价机制，通过科学有效的综合评价模式客观分析当前我国特殊教育教育质量。同时，将评价结果以公告或通报等形式，向政府有关部门及学校进行公布，并提出整改意见及相应的支持，对一些存在问题但又拒绝整改的学校，或者整改不力的学校也要应该追究各个责任主体的责任，并给与相应的惩戒。当然，评估结果较好，或者整改后取得进步的学校也要给予相应的奖励。在对中西部特殊教育学校进行评价的过程中，要基于当地实际情况，制定有效的评价及信息反馈模式。在考虑当地整体发展水平、区域间差异的前提下，针对存在的主要问题，制定整改政策，合理利用教育资源，有效推动中西部贫困地区的特殊教育发展，促进其特殊教育质量提升。

二、优化特殊教育布局，促进特殊教育深度均衡

经过十年的发展，我国特殊教育事业取得了巨大成就，在实证研究阶段，各项特殊教育均衡发展指标的泰尔系数也呈现出不同程度的下降趋势，区域差距正在不断缩小，然而各个区域内部均衡发展差异却不容小觑。本书发现，我国特殊教育各项指标的区域内差异均高于区域间差异，且西部地区特殊教育的内部差异最为突出。但这仅仅是规模上的均衡问题，笔者认为要进一步建立"布局合理"的特殊教育体系，还应该继续深入挖掘各地区的特点，如西部地区是少数民族、贫困地区、广大农村地区交织的特殊区域，特殊教育的发展需要针对各地区各自的人口学背景、经济发展差异等特点，合理规划，精准扶持，正确处理"规模、质量、结构、效益"的关系，才能建立起与区域结构、城乡结构、特殊儿童类型结构等相适应的特殊教育学校数量、类型、办学层次、办学资源（师资数量、类型、职称、专业；经费；特殊教育设施设备）等等合理布局的特殊教育体系，促进我国特殊教育协调发展。

三、提高特殊儿童入学率，保障特殊儿童受教育机会

受教育机会平等是教育均衡的起点，提高特殊儿童入学率，是对其受教育权利的有效保障。我国改革开放以来，虽然在经济、教育事业整体上得取取瞩目的成就，但是国家公共教育经费投入总体不足，教育资源配置与监管机制不完善，城乡间、区域间、学校间还存在巨大的教育发展差距。当前我国首要面临的问题是解决城乡间教育机会均等的问题。

为了提高特殊儿童义务教育入学率，《国家中长期教育改革和发展规划纲要（2010—2020年）》明确规定："到2020年，基本实现市（地）和30万人口以上、残疾儿童少年较多的县（市）都有一所特殊教育学校。各级各类学校要积极创造条件接收残疾人入学，不断扩大随班就读和普通学校特教班规模。全面提高残疾儿童少年义务教育普及水平。"① 《特殊教育提升计划（2014—2016）》的总体目标为："到2016年，全国基本普及残疾儿童少年义务教育，视力、听力、智力残疾儿童少年义务教育入学率达到90%以上，其他残疾人受教育机会明显增加。"② 在政策的支持下，我国特殊儿童入学率逐年增加，但是由于特殊学生自身的特殊性，我国主要采取普通教育与特殊教育相结合及送教上门的特殊教育服务体系，部分特殊学生自身障碍程度严重，在家学习或在医院进行康复训练成为其教育安置形式，因此特殊学生的入学率在

---

① 中华人民共和国教育部：《国家中长期教育改革和发展规划纲要（2010—2020年）》，2010年7月29日，见 http://www.moe.edu.cn/publicfiles/business/html.files/moe/moe_ 838/201008/93704. html.

② 国务院办公厅：《国务院办公厅关于转发教育部等部门特殊教育提升计划（2014—2016年）的通知》，2014年1月8日，见 http://www.gov.cn/xxgk/pub/govpublic/mrlm/201401/t20140118_ 66612. html.

理论和实际上均无法达到100%。

由此可见，提高特殊儿童入学率这一任务形势严峻。首先，教育系统应与残联系统展开深入合作，确保获取准确的学龄特殊儿童数据以及相关信息，以更加谨慎的态度进行统计，尤其是对农村地区、落后地区的非孤儿特殊儿童的统计，保证每一个特殊儿童的受教育权利。其次，教育系统内部加强对辖区内特殊儿童入学安置和管理。在每个新学年开始前根据获取的学龄特殊儿童的相关信息开展入学宣讲等活动，与各级教育部门合作，保证相关信息在农村地区、偏远地区、落后地区的畅通；此外，对教学安置后的特殊学生进行追踪管理，降低特殊儿童辍学率。

四、合理配置特殊教育资源，提升特殊教育质量

近年来，我国特殊教育经费投入总量在持续增加，但是由于各类因素的制约，城乡特殊教育仍然面临经费投入总量不足及结构失衡的问题。在一些贫困农村地区，特殊教育经费严重短缺，甚至出现特殊教育经费被挪用等现象，基本办学条件也难以满足，城乡间特殊教育经费失衡的问题在许多省区都大量存在。结合相关经验，我国政府应当继续推动特殊教育财政支持，明确各级政府责任，加强司法机关在特殊教育财政投入与配置的保障作用；拓宽教育经费筹措渠道，保障经费统筹，加大教育经费转移支付力度，努力缩小省内县域间的教育差距。但是我国部分地区如西部地区因为人口结构复杂、文化和经济等特点，并非简单的经费投入、规模上加大建设就能够解决问题。因此，在该类地区特殊教育发展过程中，应该针对其地区复杂的人口学背景、经济发展差异等特点，合理规划，制定出适合西部民族地区、边疆地区、贫困地区的发展思路。

特殊教育过程中的人力资源主要指特殊教育教师和学校行政管理人员，此外还包括特殊教育资源教师、随班就读教师、康复训练师等相关人员。学校的物力资源包括教学设施、教学仪器、试验设备、图书资

料、文体器材等等。合理配备和使用物力资源有利于减少浪费，均衡教育投入和教育产出，提高教育投资效率。在考虑各类资源配置时，应该深入各学校内部，切实了解基层特殊教育学校的需求，合理配置，提高各类资源的使用效率，避免资源的浪费。

五、加强特殊教育师资队伍建设，夯实特殊教育专业水平

首先，要大力提升特殊教育教师专业水平。本书发现，特校的师资学历较低、非专业背景以及特殊教育相关服务人员严重不足。目前，西部地区师资的主要问题一方面是师资编制问题突出，特校师资满足不了实际工作需求；另一方面是西部大量新建、改扩建特殊教育学校存在大量从普校调入的教师，其特殊教育专业水平亟待提升。因此，笔者提出打造职前职后一体化特殊教育教师培养模式。

其次，优化特殊教育教师内部结构。特殊教育是典型的交叉型学科，特殊儿童的需求也是多元化的，比普通教育有更复杂的需求，特殊教育的工作内容包含了特殊教育教学、评估、康复、随班就读等等。为了适应复杂的工作需求，复合型特殊教育教师已成为我国特殊教育师资队伍的一大特色，但这种特色似乎已成为制约我国特殊教育发展的症结之一。我国《特殊教育教师专业标准》相较美加标准，知识技能的要求广度有余而深度不足，导致了我国特殊教育教师专业化水平难以提高。因此，笔者建议参照美国、加拿大的教师分级标准，建立一支高度专业、分工明确、数量充足的特殊教育师资队伍。

再次，增加特殊教育教师职业吸引力。2015年招收特殊教育本科专业的学校共计43所，相对其他教育专业而言，特殊教育教师报考热度较低，招生人数偏少，加上地域因素会极大地影响教师的流向，越是贫困的地区和学校，特殊教育的师资缺口越大。因此，笔者呼吁提升并落实特殊教育教师的特教津贴，1956年设立的15%的基本工资补贴，已经完全丧失了其鼓励性质。并且即便这样低的标准，一些地方政府也并未落实到位，影响了教师的工作积极性。此外，我国目前的特殊教育教师职称评定是纳入普教同步进行，但是由于特殊教育工作的特殊性，评定中很难与普通教育相提并论，影响了特殊教育师资队伍的职称结构稳定性。因此，笔者建议应该单独制定特殊教育教师的职称评定办法，特教特办，重点扶持。

最后，鼓励城乡特殊教育教师区域间流动。鉴于城乡特殊教育师资水平的差异，笔者建议应该促进师资的流动，顺应城乡一体化大趋势。目前城乡特殊教育师资流动最大障碍是制度，教师资源归各校所有。因此，笔者建议我国应大胆创新教师管理机制体制，通过学区化管理、教育联盟等多种方式，实施教师公租房、周转房、保障房等工程，提供便利交通工具，切实促进区域、城镇特殊教育一体化、师资一体化，推进特殊教育深度均衡。

参考文献

著作类：

［美］查尔斯·豪威尔：《教育机会与公平分配》，卢昆等译，教育科学出版社 2001 年版。

陈玉琨：《教育评价学》，人民教育出版社 1999 年版。

成有信：《九国普及义务教育》，人民教育出版社 1985 年版。

杜育红：《中国教育发展差异的实证分析》，北京师范大学出版社 2000 年版。

杜育红、孙志军：《中国义务教育财政研究》，北京师范大学出版社 2008 年版。

段小红主编：《统计学》，中国林业出版社 2015 年版。

傅禄建等：《义务教育均衡发展程度测评：综合教育基尼系数方法》，华东师范大学出版社 2012 年版。

高敏雪、李静萍：《经济社会统计》，中国人民大学出版社 2003 年版。

顾明远主编：《教育大辞典》，上海教育出版社 1992 年版。

贾俊平：《描述统计》，中国人民大学出版社 2003 年版。

贾俊平等：《统计学》，中国人民大学出版社 2004 年版。

联合国教科文组织：《2015 全民教育全球监测报告——2000—2015 年全民教育：成就与挑战》，教育科学出版社 2015 年版。

雷江华、方俊明：《特殊教育学》，北京大学出版社 2011 年版。

李梦觉、龚曙明主编：《统计学原理》，中国水利水电出版社 2015 年版。

李宜江主编：《义务教育均衡发展的法律保障研究》，安徽师范大学出版社 2013 年版。

吕叔湘主编：《现代汉语词典》，商务印书馆 1983 年版。

茆诗松等：《概率论与数理统计教程》，高等教育出版社 2004 年版。

朴永馨：《世界教育大系——特殊教育》，吉林教育出版社 2000 年版。

朴永馨：《特殊教育学》，福建教育出版社 2014 年版。

施良方、崔允漷：《教学理论：课堂教学的原理、策略与研究》，华东师范大学出版社 2009 年版。

石部元雄等：《世界各国的特殊教育》，台北中正书局出版社 1988 年版。

世界银行编：《2000 年世界发展指标》，中国财政经济出版社译，中国财政经济出版社 2000 年版。

王海港：《中国居民的收入分配和收入流动性研究》，中山大学出版社 2007 年版。

文军：《质性研究概论》，北京大学出版社 2010 年版。

翁文艳：《教育公平与学校选择制度》，北京师范大学出版社 2003 年版。

邬志辉等：《学校教育现代化的指标研究》，东北师范大学出版社 2008 年版。

夏征农主编：《辞海》第三卷，上海辞书出版社 1989 年版。

徐文彬主编：《教育统计学：思想、方法与应用》，南京师范大学出版社 2012 年版。

杨缅昆、方国松主编：《统计学概论》，清华大学出版社 2009 年版。

杨礼宾、成云雷主编：《简明廉政文化词典》，山东人民出版社

2015 版。

杨明、桑信祥：《价值与选择：区域教育综合评价研究》，山东教育出版社 2014 年版。

杨晓萍：《教育科学研究方法》，西南师范大学出版社 2006 年版。

杨延宁：《应用语言学研究的质性研究方法》，商务印书馆 2014 年版。

杨钟馗：《中国收入分配变迁解读》，重庆大学出版社 2014 年版。

袁振国：《当代教育学》，教育科学出版社 2004 年版。

袁振国：《义务教育均衡发展报告》，教育科学出版社 2010 年版。

约翰·罗尔斯：《正义论》，何怀宏译，中国社会科学出版社 1988 年版。

岳昌君：《教育计量学》，北京大学出版社 2009 年版。

翟博：《教育均衡论：中国基础教育均衡发展实证分析》，人民教育出版社 2008 年版。

翟博：《基础教育均衡发展理论与实践：中国基础教育均衡发展研究报告》，教育科学出版社 2013 年版。

张芳全：《教育政策指标研究》，台北：五南图书出版股份有限公司 2006 年版。

张菀洺：《教育公平：政府责任与财政制度》，社会科学文献出版社 2013 年版。

张卫国主编：《管理统计学》华南理工大学出版社 2014 年版。

赵中建：《教育的使命：面向二十一世纪的教育宜言和行动纲领》，教育科学出版社 1996 年版。

朱宗顺：《特殊教育史》，北京大学出版社 2011 年版。

祝怀新：《英国基础教育》，广东教育出版社 2003 年版。

期刊类：

安艳芳：《定性资料计算机分析软件 NVivo 应用解析》，《中国科技信息》2012 年第 5 期。

鲍传友：《义务教育均衡发展：内涵和原则》，《学者论坛》2007 年第 1 期。

曹锡康：《区域基础教育均衡程度分析——基于政府政策选择的角度》，《教育学术月刊》2013 年第 6 期。

陈世伟等：《县域义务教育均衡发展指标体系构建研究》，《内蒙古农业大学学报（社科版）》2010 年第 4 期。

陈云英：《培智学校办学条件调查报告》，《中国特殊教育》2006 年第 12 期。

崔慧广：《县域义务教育均衡发展测度指标与方法的研究》，《创新》2010 年第 2 期。

党建强等：《构建和谐社会呼唤树立新的残疾人观》，《中国特殊教育》2005 年第 6 期。

邓猛：《普通小学随班就读教师教学调整策略的城乡比较研究》，《中国特殊教育》2005 年第 4 期。

邓猛、景时：《从随班就读到同班就读：关于全纳教育本土化理论的思考》，《中国特殊教育》2013 年第 9 期。

丁勇：《以专业标准引领特殊教育教师专业成长——关于〈特殊教育教师专业标准（试行）〉的解读》，《现代特殊教育（高教）》2015 年第 9 期。

董世华、范先佐：《我国县域义务教育均衡发展监测指标体系的构建——基于教育学理论的视角》，《教育发展研究》2011 年第 9 期。

董新良、李丽君：《义务教育均衡发展指数及其测度方法的研究》，《课程教育研究》2014 年第 12 期。

段建国：《试论平等与公平》，《宿州学院学报》2007 年 2 月第 1 期。

方俊明：《随班就读支持保障体系的构建与完善》，《现代特殊教育》2017 年第 3 期。

冯子标:《中部塌陷原因及崛起途径探析》,《管理世界》2005 年第 11 期。

高丽、程宝良:《我国特殊教育公平现状及应对策略的研究》,《中国特殊教育》2006 第 6 期。

古炳玮:《育均衡发展研究现状及趋势分析》,《大学教育》2013 年第 2 期。

官群:《发展中国农村特殊教育:基点、焦点、接点、支点》,《中国特殊教育》2009 年第 3 期。

华国栋:《残疾儿童随班就读现状及发展趋势》,《教育研究》2003 年第 2 期。

蒋丹:《英国基础教育财政投入政策折射出的教育公平理念及启示》,《教育与经济》2009 年第 2 期。

焦建国:《农村教育与二元经济社会结构——城乡教育比较与我国教育当前急需解决的问题》,《学习与探索》2005 年第 3 期。

兰继军等:《对西部地区特殊教育资源配置重组的探讨》,《现代特殊教育》2002 年第 5 期。

雷万鹏、钱佳、马红梅:《中部地区义务教育投入塌陷问题研究》,《教育与经济》2014 年第 6 期。

李欢、肖非:《论特殊教育与构建和谐社会的关系》,《中国特殊教育》2009 年第 7 期。

李欢:《如何实现特殊教育的均衡发展》,《光明日报》2014 年 3 月 1 日。

李欢:《特殊教育均衡发展指标体系研究》,《教师教育学报》2015 年第 4 期。

李慧勤、刘虹:《县域间义务教育均衡发展的影响因素及对策思考——以云南省为例》,《教育研究》2012 年第 6 期。

李继星:《关于义务教育均衡发展指标体系的初步思考》,《中国教育政策评论》2010 年第 11 期。

李拉：《专业化视野下的随班就读教师：困境与出路》，《教育理论与实践》2012 年第 23 期。

李玲：《城乡教育一体化：理论、指标与测算》，《教育研究》2012 年第 2 期。

李琪：《对特殊教育发展模式的几点思考》，《现代特殊教育》2004 年第 8 期。

李强、吴中元：《教育均衡发展评价指标体系的构建》，《统计与决策》2009 年第 6 期。

李晓兵：《从"普莱西案"到"布朗案"——论美国联邦最高法院与受教育权平等保护的实现》，《国家行政学院学报》2004 年第 6 期。

李钰：《英国政府（2006 教育计划）述评》，《教育发展研究》2003 年第 3 期。

李泽慧、周珉：《对随班就读教师差异教学能力构成的分析》，《中国特殊教育》2009 年第 1 期，第 25－33 页。

李政翰：《教育指标建构对教育发展重要性之探讨》，《研习资讯》1995 年第 10 期。

梁惠燕：《策略本质教学新探》，《教育导刊》2004 年第 1 期。

梁和华：《实现区域内义务教育均衡发展的政策建议》，《宁夏教育》，2007 年第 1 期。

林海：《布朗案：种族平等从教育开始》，《检察风云》2016 年第 5 期。

林毅夫：《论制度和制度变迁》，《中国：改革与发展》1988 年第 4 期。

刘军山、孟万金：《关于高等教育评价指标体系质量的探讨》，《人大报刊复印资料（高等教育）》1999 年第 6 期。

刘福泉：《天津市特殊教育指标研究》，《天津市教科院学报》2008 年第 6 期。

刘建岭：《高等特殊教育均衡发展探析》，《教育科学》2012 年第 2 期。

刘杨：《浅析我国城乡二元经济结构》，《现代经济》2008年第7期。

罗哲：《新平衡计分卡模型：一种测度基本公共教育服务均衡发展状况的新工具》，《教育与教学研究》2014年第7期。

马红英、谭和平：《上海市随班就读教师现状调查》，《中国特殊教育》2010年第1期。

马忠虎：《"第三条道路"对当前英国教育改革的影响》，《比较教育研究》2001年第7期。

孟万金、刘在花、刘玉娟：《特殊儿童教育不公平现象的原因分析——五论残疾儿童教育公平》，《中国特殊教育》2007年第3期。

庞晶、毕鹏波、鲁瑞娟：《义务教育均衡发展评价指标体系的评述与构建》，《当代教育科学》2011年第16期。

庞文、尹海洁：《我国特殊教育经费投入的数据分析与讨论》，《中国特殊教育》2008年第12期。

庞文等：《论残疾人的教育增权》，《中国特殊教育》2011年第7期。

庞文等：《我国特殊教育均衡发展指标体系的构建与测评》，《教育科学》2013年第4期。

朋文媛、雷江华：《随班就读听障儿童"回流"的原因与对策》，《中国听力语言康复科学杂志》2014年第3期。

彭霞光：《中国全面推进随班就读工作面临的挑战和政策建议》，《中国特殊教育》2011年第11期。

齐培育、魏怡鑫、赵斌：《近十年我国特殊教育学校办学条件变化与地区差异研究》，《现代特殊教育（高教）》2016年第7版。

钱丽霞等：《对我国随班就读发展现状评价的问卷调查报告》，《中国特殊教育》2004年第5期。

任春荣：《县域义务教育均衡发展评估指标的选择方法》，《中国教育学刊》2011年第9期。

阮成武：《中部地区农村义务教育均衡发展的政策路径》，《中国教育学刊》2013 年第 12 期。

　　沈有禄、谯欣怡：《基础教育均衡发展：我们真的需要一个均衡发展指数吗?》,《教育科学》2009 年第 6 期。

　　沈有禄、谯欣怡：《欧盟教育制度公平测度指标体系框架简述》,《外国教育研究》2009 年第 7 期。

　　石剑、李芒：《开展教学策略研究，实现素质教育的教学课堂》,《教育科学研究》2000 年第 6 期。

　　石中英：《教育公平的主要内涵与社会意义》,《中国教育学刊》2008 年第 3 期。

　　苏雪云：《加拿大特殊教育立法与实践》,《中国特殊教育》2004 年第 12 期。

　　栗玉香：《区域内义务教育财政均衡配置状况及政策选择——基于北京市数据的实证分析》,《华中师范大学学报（人文社会科学版）》2010 年第 1 期。

　　孙颖等：《北京市特殊教育教师队伍现状调查研究》,《中国特殊教育》2012 年第 10 期。

　　孙慧玲：《基于 SWOT 的特殊教育公平发展分析》,《学理论》2013 年第 12 期。

　　万力：《对贵州省义务教育资源均衡配置指标体系的研究》,《成功（教育）》2013 年第 11 期。

　　王晨：《美国基础教育优质教育公平发展改革措施述评》,《学术界》2011 年第 8 期。

　　王建容、夏志强：《我国义务教育均衡发展的内涵及其指标体系构建》,《理论与改革》2010 年第 4 期。

　　王景英、梁红梅：《后现代主义对教育评价研究的启示》,《东北师范大学学报》2002 年第 5 期。

　　王璐：《每个孩子都重要：英国全面关注处境不利儿童的健康发

展》，《比较教育研究》2005 年第 10 期。

王强：《从宗滴恩到达喀尔：世界全民教育的目标、问题与走向》，《全球教育展望》2005 年第 11 期。

王善迈、董俊燕、赵佳音：《义务教育县域内校际均衡发展评价指标体系》，《教育研究》2013 年第 2 期。

王雁等：《随班就读教师专业素养现状及影响因素研究》，《教师教育研究》2015 年第 4 期。

吴春艳：《转变观念—实施全纳教育的前提》，《中国特殊教育》2005 年第 4 期。

肖非：《中国的随班就读：历史，现状，展望》，《中国特殊教育》2005 年第 3 期。

谢敬仁、钱丽霞等：《国外特殊教育经费投入和使用及其对我国特殊教育发展的启示》，《中国特殊教育》2009 年第 6 期。

熊琪：《加拿大全纳教育的实践及启示》，《现代特殊教育》2008 年第 1 期。

徐光木：《中国 31 个省份教育发展指数及其初步测定》，《教育与考试》2014 年第 3 期。

徐玲：《国际教育指标体系的分析与思考》，《教育科学》2004 年第 2 期。

徐露、杨岚清：《县域义务教育均衡发展指标体系的构建》，《科教导刊》2012 年 1 月（上）。

许家成：《加强城乡特殊教育均衡发展》，《北京观察》2012 第 6 期。

薛二勇：《区域内义务教育均衡发展指标体系的构建——当前我国深入推进义务教育均衡发展的政策评估指标》，《北京师范大学学报（社会科学版）》2013 年第 4 期。

闫坤、刘新波：《"以县为主"教育管理体制下农村义务教育非均衡发展的测算——基于历年省级数据的实证分析》，《中国社会科学院研究生院学报》2010 年第 4 期。

杨军：《英国促进基础教育均衡发展政策综述》，《外国教育研究》2005 年第 12 期。

杨仁聪：《教育平等与教育公平之辨析》，《黑龙江教育学院学报》2008 年第 6 期。

杨希洁：《中西部地区新建和改扩建特殊教育学校过程中出现的问题及对策》，《中国特殊教育》2012 年第 10 期。

杨希洁：《中西部新建和改扩建特殊教育学校发展现状及问题调查》，《中国特殊教育》2015 年第 11 期。

杨志成：《义务教育均衡发展阶段性的价值归因及实施策略》，《中国教育学刊》2013 年第 11 期。

洋龙：《平等与公平、正义、公正之比较》，《文史哲》2004 年第 6 期。

姚继军、张新平：《新中国教育均衡发展的测度》，《华东师范大学学报（教育科学版）》2010 年第 2 期。

于发友、赵慧玲、赵承福：《县域义务教育均衡发展的指标体系和标准建构》，《教育研究》2011 年第 4 期。

袁振国：《建立教育发展均衡系数 切实推进教育均衡发展》，《人民教育》2003 年第 6 期。

曾雅茹：《福建省特殊教育发展现状调查》，《泉州师范学院学报》2010 年第 1 期。

翟博：《教育均衡发展：现代教育发展的新境界》，《教育研究》2002 年第 1 期。

翟博：《教育均衡发展：理论、指标及测算方法》，《教育研究》2006 年第 3 期。

翟博：《中国基础教育均衡发展实证分析》，《教育研究》2007 年第 7 期。

翟博：《教育均衡发展指数构建及其运用——中国基础教育均衡发

展实证分析》,《国家教育行政学院学报》2007 年第 11 期。

瞿博:《树立科学的教育均衡发展观》,《教育研究》,2008 年第 1 期。

瞿博、孙百才:《中国基础教育均衡发展实证研究报告》,《教育研究》2012 年第 5 期。

赵静云:《近十年来义务教育均衡发展指标体系研究述评》,《滇西科技师范学院学报》2016 年第 3 期。

翟瑛:《论义务教育均衡发展与教育公平》,《教育探索》2006 年第 12 期。

张曙光:《论制度均衡和制度变革》,《经济研究》1992 年第 6 期。

赵小红:《中国特殊教育学校教师队伍状况及地区比较——基于 2001—2010 年〈中国教育统计年鉴〉相关数据》,《中国特殊教育》2012 年第 8 期。

赵中建:《〈萨拉曼卡宣言〉摘录》,《全球教育展望》2005 年第 2 期。

智源:《县域义务教育均衡发展的评价研究》,《网络财富》2009 年第 9 期。

中国教科院"义务教育均衡发展标准研究"课题组:《义务教育均衡发展国家标准研究》,《教育研究》2013 年第 5 期。

张菀洺、刘文:《日本与印度实现教育公平的制度设计》,《吉首大学学报(社会科学版)》2012 年第 6 期。

张菀洺、刘文:《西方教育公平理念与政府制度安排——以美英教育制度为例》,《学习与探索》2012 年第 10 期。

赵小红、王丽丽、王雁:《特殊教育学校经费投入与支出状况分析及政策建议》,《中国特殊教育》2014 年第 10 期。

赵中建:《全民教育:一个全球性课题》,《比较教育》1997 年第 2 期。

郑是勇:《日本二战后的教育公平保障》,《宁波大学学报(教育科学版)》2014 年第 2 期。

周金燕:《我国教育公平指标体系的建立》,《教育科学》2006 年第

1 期。

朱德全：《职业教育均衡发展测度模型建构》，《教师教育学报》
2016 年第 4 期。

朱家存、阮成武、刘定根：《区域义务教育均衡发展监测指标体系研
究——基于安徽省义务教育政策实践》，《教育研究》2010 年第 11 期。

朱永新、许庆豫：《论基础教育均衡发展》，《中国教育学刊》2002
年第 6 期。

邹美春：《教育投入差异导致教育机会不平等缘由》，《分析现代教
育科学》2008 年第 5 期。

学位论文类：

安晓敏：《教育公平指标体系研究———基于义务教育校际差距的
实证分析》，博士学位论文，东北师范大学 2008 年。

程曦：《孔子的教育公平思想研究及对当代社会的启示》，硕士学
位论文，湖北大学伦理学系 2013 年。

丰向日：《"教育平等"观念在中国（1840—2007）》，博士学位论
文，华东师范大学教育系 2008 年。

江东华：《中部地区县域义务教育均衡发展评估指标问题研究》，
博士学位论文，西南大学 2014 年。

蒋冠宇：《义务教育均衡发展指标体系研究》，博士学位论文，杭
州师范大学 2012 年。

赖秀龙：《区域性义务教育师资均衡配置的政策研究》，硕士学位
论文，华东师范大学教育学系 2011 年。

刘丽：《亚里士多德的公民教育思想研究》，硕士学位论文，武汉
大学思想政治教育系 2005 年。

刘晓艳：《安徽省各市教育发展指数的设计研究》，博士学位论文，
天津财经大学 2015 年。

刘欣欣：《城乡义务教育均衡发展指数研究》，博士学位论文，首都师范大学 2013 年。

邱佳佳：《县域义务教育均衡发展公众评估指标体系的构建》，硕士学位论文，海南师范大学 2014 年。

仇菲菲：《企业自主创新能力指标体系构建及指数编制》，博士学位论文，兰州商学院 2008 年。

曲乐：《我国县域义务教育均衡发展评估指标体系的构建》，博士学位论文，沈阳师范大学 2011 年。

宋佩涵：《轻度智障随生数学多感觉教学模式的建构及评价研究》，硕士学位论文，华东师范大学特殊教育系 2014 年。

栗治国：《基础教育资源均衡配置问题研究》，博士学位论文，内蒙古大学 2012 年。

田林芳：《中美基础教育绩效评估指标体系的差异分析》，博士学位论文，厦门大学 2009 年。

田增辉：《卢梭平等思想研究》，硕士学位论文，吉林大学政治学系 2011 年。

王俊：《英国全纳教育研究》，硕士学位论文，华东师范大学特殊教育系 2002 年。

王巧云：《我国义务教育均衡发展问题研究》，硕士学位论文，青岛大学教育经济与管理系 2007 年。

王瑜：《公平视域下美国义务教育改革研究》，博士学位论文，西南大学教育学部 2013 年。

许可峰：《新中国少数民族教育政策发展问题研究》，硕士学位论文，西北师范大学教育系 2008 年。

杨芳：《二元经济社会结构下山西省城乡义务教育差异研究》，硕士学位论文，山西财经大学教育经济与管理系 2010 年。

余跃：《统筹城乡背景下义务教育师资均衡配置的定量研究》，博士学位论文,西南大学 2016 年。

赵婕:《小学初段随班就读学生语、数课程的调整》,硕士学位论文,重庆师范大学特殊教育系 2011 年。

周霞:《湖南省特殊儿童义务教育的均衡发展研究》,硕士学位论文,长沙理工大学教育经济与管理系 2012 年。

朱亚丽:《义务教育资源配置均衡发展测评模型的构建研究》,博士学位论文,西南大学 2015 年。

北京市教育委员会:《关于印发北京市特殊教育学校办学条件标准的通知》,2013 年 8 月 14 日,见 http://zhengwu.beijing.gov.cn/gzdt/gggs/t1320640.htm.

第二次全国残疾人抽样调查领导小组,中华人民共和国国家统计局:《2006 年第二次全国残疾人抽样调查主要数据公报(第二号)》,2009 年 5 月 8 日,见 http://www.gov.cn/fwxx/cjr/content_1311943.htm.

广东省编办、省教育厅、省财政厅、省残联:《关于印发《广东省特殊教育学校教职员编制标准暂行办法》的通知》,2008 年 4 月 24 日,见 http://www.zjsbwb.gov.cn/fileserver/NewsHtml/69859459 - a745 - 41d2 - 8af2 - 59e892d24158.html.

国务院办公厅:《国务院关于深入推进义务教育均衡发展的意见(国发〔2012〕48 号)》,2012 年 9 月 7 日,见 http://www.gov.cn/zwgk/2012 - 09/07/content_2218783.htm.

国务院办公厅:《国务院办公厅关于转发教育部等部门特殊教育提升计划(2014—2016 年)的通知》,2014 年 1 月 8 日,见 http://www.gov.cn/xxgk/pub/govpublic/mrlm/201401/t20140118_66612.html.

国务院教育督导委员会办公室:《关于对 2013 年全国义务教育发展基本均衡县(市、区)名单进行公示的公告》,2014 年 2 月 12 日,见 http://www.moe.gov.cn/s78/A11/ddb_left/s6437/moe_1789/201402/

t20140213_ 164093. html.

国务院教育督导委员会办公室：《关于对 2014 年全国义务教育发展基本均衡县（市、区）名单进行公示的公告》，2015 年 3 月 19 日，见 http://www. moe. gov. cn/s78/A11/A11_ gggs/s8469/201503/t20150319_ 186455. html.

国务院教育督导委员会办公室：《关于对 2015 年全国义务教育发展基本均衡县（市、区）名单进行公示的公告》，2016 年 2 月 16 日，见 http://www. moe. edu. cn/srcsite/A11/s7057/201602/t20160216_ 229619. html.

国务院：《国务院关于印发国家教育事业发展"十三五"规划的通知》，2017 年 1 月 19 日，见 http://www. gov. cn/zhengce/content/2017 - 01/19/content_ 5161341. html.

国务院教育督导委员会办公室：《关于对 2016 年全国义务教育发展基本均衡县（市、区）名单进行公示的公告》2017 年 2 月 21 日，见 http://www. moe. gov. cn/s78/A11/A11_ gggs/s8469/201702/t20170221_ 296888. html.

海南省残疾人联合：《. 2010 年海南省残疾人事业发展统计报告》，2016 年 7 月 19 日，见 http://www. hidpf. org. cn/canlian/sjtj/2203. jhtml.

教育部、国家发展改革委：《关于印发〈"十一五"期间中西部地区特殊教育学校建设规划（2008—2010 年）〉的通知》，2007 年 10 月 19 日，见 http://www. gov. cn/gzdt/2007 - 10/19/content_ 780228. htm.

教育部：《中国统计年鉴 2013 分地区特殊教育情况（2012 年)》，2014 年 4 月 30 日，见 http://wenku. baidu. com/link? url = gxrUf621vw9fIoHyze5Gk53z16W66vNO7IcCPJATzZhtQpnhORiQ6 - SnyidmWb18hBk7cCCdbts2Z1A1zKxcFXNtCCX6VWbzWzP2P - 0f3Gm.

教育部基础教育二司：《基础二司落实〈教育规划纲要〉中期工作总结》，内部资料，2015 年 10 月 8 日。

教育部基础教育二司：《未来五年，特殊教育发展重点做 3 件事》，2015 年 11 月 30 日，见 http://mp. weixin. qq. com/s?＿＿biz = MjM5NTA1NjE3NQ＝＝&mid＝400620848&idx＝3&sn＝997d7d2840fcea025ba2f79608591845&scene＝23&srcid＝1130XycsbHpgcgPV1WSScWtp#rd.

教育部教育督导局：《2016 年全国义务教育均衡发展督导评估工作报告》，2017 年 2 月 23 日，见 http://www. moe. edu. cn/jyb＿xwfb/xw＿fbh/moe＿2069/xwfbh＿2017n/xwfb＿170223/170223＿sfcl/201702/t20170222＿297055. html.

教育部：《国务院法制办、教育部就〈残疾人教育条例〉修订答记者问》，2017 年 2 月 23 日，见 http://www. moe. edu. cn/jyb＿xwfb/s6052/moe＿838/201701/t20170112＿294665. html.

联合国：《世界人权宣言》，1948 年 12 月 10 日，见 http://www. un. org/zh/universal－declaration－human－rights/index. html.

联合国教科文组织：《联合检查组关于实现联合国千年宣言普及小学教育的目标的报告》，2004 年 4 月 29 日，见 https://documents－dds－ny. un. org/doc/UNDOC/GEN/N04/357/87/PDF/N0435787. pdf? OpenElement.

人民网：《十八届五中全会报告》，2015 年 10 月 29 日，见 http://cpc. people. com. cn/GB/67481/399243/.

特教网：《第二期特殊教育提升计划（2017—2020 年）》，2016 年 12 月 7 日，见 http://www. tejiaowang. com/2016/zx＿1207/16334. html.

网易新闻：解读十八届五中全会公报八大要点，2015 年 10 月 30 日，见 http://news. 163. com/15/1030/05/B75BRAOA00014AED. html.

新华社：《中共中央关于制定国民经济和社会发展第十三个五年规划的建议（全文）》，2015 年 12 月 1 日，见 http://www. ytnews. cn/2015/12/01/100261883. html.

新华社：中共中央关于制定国民经济和社会发展第十三个五年规划的建议（全文），2015 年 11 月，见 http://www.ytnews.cn/2015/12/01/100261883.html. 2015.11.

中华人民共和国教育部：《1990 年教育大事记》，1990 年 12 月 31 日，见 http://www.moe.edu.cn/publicfiles/business/htmlfiles/moe/moe_163/200408/3483.html.

中华人民共和国教育部：《1993 年教育大事记》，1993 年 12 月 31 日，见 http://www.moe.edu.cn/publicfiles/business/htmlfiles/moe/moe_163/200408/3478.html.

中华人民共和国教育部：《特殊教育学校建设标准（试行）的通知（教计［1994］162 号）》，1994 年 7 月 1 日，见 http://wenku.baidu.com/view/b69ca3ff04a1b0717fd5dd77.html.

中华人民共和国教育部：《国家中长期教育改革和发展规划纲要（2010—2020 年）》，2010 年 7 月 29 日，见 http://www.gov.cn/jrzg/2010-07/29/content_1667143.htm.

中国人权网：联合国关于受教育权的国际文件，2010 年 9 月 18 日，见 http://www.humanrights-china.org/.

中华人民共和国教育部：《特殊教育学校建设标准》，2012 年 1 月 11 日，见 http://www.moe.gov.cn/jyb_xwfb/gzdt_gzdt/s5987/201201/t20120111_129316.html.

中华人民共和国教育部：《〈县域义务教育均衡发展督导评估暂行办法〉解读》，2012 年 5 月 29 日，见 http://www.gov.cn/gzdt/2012-05/29/content_2147660.htm.

中国政府网：国务院关于深入推进义务教育均衡发展的意见，2012 年 9 月 7 日，http://www.gov.cn/zwgk/2012-09/07/content_2218783.htm.

中华人民共和国教育部：《教育部关于印发〈特殊教育教师专业标

准（试行）〉的通知》，2015 年 8 月 26 日，见 http://www.moe.edu.cn/srcsite/A10/s6991/201509/t20150901_204894.html.

中共中央委员会：《中共十八届五中全会公报（全文）》，2015 年 10 月 29 日，见 http://www.moe.edu.cn/s78/A21/A21_ztzl/ztzl_sbjwz/201511/t20151102_217013.html.

中国教育新闻网：美国通过《每一个学生成功法》2015 年 12 月 16 日，见 http://news.jyb.cn/world/gjgc/201512/t20151216_646751.html.

中华人民共和国教育部：关于公布 2015 年全国义务教育发展基本均衡县（市、区）名单的决定，2016 年 2 月 23 日，见 http://www.moe.edu.cn/jyb_xwfb/xw_fbh/moe_2069/xwfbh_2016n/xwfb_160223/160223_sfcl/201602/t20160223_230101.html.

中华人民共和国教育部：《2015 年全国教育事业发展统计公报》，2016 年 7 月 6 日，见 http://www.moe.edu.cn/srcsite/A03/s180/moe_633/201607/t20160706_270976.html.

中华人民共和国教育部：《教育部关于发布实施〈盲校义务教育课程标准（2016 年版）〉〈聋校义务教育课程标准（2016 年版）〉〈培智学校义务教育课程标准（2016 年版）〉的通知》，2016 年 12 月 1 日，见 http://www.moe.edu.cn/srcsite/A26/s3331/201612/t20161213_291722.html.

英文文献：

American Youth Policy Forum and Educational Policy Institute, *No Child Left Behind: Improving Educational Outcomes for Students with Disabilities*, 2016 – 12 – 21, http://www.aypf.org/publications/NCLB – Disabilities.pdf.

Association for Childhood Education International, *Gender Discrimination in Education*, November 19 2014, http://www.acei.org/global – news/gender – discrimination – in – education. html.

Buckley, F. J. , *Team Teaching: What, Why, and How?* , Thousand Oaks, CA: Sage, 2000, pp. 11 – 14.

Clifford W. Cobb & CraigRixford, "Lessons Learned from the History of Social Indicators ", *Mind*, Vol. 27, No. 7(1998) , pp. 440 – 442.

Deniel P. Hallahan & James M. Kuaffman, *Exceptional Learners: Introduction to Special Education*, N. Y: Prentice Hall, 2005, p. 261.

Department of Education, *Education in South African: Achievements since 1994*, 2001, see http: //www. dhet. gov. za/Reports% 20Doc% 20Library/ Education% 20in% 20South% 20Africa% 20Achievements% 20since% 201994. pdf.

Education Northwest, *Region X Equity Assistance Center – Education Northwest* , 5 November 2010, http: //educationnorthwest. org/equity – assistance – center.

ERIC Development Team, "What Are Educational Indicators and Indicator Systems", *Educational Assessment*, JUL 1991, see http: //files. eric. ed. gov/fulltext/ED338701. pdf .

Hao L. , Naiman D. Q. , *Inequality Measures*, CA: SAGE Publications, 2012.

Hick P. , Kershner R. & Farrell P. T. , *Psychology for Inclusive Education: New Directions in Theory and Practice*, New York: Routedge, 2009, p. 35.

James N. JohnStone, *Indicators of Education Systems*, Kogan page, London / UNESCO, Paris: The Anchor press, 1981.

Joel. D. Sherman & Jeffrey M. Poirier, *Educational Equity and Public Policy: Comparing Results form 16 Countries*, UNESCO Institute for Statistics, Montreal, 2007.

Judy W. Wood, *Mainstreaming: A Practical Approach for Teacher*, NY: Prentice Hall, 1992, p. 14.

Knapczyk, D. & Chung, H., "Designing Effective Learning Environments for Distance Education: Integrating Technologies to Promote Learner Ownership and Collaborative Problem Solving," In B. Collis & R. Oliver (Eds.), Proceedings of EdMedia: World Conference on Educational Media and Technology, 1999, pp. 742 – 746. Association for the Advancement of Computing in Education (AACE), Retrieved August 17, 2015 from http://www. editlib. org/p/6639.

Lindsay, G, *Educational Psychology and the Effectiveness of Inclusive Education Mainstreaming*, British Journal of Educational Psychology, Vol. 77, No. 1(2007), pp. 1 – 24.

Marshall, C., &Rossman, G, " Designing Qualitative Research (3rd ed.)", Oaks: Sage Publications, 1999, p. 125.

MikeBottery, *Education, Policy and Ethics*, London: Contiuum, 2000, pp. 30.

Moser CA, "*Survey Methods in Social Investigation*", London: Heinemann, 1965, p. 55.

National Center for Education Statistics, *The Condition of Education 2000*, Washington, DC. U. S. Government Printing Office, 2000.

Norman, K., Caseau, D. & Stefanick, G. P., "Teaching Student with Disabilities in Inclusive Science Classrooms: Survey Results", Science Education, Vol. 82, No. 2, 1998, pp. 127 – 146.

OECD, *Education at a Glance: The OECD Indicators*. Paris: OECD, 2010.

Organisation for Economic Co – operation and Development, *Ten Steps to Equity in Education*, 10 January 2008, http://www. oecd. org/edu/school/

39989494. pdf.

Patton, M. Q. , "Qualitative Evaluation and Research Methods", Newbury Park, CA: Sage Publications, 1990, p. 39.

Pomplum, M. , "When Student with Disabilities Participate in Cooperative Groups", *Exceptional Children*, Vol. 64, No. 1, 1997, pp. 49 – 58.

Rennie Center for Education Research & Policy, "Preparing Tomorrow's Teachers: The Role of Practice – based Teacher Preparation Programs in Massachusetts", Cambridge, MA: Rennie Center for Education Research & Policy, (Fall 2009) , pp. 11 – 28.

Terri Duggan, et al. , "How Are Rural School Districts Meeting the Teacher Quality Requirements of No Child Left Behind?", 2003 Dec 19 http: //aasa. org/uploadedFiles/Policy _ and _ Advocacy/files/RuralTeacherQualityStudy. pdf.

The New York Times: Poor Students Struggle as Class Plays a Greater Role in Success, 23 December 2012, https: //mobile. nytimes. com/2012/12/23/education/poor – students – struggle – as – class – plays – a – greater – role – in – success. html?pagewanted = all&_ r = 0&referer = .

ThomasHealy & David Istance, International *Equity Indicators in Education and Learning in Industrialized Democracies: Some Recent Results and Avenues for Future*, Springer Netherlands, 2001.

U. S. Department of Education, *Every Student Succeeds Act*, 2016 – 12 – 21, http: //www. ed. gov/essa.

USA TODAY, *The Every Student Succeeds Act vs. No Child Left Behind: What's Changed?*, Dec. 10, 2015, see https: //www. usatoday. com/story/news/politics/2015/12/10/every – student – succeeds – act – vs – no – child – left – behind – whats – changed/77088780/.

Vincent T. Francisco, Frances D. Butterfoss, Ellen M. Capwell, "Key

Issues in Evaluation: Quantitative and Qualitative Methods and Research Design", *Health Promotion Practice*, Vol. 2, No. 2, 2001, pp. 20 – 23.

Zigmond N., "Where Should Students with Disabilities Receive Special Education Services? Is One Place Better than Another?", *The Journal of Special Education*, Vol. 37, No. 3(2003), pp. 193 – 199.

附　录

特殊教育学校基本情况调查表

尊敬的各位校长、老师：

　　您好！

　　本调查旨在了解我国西部特殊教育学校的基本情况，为我国特殊教育均衡发展提供依据。调查内容仅作研究使用，并为政府制定特殊教育经费投入相关政策提供实证层面的数据支撑。请大家根据学校实际情况，客观如实填写，我们将尽快整理分析并反馈。

　　非常感谢大家参与，真诚希望在大家共同努力下，切实有效地推进我国西部各省市、自治区特殊教育高水平、高质量的均衡发展！

统筹城乡教育发展研究中心课题组

　　一、学校概况

　　1．学校名称：

　　2．建校时间(包括改建、新建及合并等，例如，2007 年)：

　　3．所在地：　　　省（市、自治区）　　　市　　　县（区）

　　4．所属管辖机构（XX 区教委、XX 市教委）：

　　5．类别：A 盲校　　B 聋校　　C 培智学校　　C 盲＋聋　　D 盲＋培智　E 聋＋培智　　F 综合类

　　6．学校最大可容纳学生人数(请根据学校各类资源估算)：

　　7．现有班级个数：

二、学生情况

主要残疾类型（人）				残疾程度（人）			学生户籍（人）		学生性别（人）		学生人数（人）			
盲	聋	弱智	多重	轻度	中度	重度	城市	农村	男	女	高中	初中	小学	幼儿园

三、教师情况

类型（人）	学科教师	
	相关技术服务教师（如语言治疗师等）	
	行政及工勤	
学历结构（人）	中专及以下	
	大专	
	本科	
	研究生及以上	
职称（人）	无职称	
	初级	
	中级	
	高级	
学历专业（人）	非特殊教育	
	特殊教育	
正式在编教师数量（人）		

四、教学资源

校园面积（㎡）	
校舍面积（㎡）	
固定资产总额（万元）	
实验室数量（自然、物理、化学、生物）（个）	
多媒体教室（个）	
计算机（台）	
图书（册）	

五、特殊教育设施

专用教室数量（语言治疗室、康复训练室、感统训练室、家政教室、物理治疗室等）（个）	
视听阅览室面积（㎡）	
盲文图书（册）	
康复器械总值（万元）	
无障碍设施等级（优/良/中/差）	
安全防护设施等级（优/良/中/差）	

注：无障碍设施等级标准

优：学校设有无障碍电梯、盲道、轮椅通道、专用无障碍厕位以及各类无障碍标志等，并符合国家建设部下发了《城市道路和建筑物无障碍设计规范》标准。

良：学校设有大部分无障碍基本设施，能基本满足残疾学生学习、生活所需。

中：学校有部分无障碍设施，残疾学生在他人辅助下适应校园环境。

差：完全没有无障碍设施。

安全防护设施等级

优：设有安全监控防盗设备、安全扶手、特殊需要照明、防护窗、紧急照明和疏散指示系统等，并符合《特殊教育学校建筑设计规范（JGJ76－2003）》

良：学校设有大部分安全防护设施，能基本保障残疾学生安全。

中：学校有部分安全防护设施，残疾学生在他人辅助下保障校园环境安全。

差：完全没有安全防护类设施。

六、经费情况

预算内教育经费（财政年投入/万元）	校办企业收入（万元/年）	社会收入（万元/年）（如捐赠等）	其他收入（万元/年）（请列出具体类型）

七、学生学业情况

近一年毕业人数	近一年辍学人数	近一年升学人数	近一年就业人数	其他（如转学等）